徐铸成 著

# 徐铸成回忆录

【修订版】

生活·讀書·新知 三联书店

**图书在版编目（CIP）数据**

徐铸成回忆录／徐铸成著．—修订版．—北京：
生活 · 读书 · 新知三联书店，2018.1
ISBN 978－7－108－06127－0

Ⅰ．①徐…　Ⅱ．①徐…　Ⅲ．①徐铸成（1907-1991）－回忆录
Ⅳ．① K825.42

中国版本图书馆 CIP 数据核字（2017）第 310128 号

责任编辑　卫　纯
装帧设计　薛　宇
责任印制　宋　家
出版发行　生活·讀書·新知 三联书店
（北京市东城区美术馆东街 22 号 100010）
网　　址　www.sdxjpc.com
经　　销　新华书店
印　　刷　北京市松源印刷有限公司
版　　次　2018 年 1 月北京第 1 版
2018 年 1 月北京第 1 次印刷
开　　本　889 毫米 × 1194 毫米　1/32　印张 13.125
字　　数　292 千字
印　　数　0,001－5,000 册
定　　价　45.00 元
（印装查询：01064002715；邮购查询：01084010542）

胸有是非堪自鉴，
事无不可对人言。
清夜扪心无愧怍，
会将谈笑赴黄泉。

作者手书的《自鉴》绝句，写于1987年5月，本书完成时

1986年12月，作者在上海寓所伏案写作

1985年春节，作者在上海江宁路寓所

1957年3月，作者率中国新闻代表团赴苏联访问

1957年5月8日，赫鲁晓夫在办公室接见中国新闻代表团。照片在十年动乱中被造反派抄去，『文革』后发还。照片上徐铸成、赫鲁晓夫被红笔画×，上并有批字：『赫秃头』、『罪该万死』

1957年4月，作者访问苏联时摄于列宁格勒普希金铜像前

1981年11月，作者被增选为全国政协委员时摄于北京友谊宾馆

# 编者的话

《徐铸成回忆录》是作者最重要的著作之一。这本书原名《八十自述——自编年谱》，写于1985年3月至1987年12月，期间曾部分刊发于香港《华人》杂志和上海《人才开发》杂志，后交由江苏人民出版社出版。1989年，该书印成后，出版社方面提出一些修改意见，作者未予同意，遂未发行。1998年，三联书店出版了修订版《徐铸成回忆录》，此次修订增加了作者于1989年至1990年在原稿上做的修改和补充，并做了校正，也做了一些技术处理。2000年，台湾商务印书馆出版了《徐铸成回忆录》的繁体中文版，在三联版基础上，又做了一些校正。

此次重版以三联版《徐铸成回忆录》为底本，并参照江苏人民出版社原版和台湾商务版，全面恢复了原书原貌，并对有关人士提出的修订意见一一做了核实和校订。谨向提出修订意见和协助修订的有关人士深表谢意。

# 目录

# 我为何写回忆录（代序）

似乎久已绝迹的传记文学，1978 年起在我国又逐渐繁荣起来。我也尝试写了几部：继《杜月笙正传》《哈同外传》之后，去年又出版了《报人张季鸾先生传》。《书林》是给以极大鼓励的，每出版一部，《书林》必让我写一篇东西，说明写作的动机和意图，向读者介绍。盛意可感。

现在，第四部试作——也许是最后一部习作《徐铸成回忆录》即将杀青。全书约三十万字。《书林》又要我先来“王婆卖瓜”一番。

和前三部书比较，有所不同，一是篇幅较多，二是它不是写别人的传记文字，而是写自己的编年体回忆录式的文章。写别人，力求神似，希望本着实事求是的精神，力求在书上再现其历史的本来面目。写自己，能否也坚持同样的客观态度呢？我从 1979 年“解冻”开始写作之际，即抱定一个态度：于人，不囿于成见，不“以成败论英雄”；于己，既不乱涂白粉，也不妄加油彩，一切本着实事求是的精神，尽量详尽地回忆过去所经历的事实。至于功过是非，则一任历史加以评说，自己少发议论。

我是一个十分平庸的人，历史也很简单，自从开始工作以来，除了被迫搁笔的二十年外，一直从事新闻事业，而且始终在《大公报》《文汇报》这两家报里转来转去，从未干过什么惊人的事业。所以起意想写这本回忆录，是因为我经历的时代，是一个不寻常的时代，而友人们也热情加以鼓励。我生于前清末年，开始工作时，赶上北洋军阀的末期——张作霖大元帅统治时期，曾目击国民党的兴起到它在大陆的覆灭。又曾在新中国度过几十年不平常的岁月，经历长期的风风雨雨，直到中共十一届三中全会以后，才拨云雾重见青天，过了近十年的充满希望、最令人愉快的时光。在这漫长而曲折的六十年时日中，我曾五次亲自创建过报馆，又曾五次亲手埋葬（被封或被迫停刊）它们。其中经过，也许只有我一人明其前因后果，并从中吸取经验、教训。至于所接触过的历史事件和历史人物，更难屈指数。为了对历史负责，我也该趁记忆力尚未完全衰退之际，抓紧时间，尽可能加以回忆，如实地写出来，公之于世。好在我向来有一个习惯，每遇参加一个重要会议或出外做重大旅游，必记有日记。在反右，特别在十年浩劫中，曾被抄去作为罪证；在落实政策时，已大部分被发还了。这些残存的旧日记，可以供我做回忆的佐证或线索。

我常常想，新闻记者的职业，大概是容易缩短寿命的。因长期熬夜，不利于健康；更多的是政治上的迫害。如名报人黄远生、邵飘萍、邓拓等均死于非命，壮年殉职；张季鸾先生则存年仅五十六岁，他早年备受压迫，几次陷于牢狱，中年接办《大公报》后，则一路顺风，名扬四海，直至因病辞世。我已度过八十春秋，经历则恰与季鸾先生相反，自踏入新闻界大门后，即受前辈之提携，年甫三十，即主持一家报纸笔政，也曾名噪一时。但自是以后，即与华盖运结缘，备历坎坷，直到中共十一届三中全会以后，才结束厄运，拾起秃笔，重理旧业，并从事新闻教育工作。

记得亡友恽逸群兄曾说过：他的经历，非常人所能想象；他所过的桥，比一般人走过的路还要漫长。他自感有责任把它写出来，“明夷待访”，以待来者。我的经历，自然远不及他壮烈凄苦，但有一点是相同的，一生的经历，都可以明明白白地摊开来。司马温公有一句名言：“事无不可对人言”；我凑上一句：“胸有是非堪自信”，作为一副对联，用以自况。所以，自己在写回忆录的时候，用不着推敲，更毫无“外惭清议，内疚神明”之处，可以信笔直书，无所隐讳；当然，因年已日近钟鸣漏尽，有些琐碎的细节，是记忆不周全了。

我写这本回忆录时，也不是平均使用力量的。我在旧社会经历了四十二年，除了童年及入学的十几年，简单顺序叙述外，主要力量放在创业时期那近二十年，所占篇幅约近一半。而特别着重于写新旧交替的1949年，写下近五万字。解放以后，所经历的大事，所接触的中外名人，当然更多。我则着重于写个人的亲身遭遇：因为有些人物和大事，尚待历史评议，我就只能“宜粗不宜细”地简单叙述了。

蒲留仙先生曾说，写鬼神易，状人难。我写《杜月笙正传》《哈同外传》，特别写张季鸾先生的传时，有深刻的体会。至于这本回忆录，是否能如实地写出我的本来面目？则有待读者的评断。好在知我者尚多，和我同学、同事的尚多健在，希望不吝匡正和补充。

徐铸成

1987年10月20日写于上海

# 楔 子

今夏从南昌、庐山回来，忽酒后发生昏厥，头脑天旋地转，四肢乏力，吓得老妻和子孙辈一时无所措手足。医生说是“小中风”，经中西医悉心疗治，又是针灸，又是推拿，总算奇迹般地一步步恢复正常了。

这给我一次警告：生老病死，是谁都逃不了的自然规律。我脑子里留存着的一些经历、见闻、掌故、轶事，以及一些第一手的史料，该“留下”的，要赶快写了，莫等再这么来一次，就没有那样便宜，也许无常一到，就万事休矣了。

想到最方便的办法，是采用回忆录的体裁，从幼年时起，凡印象深刻的，事无巨细，一股脑儿都写进去，仿佛是一个旧货摊，什么古董杂货全摆出来，让读者挑选。

写完了回忆录，不由得联想到胡适博士曾写过《四十自述》，此文我在30年代就拜读过。在抗战胜利后内战方酣之际，我又读过多遍。胡适博士那最精彩、也是那时人们最喜欢引用的两句话是“做了过河卒子，只能拼命向前”，以自况他当时立身处世的哲学。我现在的年龄，几乎已达胡适博士那时的两倍，自顾平生，立德立言，事业两茫茫，何敢比博士于万一。所幸一辈子蹉跎颠沛，幸免于当任何人的卒子，堪自慰耳。

讲到胡适博士，也真是了不起的人物，二十六岁就学成回国，受聘为北京大学教授。当时的北大文学系，名学者如林，如中英文造诣极深而以怪僻、保守闻名的辜鸿铭，如章太炎的入室弟子黄季刚等都在此讲学。胡适博士初出茅庐，尚在美国留学之际即打出“文学革命”的旗帜，在陈独秀办的《新青年》上撰文，提倡白话文，并提倡以科学方法整理国故，所向披靡，视这些国学大师如无物。50年代初期，曾受到有组织的批评，说他宣传倡导的“大胆假设，小心求证”是“贩卖”杜威的实用主义，是直接反对马列主义的，在大陆，当时曾被说成是恶毒的敌人。经过三十多年时光的实践检验，结果怎样呢？那些自以为是马列主义权威的人，所干的倒是彻头彻尾的实用主义——比杜威更“实用主义”的实用主义。先是无缘无故迫害知识分子，后则成批整自己人，整老干部，再后就一步一步地“大胆怀疑”（完全是无影无踪的幻想），人胆判定某某某的罪名，以致使之被冤屈、折磨而死。还有，因为个人的好恶，便可以杜撰事实，凭空制造一个典型，爱之抬到可以“上天揽月”，抑之可以打入十八层地狱，使之“永世不得翻身”。回头看看胡适博士当年介绍的实用主义，应该说倒是很科学的。大胆假设，为了发展真理（无论是自然科学还是社会科学），假设不妨大胆些（当然与无根无据的海阔天空的“假定”大有区别），而求证一定要小心，要实事求是，这里面，似乎没有一点所谓唯心论，也谈不上形而上学。

我和胡适博士，曾有幸有过几次接触。最后一次是在1936年。那时，胡博士虽主讲北大，而不时来南方公出，除中美文化基金委员会等要他主持外，商务印书馆的王云五先生虽年龄较长，而奉之如名师。事无大小，都要向胡博士请教——如朱经农之出任商务印书馆编辑部长，就是胡博士推荐的。那年，《大公报》上海版初创。有一天，张季鸾、胡政之两先生宴请胡博士于八仙桥青年会附近的锦江餐馆（那时，不仅近日第一流的大饭店——锦江饭店尚未开设，即法国公园附近的锦江小吃部也尚未设立，而锦江餐馆即以卫生和服务周到闻名），陪客仅我和李子宽、张琴南和许君远几位《大公报》的高级人员。记得那天席间，胡博士曾一再称许《大公报》是“小人国”中的巨无霸。现在想来，不胜今昔之感矣。又说，欧美有名报纸，都讲求保存报纸的办法。他建议《大公报》每天至少保存五至十份，用蜡涂抹（当时尚无涂塑及微缩保存办法）。他力言这是《大公报》的百年大计，否则，一旦存放年久风化，就难以挽救了。

那次聚晤，我仿佛印象犹新，博士的音容笑貌，如在目前，而屈指计之，已历半个世纪，不仅胡博士已成古人，即我能历举的彼时在座诸公，全部已登鬼域，真不胜怆然。所幸这几年国内评价古人，已逐渐实事求是，胡博士的重要学术编著，已有重新付梓；他的“胆”，已经近于“拨乱反正”了。

我是1907年农历五月十四日在江苏省宜兴县城内东珠巷狮子巷口一个古老家庭里出生的，到现在应是七十八岁零三个月，说“八十自述”，是有些“虚头”，但照南北朝的说法，人生过了七十，即可谓“行年八十”，那我已“行”了很长一大截路了。再按香港积闰的惯例，我已可称为“享年八十有余”。无论如何，到我这回忆录连载完篇，编次出书时，肯定已过了八十整寿。如果书在国内出版，印刷周期动辄在一年以上，那么，问世时，我早已行年九十了。

1985年9月18日

我写这个楔子，是在1985年9月。接着写了回忆录正文，想赶在整寿前写毕，以为纪念。刚写好的二三万字，寄港发表，不幸被殷洪乔所误，遂嗒然搁笔。友朋闻讯，十分惋惜，多鼓励怂恿仍赓续写毕，谓此项纪录，可以补近六十年我国新闻史料之不足，且为我国现代历史保存不少轶闻。闻之又跃跃欲试。又一年多过去了，真到我八十“大庆”这一天了，势不能再拖，乃握管濡墨，从头补记如下。

1987年6月26日

# 第一章　负笈求知（1907—1926年）

## 1907年　出生

1907年6月24日（岁次丁未，农历五月十四日），我出生于江苏宜兴县城内东珠巷狮子巷口一个大杂院中。

这座宅子，是城内有名的破"墙门"，正厅三楹，还是明代遗留下的古建筑。同居有十余家，大半系同姓疏房，各分居一二间这祖遗产业。

曾祖仲安公，稍通文墨，只有自置薄田二十余亩，主要靠经管族中公产维持一家生计。是年他七十八岁，经常盼望在翌年八十初度时能得一曾孙，这样，在"撒手"见阎王时，就不必下跪了。我的出生，实现了他老人家梦寐以求的想望，"其喜可知也"。

祖石樵公，时年五十六岁，在酿酒行经管账目。我的祖母宗氏，对我最为宝爱。生有三位姑母，长次两位已适范氏、余氏，均居农村，有一叔父，早岁在酱园当伙计。

曾祖母及我的母亲，均朱氏。

## 1908年　一岁

是年曾祖父八十初度，特请宜兴第一家照相馆——蓉镜轩来家摄“合家欢”，曾祖特在额上题有“八旬大庆，四世同堂”八个字以志庆。

## 1909—1919年　两岁至十二岁

1909年，曾祖病逝，我已能麻服匍匐在灵前，掩面做悲哀状。

1910年，我的父亲少石公（讳家骥）十六岁即在邑东南之湖㳇乡设余氏家塾，教我姑婆家的几位表叔及异姓子弟。是年秋，上海革命维新空气吹来此小城，乃赴江阴入师范传习所学习半年。

1911年，辛亥年，是年十月爆发武昌革命。是时宜兴分为宜兴、荆溪两县。我家适在宜兴县衙门的隔壁，一时谣言汹汹，说保安队将来攻打县衙门。祖母乃偕我避居西庙巷我新出嫁的三姑周家。不数日两县县太爷均被保安队护送出境，城乡宣告光复，我仍随祖母回家。

1912年，五岁。剪去辫子，城内哄传“白狼来了”（即白朗起义），惊恐万分，傍晚即家家闭户。祖母又偕我逃至西庙巷三姑母家。

1913年，六岁。入对门汤氏家塾，从汤次雅先生开蒙。学费每季五百文。

1914年，岁次甲寅。祖父石樵公忽疽发于背，呻吟病床历六月，秋间逝世。从此再无为我买玩具、偕我往茶馆吃早点的人了！

改入后门东庙巷斜对过的公立第三小学。该校系新创办，仅一班，学生二十余人，教师为朱盘英先生，授新式课文“人手足刀尺，山水田，狗牛羊……”，此外，还每日教珠算一小时。

1915年，八岁。随父母至离城三十余里之汤渡从善小学读书，父亲任校长兼主要教师。堂叔西林随往助教。放学后，同学教我放牛、采菱；大雨后，则笼虾、叉鱼、摸蟹，初尝农村儿童生活趣味。结识了同学高焕荣等。

1916年，父亲调回湖汊乡，任新成立的广善小学校长，月薪二十元，每年以十个月计薪。我和母亲、姊姊仍回城，我入通真观巷之私立敦本小学读书。全校有七个班级，初级小学四班在一个教室上课，名谓复式教育。高小一二年级同一室，高三毕业班则单独授课。校长任曰庠先生，为有名之举人公。

1917年，仍在敦本学习。春间，学校发起赴铜官山远足，学生必须纳费一千八百文，统一缝制校服，整队出发。因家贫，母亲无力出钱，乃被摒诸远足之列。课余曾偕同学出城南门，过升溪桥，游岳堤及堤畔之岳亭，展读岳武穆英勇抗金事迹之碑文，爱国思潮油然萌发。

1918年夏，初级小学毕业，在全班中为最末一名。暑假中，母亲对父亲说："这孩子大概读不出书了，你带他到湖汊去补习一年，如再无办法，我也就断念了。"

暑假后即随父亲至湖汊广善小学，仍在四年级为附读生。每晚由父亲讲解《孟子》一章；渐觉读书之兴趣。父亲慈爱，从不加以扑责。

广善地处村边，茂林竹篁，常于课余偕同班同学入竹林深处游玩，得知不少关于竹笋出土之常识，以及农民如何群猎野猪的故事。

学校另有一教师陈寿松先生，教图画及体操，曾为父亲绘一幅牡丹，花叶并无生气，盖照画本临摹者也。

1919年，暑假后仍回城入敦本高小一年级。父亲则被排挤调至栋树港单班小学，仍为校长，月薪则由每月二十元降至十六元，家用更不敷。母亲乃请外祖父写信给石家庄在京汉路任段长之大姨夫推荐，冬间得复，派充司事（相当文书），母亲暗中为之筹备行装。

我回城后，顿觉有气象一新之感，盖五四运动余风波及此小城，满街满巷均遍贴“还我青岛”“誓死抵制日货，提倡国货”“勿五分钟热度”等标语；旅外学生会已成立，暑假中假邑庙戏台演出《朝鲜亡国恨》，观众多感动落泪。演主角安重根者为旅沪学生万益君，我同班同学万元祥之叔也（后为1928年宜兴暴动之倡导人，被杀害）。

自再回敦本，我好像换了一个人，无论哪门功课，考试均列名榜首。如国文教师王叔青先生，为秀才公，教《古文观止》极严格。每周五作文，下周二发卷，全班十六人，必依次叫上讲坛领卷。卷本按作业成绩发放，末几卷必一一痛加责斥。因此同学咸视为难关，多在作文本端作有记号，以便王先生发卷前即可预知其优劣、吉凶。我每次作文，总被选为第一本。

其余如算术、英文、修身乃至手工、体操，成绩亦优异。母亲对此亦感诧异，不再施责骂，每喜对祖母说：“鸿生（余小名）开知识了！”

## 1920年　十三岁

是年暑假后，父亲离家赴石家庄京汉铁路任小职员，月薪二十四元，父亲生平从未出过远门（最远为到江阴求学）。为了筹措旅费，母亲曾到处求情，纠集了一个会，共十人。第一“会”由纠集人收取，共一百元；以后每三月集一会，交款数额不同，已收过者，加月息二分，未收者按次递减。三年收毕。每次用骰子六颗，摇出点子，最多者得中；往往有需急用者，恳求让会，必向得会者加出二分以上之彩金。此种民间流行之合会形式，为旧社会集款济急之普通方式，利息一般为月利二分，当时借三分钱者也极普通。三分以上，则称高利贷，俗称印子钱矣。

两月后，始接父亲来信，已平安抵达石家庄了。寄住姨夫公馆。

## 1921 年　十四岁

知主动努力攻读，每晨起，必至房前小院（母亲在寝室前用篱笆隔一小院，约丈余平方大小，无门，由窗前翻下）读《古文观止》四十篇，始登上至厨房食糊粥二碗，然后上学。

时我家已与叔婶合灶分餐。祖母分由两房供养，曾祖母则与二叔祖家轮流供养。每两月有半个月供养曾祖母。我们叫“供太婆”。每餐必备鱼、肉四色，早点必备包子或油条，小菜四碟，十分隆重。荤菜、点心我们从不敢下箸，曾祖母有时夹给一个包子，或半根油条，或一块肉，则如获重赏，细细品尝（母亲和大姐从未受到这种恩赏）。单独供养祖母这半个月，则家常菜加一味鱼、虾或炒肉丝就可以了。祖母深知母亲之拮据也。平时，我家饭食，只两素菜而已，大抵为炒青菜及咸菜炖豆腐，早餐为糊粥（郑板桥所谓歠糊涂粥者即此）加煮山芋或芋艿以充饥。

那时，鲜猪肉每斤约二百文，四两为五十文制钱。豆腐每天只吃五个制钱，青菜不过二个钱一斤。每晚我温课毕后，母亲必命记流水账，除“供太婆”日费用略大外，平时每天花费一二个铜元

（每一铜元当十个制钱，每一银元大约兑十二角小洋，一千六百文制钱）。

## 1922年　十五岁

那年为我小学毕业的一年。上半年更加勤奋攻读，学校新聘高小三级级任老师为蒋子轩先生，教算术、英文。蒋老师看我各门功课都极优秀，课本所列题目，事前都已解答清楚，特为我“开小灶”，另教我模范英文课本及《数学三百难题》，我都能努力“钻”通。他曾对他的幼弟蒋曾勋（在县立一小读书）说：“你考中学时，如有幸坐在徐铸成附近，或可得其指点。”可见他对我的功课极为满意。

当时，宜兴全县只有一私立彭城中学，设在和桥镇，教学自不及省立的。要进中学，只有投考在常州的省立第五中学及无锡的省立第三师范，否则，只有投考较远之苏州省立第一师范或上海之第二师范（即龙门师范）。此外，就只有进收费极昂贵之教会学校或上海之私立学校。

我是五中与三师都报了名。五中考期比三师约早半个月，全城投考生约二十名，由一五中学生徐照君带领，雇了一条小航船由轮船拖带，这样每人摊的船资可便宜些。

常中当时校长为宜兴名士童伯章（斐）先生，为名书法家兼擅词章，民初即出掌该校，瞿秋白、张太雷等均该校毕业而转往京、津深造者。

我赴五中应考时，见学校范围之大，堂舍之多，为之咂舌。

考毕，同赴常州闹市观光，并游文笔塔。

第三日晨，仍由原船返宜。将解缆时，徐照兄匆匆赶到，私语我说：“适间已看到金榜，同来应考者仅你及任君录取。勿轻告人，免他人失望。过几天，录取者当接到通知书。”

我回家以后，即将此讯告家人。而几天以后，当县小教师之堂叔说，已闻该校的任生接到通知书，余迄未接到，母亲因而颇责我所闻不实，余亦几绝望矣。

过几天，与同学朱百瑞同至无锡应考。无锡比常州更热闹，当时已有小上海之称。我们租住梁溪旅馆一小房间，每日租费仅五角，宜兴人大抵多投宿于此。

笔试及格者第三天口试，我幸被录取为第二名（只招一班，共五十名，其中二名由该校附小直升），百瑞则名落孙山。

返家后，常中考单已辗转递到，我果被录取第十四名（全榜共八十名）。曾祖母素严厉，至此亦喜形于色，逢人即夸赞曰：“小小年纪，两榜都高中，等于秀才了！”又责骂堂叔说：“身居长辈，不代为高兴，反讥笑他造谣，其实可恶。”她老人家还拿出了一块钱，买一斤乌枣，用猪油炖烂，交给我母亲说：“早晚叫鸿生吃一枚，最是补心血的。”

不幸是年秋冬之际，她老人家即无病而逝世，享年八十七岁。我曾告假一周，回宜奔丧。盖我祖父早逝，父亲又远在千里外，我为长房长曾孙，名义要主持丧事也。

## 1923年　十六岁

自入三师后，按时起居作息。我的生活，像是骤然成熟了！三师的学风朴质纯正。学校第一任校长顾述之先生虽已于我入学的上半年辞职隐居，但他所规划设计的许多制度和办学方针，一直还在起指南的作用。他定的校训为“弘毅”二字，当然取义于“士不可以不弘毅，任重而道远……”，这就开阔了学生的眼界，立志做一个于国于民有用的人。

其次他多方诱导，使学生逐渐培养自己研究的能力，所以功课虽然紧，学生还于课余做自己的研究，博览群书，自己有独立思考，有自己的见解。我入学的第一年，就知道高班三年级同学常常在《时事新报》的“学灯”投稿，其中袁家骅、顾绶昌两同学，更与北大教授朱谦之讨论美学问题，这给我的触动很大，决心要自己也埋首研究，有所建树。

1922 年暑假后我入预科，预科的级任老师李玉彬，辅导我们按部就班地学习。翌年下半年升入本科一年级，由新聘的老师钱宾四先生教国文及读经，读的是《孟子》《论语》，讲解明晰，得益匪浅。

三师的各科教师都是经顾述之先生精选的，国文教师如钱基博、沈颖若、钱宾四诸先生尤为一时之选。其次是注重博物（即生物学），学校特在大礼堂旁建有相当规模之博物馆，陈列师生自制之动植物标本无虑几千种，在当时各中等学校中是罕见的。

在图书馆中，则新出的《独秀文存》《胡适文存》，以及杂志如《学衡》《科学》《醒狮》《向导》等无一不公开陈列，由学生浏览。

我如饥似渴地吸收各种新旧知识，并开始阅读各种有名的古典小说，积累知识基础。

可以说，在三师时期，是我走向成熟的时候，也是各方面发展最活跃的时期。我现在已八十足岁，到了耄耋之年了，但不时还会做这样的梦，仿佛又置身在三师自修室中，急忙赶着功课；或如置身《大公报》，写了自以为得意的社评，受到张季鸾、胡政之两先生的表扬。可见这两段学习和工作时期，留给我印象之深。

我从高小二年级起，即喜读报，每日饭后，即抽暇赴育婴堂（在城隍庙西辕门）内附设公共阅报处，陈列隔日之《申报》《新闻报》，时间匆促，翻阅要闻大意而已。

入三师后，设有阅报室，《申报》《新闻报》《时事新报》《时报》《民国日报》毕备；早晨，还有本地出版的《无锡报》《新无锡报》二种，我在休息时间，常细读不忍去。其中《申报》之《飘萍北京特约通信》、《时报》之《彬彬特约通信》、《新闻报》之《一苇特约通信》，对我有极大的吸引力。如当日不能看到，第二天必到图书馆借出细读。此外，《时报》之《鲍振青东京通信》，也每篇不轻易放过。这些通信，有最新的信息，有内幕新闻，剖析入里，绵里藏针，而又文辞秀丽，各有特色。

我那时初读《史记》，深感前述这些优秀的新闻记者，具有史家的品质学养，是救国不可少的崇高职业，从心底开始向往这种工作。

那时教我史地的向秉枫先生，博览群书，讲课时常“跳”出课本，引述稗官野史故事，如《扬州十日》《嘉定三屠》，以及江阴阎典史抗清的故事，说时既严肃又悲愤。许多同学，多以他所讲的内容复杂，笔记困难，而期中考试，向先生出题常涉及他口述的范围，多以解答为苦。我对向先生所引野史、轶史材料，最有兴趣，牢牢记在心里。所以每次考试，不加准备，常被向先生拔置第一。这也许是我发愿有朝一日从事新闻工作的另一原因。

师范不收学费，膳宿费也全免。除预科第一学期要缴纳校服（一身粗呢制服，两身布制服，在校时除制服外，不得着其他外衣裤。年高学生，每以着破旧补袖制服为荣）三十元外，以后每学期开学前，我只向母亲要零用钱五元（那时宜兴、无锡间只有小火轮可通，我每次必坐“烟棚”，来回连黄包车用去一元）。衣服均自己洗刷。我竭力节省，还可用节余之款，购置《古文辞类纂》《经史百家杂钞》及《曾文正公家书》等书，至于《胡适文存》，以及新式标点的《红楼梦》《儒林外史》等书，则概向图书馆借读。

每年双十国庆节，各地必举行提灯游行庆祝，1922年亦全校列队出动，参加无锡各界之提灯游行，人数之多，各式花灯之盛，远非宜兴小城可比。翌年因曹锟贿选总统，各地乃停止此举，以示抗议。从此以后，再不复见这类庆祝矣。

寒假前，某星期曾随同学在光复门内某戏院看王汉伦、郑小秋主演的国产电影《孤儿救祖记》，是为我生平第一次看电影，纳费小洋一角。

## 1924年　十七岁

鲁迅的《呐喊》出版。北新书局的主持人李小峰，原为三师同学，后考入北大的。他寄来一批《呐喊》在三师小贩部优待寄卖，我买了一本，毛边，装潢别致，阅后即不忍释手，觉其思想深刻，文辞尤生动，启发很大。从此以后，鲁迅每出一本书，即破悭囊去争先购买，反复细读不已。

是年暑期，发生江浙齐（燮元）、卢（永祥）战争，上海四郊为主战场，因齐之目的为夺争应属江苏范围之上海，而自民国二年北洋军南下以后，上海长期为皖系军阀卢永祥、何丰林控制之下，至此爆发战争，江浙富户，多逃至上海租界避难。余友朱百瑞一家，随其外祖父逃至上海。

宜兴当江浙交界，为偏战场，开来不少军队，计有苏军杨春普第三师等。我祖母、母亲亦与外祖两家避居离城十余里之偏僻农村。全家只有我随叔祖留守，每日听到南郊炮声隆隆，入夜不断。如是者约二十天，战事卒以卢永祥失败出洋而告终，我家人亦渐回城。

在留城看家之约二十天中，我学会烧饭。初买面条煮碎肉青菜与叔祖共果腹，后亦能煮饭，烧青菜、肉丝炒雪里红并蒸炖碎肉，极得叔祖赞美。记得那时青菜只二分一斤，四两猪肉，只费六个铜元。

战事结束，学校通知开学，我已升入本科二年级，同学大多数选我及钱德升同学为正副级长。校长专制，说我不听话，宣布此次选举无效，仍以原级长孔祥夫连任。

开学之初，得百瑞函，知其全家某晨将过锡返宜，乃于是晨告假至河干送别，见雇有专船由小火轮拖送。我登船拜见其太夫人及眷属，得见其二姐及其他姐妹。二姐嘉稑尤明丽，向所爱慕，特以家贫，未敢向百瑞启齿。此次覿面，尤令人遐想。

是年秋，又爆发第二次直奉战争。冯玉祥回师北京，举行所谓北京起义，囚禁曹锟于中南海内，联合直军胡景翼、孙岳，改所部名国民一、二、三军，共推冯为国民军总司令，并派鹿钟麟驱逐溥仪出故宫，成立故宫善后委员会，并通电欢迎孙中山先生北上主持国是。奉系军阀张作霖等则坚持主迎段祺瑞组织临时执政府，拥段为执政。

冬，孙中山先生启程迂道日本北上，号召举行国民会议，并提出废除不平等条约之主张，而段祺瑞已入京就执政职，主张由各省实力派推代表开善后会议。并与各国磋商召开关税会议，企图将外人控制之关税，税率由值百抽五改为七点二五，以便增加税收，纾中央政权财政之用。以此改良之办法，对抗孙先生之革命主张。

11月，奉军乘机南下，驱走苏、皖、鲁等直系军阀，张宗昌占领山东，张作霖并命姜登选为安徽督办，杨宇霆为江苏督办。我寒假回家，家家闭户，盖咸知奉军之纪律极坏。来驻宜兴奉军有三个营，三营营长褚玉璞军纪最坏，幸团长丁嘉春尚能约束部下。三年后，褚即由山东军阀张宗昌赏识，提拔由旅长、师长、军团长至直鲁联军帮办兼直隶（今河北省）督办，俨然方面大员。可见军阀时代，亦早有“直升飞机”也。

是年冬，宜兴开始拆去西城一段墙，建有楼阁，民间咸称谓“甲子门”。

## 1925年　十八岁

因不愿以小学教师为终身职业，暗中准备投考大学。

是年三月，孙中山先生不幸在北京逝世，噩耗传出，举国同悲，即一潭死水之三师，亦受重大震动，学生自治会出面举行追悼会。我那时已算高班同学，亲撰、亲写挽联，悬之礼堂。追悼会肃穆之空气，为前所未见。

过不了几天，学生会又请恽代英先生来演讲，剖析国内外形势及孙先生毕生之贡献，条理分明，而说服力、鼓动性极强烈，为我生平所仅见。自恽先生演讲后，学生中暗中参加国共两党者颇多。我也跃跃欲试，曾探听门径，后闻我所鄙视的同乡潘国俊也已加入国民党，因而作罢。

6月1日，闻悉上海南京路发生英军屠杀群众之大血案，群情愤激，学生会决定全体列队去参加无锡全市之罢课、罢市的抗议游行，集合地点在城中心公园，沿途商店亦多有闭门罢市者。各校集合者计有县锡中、私立锡中及国学专修馆等，以三师队伍为最长，出发在闹市游行，喊“反对英帝国主义残暴屠杀我同胞”等口号外，还分若干小队，分头赴近郊及农村宣传。我参加南门外小队，该处多进城卖菜、卖柴农民。我曾站在市口一小石台上，高声演说英帝国主义暴行，简述国内外情势，大都复述恽代英氏所阐述者，亦声嘶力竭，颇有数十农民驻足凝神而听，此为我生平第一次所作的公开演讲。

暑假中，曾借文凭与朱百瑞同至南京投考东南大学，未被录取。该校为东南最高学府，校长为郭秉文，校舍宽大，其孟芳图书馆及工字房、田字房尤有名。南京市内，尚驶有小火车，往来下关至市中心。

自中山先生逝世，继之发生“五卅惨案”，全国民气骤为发扬。广州发动之国民革命运动，影响到上海。《东方杂志》曾刊出蒋介石戎装与张静江、鲍罗廷等合影；嗣后又刊出广州一般舆论，青年激进团体谓应慎防新军阀之诞生。吴稚晖则力言当前并无产生新军阀之迹象。

暑假后，升入本科三年级，班级选举，同学又一致选我为正级长，钱德升为副级长，校长无法再否决，只能承认。是年学校老训育主任陆小槎先生退休，新训育主任为溧阳人沈同文先生。教务主任钱基博（子泉）先生，受上海光华大学聘为教授，由理化教师陆静生先生继任。

## 1926年　十九岁

上半年决意再借文凭投考大学，每日放弃休息及课余操时间，而自修室隔壁适有一空房，堆放不用桌椅，我乃拆去其锁柄，自己关闭在内，潜心补习英文、数学。在学期考试时，故意不参加自己最有把握之史、地两门考试，做破釜沉舟之打算。盖师范章程，毕业生必在小学教课两年，才得投考大学；又规定凡学生有两门功课考试不及格者开除。我两门不参加考试，任学校开除，自以为可免于服务两年之限制矣。

闻本年清华招考，可在理化及生物中任择其一，我对理化无把握，生物学则颇有自信。而该校又在南方假南洋大学（今交通大学）为考场，乃借得高班毕业同学徐锡华、朱嘉声两兄之文凭与百瑞弟同去应考。

此为我首次到沪。租住浙江路二马路口之一小旅社，每餐仅吃一碗阳春面（光面）或咸泡饭充饥，代价仅小洋一角余至二角。

餐毕，即由日升楼站乘五路电车至法大马路，转乘二路车至徐家汇应考。

考两日事毕，时小学同学潘志涵兄卜居闸北宝山里（在苏州教会之晏成中学读书），曾由其向导一切。

考毕返宜，等待发榜。榜未发前，三师之开除通知书已到，幸邮差将信投我手中，我秘不向母亲报告，免受责骂。及《申报》刊出清华录取名单（全部共取八十名），我手抖眼花，几乎看不清字迹，最后定神审视，徐锡华名字赫然列入其中，心头为之一畅，心中积石落地矣。百瑞未录取，慰以下次再努力。

清华在去年已改新制（即不再为留美预备学校），但亲友震于清华之名，有力者都愿帮忙，经母亲竭力筹措，纠会并借贷，勉力筹凑二百元，作为入校一切费用。

同城考取清华者，尚有洪宝林兄，经商定同行。

洪兄也是初次赴京。8月底别母辞亲启行后，先乘火车至浦口。是时长江不仅无一桥可通，连后来的轮渡也未设计。黄水滔滔，仅有小划子可渡，由我坐守行李，洪兄去与船夫讨价还价，最后以两元定价，送至彼岸。

登浦口后，各自背行李，直奔车站。洪兄找到“茶房车”的门路，每人付小费两元，然后登车，车厢较普通车为空，入夜可在条凳上舒腿睡下。我乃与洪兄轮流休息，历两天两夜始到北京。

有洪兄的姐夫来接，一切平善，出站后即赴其姐姐家休息。洪兄姐夫在交通银行工作，家住前门西司法部街。我首次入京，看到皇城之气象，心胸顿觉开阔，无怪北京大学之生每以天下为己任也。

翌日，合雇一辆马车，由天安门转至西单、西四，由西直门出城，一路平房小屋，出城后更崎岖土路，自晨9时出发，至清华园已傍晚，即注册领入第三院宿舍，旋即晚饭安息。

第二天，偕同学参观全校舍，真是辽旷无际，建筑则崇楼杰阁，美轮美奂，设备完美而西化，恍如置身中西合璧之大观园。主要建筑有大礼堂、图书馆、体育馆、科学馆；前二者都以软木铺地，图书馆书库且以玻璃为间隔，且开架任师生入内翻阅。学生宿舍及起居间，计分第一、第二、第三三院。第一院有楼，盖清华学校初创时建筑。第三院则新制学生宿舍，咸平房，二人一室，钢丝床、书桌、书架、凳椅各有一套。窗外草地及操场则绿草如茵，间以繁花，休息有靠椅，口渴则随处有消毒之自来水，喷涌而出，可掬而饮之。各主要建筑均有各色大理石所间隔之厕所，手纸且多为进口之五色波纹软纸。饭厅则六人一桌，四小菜，四大菜，米饭、白馍咸备；早餐亦四碟小菜一点心、白粥。学生每人发两口袋，写明房号姓名，换洗衣服床单等每晨纳入口袋，有工役取去，晚间即已洗净折叠整齐，连口袋置放床隅。我从小为穷学生，一旦处身此环境，仿佛刘阮上天台矣。

我选的是政治系，除国文外，其余均外国课本，授课时师生都以英语直接讲课、提问，我最初极费力，以后逐渐跟上。

教师中给我印象最深者，一为杨树达先生，博学多识，授国文，讲解明晰；一为外籍英语教师温德先生，讲课不厌其烦，务求每一学生彻底了解课文；一为教授生物学之钱崇澍先生，我选是科，得以融会贯通生物各门之基本知识，助教似是刘先生，辅导实验，亦耐心讲解；一为体育老师马约翰先生，脸色红润，对新生都要脱光检查，每生规定有一铁箱，置放衣服，马先生一一鼓励学生游泳及跳木马等；尚有陈福田先生，为澳洲华侨，不会说华语，亦以英语授课。每日下午4时以后，图书馆、宿舍一律上锁，俾学生全部赴操场及体育馆从事体育运动。马先生毕生从事清华体育教育（每届华北及全国运动会，均任总裁判），后年逾八旬，仍童颜白发。我50年代在全国人大开会时仍仰瞻其丰采谈吐，不图在“文革”时被诬为叛徒、特务，可见所谓造反派之全无常识。温德先生热爱中国，1986年曾闻其寿高百龄，犹矍铄安住清华，我衷心祝祷先生能寿登百廿岁，永为师表。

校中心有工字厅，署“水木清华”，朱栏彩饰，中为正厅，厅后临有一池，四周树木葱郁，半池残荷，假山曲折，盖原主人那桐所营。每周六有跳舞等交谊会，培养出洋习惯，我曾在此听赵元任先生之方言表演。

学校设有国学研究院，教授为梁启超、王国维、陈寅恪、赵元任、李济诸大师。间在周六在一院作公开演讲。我曾听过梁任公先生所讲之历史研究法及书法要领。王静安先生仍小辫作遗老装，所演讲之“王莽量衡”则不唯考证清晰，且制有实物，听者得益不少。

半年清华生活，使我各科学识有极大长进。每晚常喜钻入书库，翻阅大英百科全书及自创刊号起之《东方杂志》等，必至闭馆铃响，始猛然惊觉，匆匆离馆，盖对近代时事刊物，特有浓厚兴趣也。

不图学期考试毕后，忽接教务长梅月涵先生（校长为曹云祥先生）通知，约在其寓所面谈，至则梅先生问我：“你对母校校长有何疙瘩？”我不解。梅先生蔼然详述，谓三师校长曾连函举发我借文凭应试事，清华答以该生投考时之照片与入学时核对无误；且该生入学后品学兼优，似不应追究。但三师复函汹汹，并附来我及徐锡华之本人照片，声称如再不开革，将向教育部控告云。

月涵先生并温言慰勉，谓人生难免无挫折，要在有再接再厉、屡仆屡起之决心。言毕，出示一写就之致南开张伯苓先生介绍信，并言："伯苓先生为我中学老校长。我恳介你去南开学习半年，明夏再来清华插入二年级。"其委曲爱护青年之一片苦心，使我热泪潸潸而下，其热心适与三师校长之必欲逼青年于死地适形成一鲜明对照。

不愿惊动同学，翌日昧爽，即清理行李，洒泪告别清华园，移居城内东四炒面胡同舅父家，盖一大杂院也。

天津《庸报》是年甫创刊，社长为董显光，总经理为蒋光堂，创刊时征文，我幸获首选，奖金十元，乃急通知该报寒假中通信地址。不久，该报果派人送来白洋十元，出具收据作证。此为我在报刊发表文字之滥觞，亦为我笔耕之首笔收入。然茫茫人海，则有走投无路之感。

最难处置者，好友朱百瑞已由其叔接到锦州，准备自修一年，再投考清华。寒假前且已寄来免票乘车证（其叔在锦州车站任副站长），盼寒假赴锦州度岁，如知我已离清华，岂不影响其前进锐志？

我即以《庸报》所得之十元稿费，作为零用，仍照原计划赴锦，临行以电话通知舅父，因舅父常恐我经此打击，遽寻短见也。

舅父多年在华洋义赈会工作，因嗜好难戒，家用甚拮据，对我虽爱护有心，援助乏力。

我在锦州强为欢笑，度过春节。锦州城很小，盖吴三桂驻守时所筑，弹丸小城，有陈圆圆梳妆台等"古迹"。吴伟业诗中有"冲冠一怒为红颜"，谓其爱妾被李自成部下夺去，因而投清，可见陈圆圆从未出关，何来梳妆台乎？

在锦有一事可记，曾托百瑞向其母夫人请示，表明我爱慕嘉稑之忧，愿结为终身伴侣，百瑞欣然赞同。此为我在颠沛中对前途有自信心之表示。

由锦回京，即转赴保定。初拟在父亲身边自修半年，再考大学；乃默察姨氏待之殊冷漠，父亲亦寄人篱下，难以自主。适河北大学招插班生，乃变计入河大。盖南开所费不赀，父亲又收入甚菲，断无力供应，不得不重违梅月涵先生之好意矣。

河北大学为省立，由旧式书院所改建，设有医、农、文、法四院，我考入法学院，课文全用陈旧六法全书，我意在暂得一栖身地，仍锐意自修，生活则不愿加重父亲负担，往往就校门外小吃店吃炒饼或啃火烧果腹，视半年前在清华，顿如天霄堕落人间地狱矣。

时段祺瑞执政府已垮台，北京政坛由顾维钧政府暂维残局，京津一带落入奉系军阀控制下，直鲁联军帮办褚玉璞出任直隶省督办，名义上还兼任河北大学校长。张宗昌曾自称为“绿林大学毕业生”。准此，则我亦为“绿林大学”一名学生矣。

当时京汉铁路动辄欠薪数月，我不忍向父亲要零用，增加其负担，恒以火烧、粗粝度其枵腹，时有同班好友伍知威，兼任学校图书室出纳员，得每月约二十元之津贴，恒周济我之窘况。

星期天常步行入西门，逛天华市场及紫河套之破烂市场。进城途中，必经有名之第二师范。解放后，我看到《红旗谱》和《野火春风斗古城》等故事片，对其背景人物，特感亲切，况如身历其境也。

# 第二章　步入报界（1927—1937 年）

## 1927 年　二十岁

暑期，又与朱百瑞约好，会于北京，一起再考国立大学。先报考北大，寓于北大三院附近之骑河楼大沟沿妞妞房一小公寓内。榜发，均未蒙录取。后迁居和平门外香炉营横街一公寓，报考师大，仍用徐锡华名，幸与百瑞同被录取国文系。亦选英文系课程，如沈步洲先生之英文短篇小说及鲍明钤先生之“雄辩术”。

国文系教授大都为国内有名大师，如吴承仕、钱玄同、朱希祖、高阆仙（步瀛）、刘文典、刘毓盘诸先生，均属权威教授，鲁迅则于上半年离去赴厦门。

当时，北京各报销数最广者，为《晨报》《世界日报》，《京报》声望已不如飘萍在世时。因关心南方正在发展之革命形势，人们多从《顺天时报》窥之，明知该报为日人主办，对我国不怀好意，亦从此测知片段的南方情况。

《益世报》北京版及报界前辈朱洪主持之《北京日报》则全无生气，销数几百份而已。

晚报有《世界晚报》及《北京晚报》（季迺时主持），前者以张恨水之连载小说而闻名。此外，尚有小型报，以《群强报》发行最广，多刊戏目广告及小市民关心之平民生活及市井新闻，贩夫走卒如洋车夫等每人手一张以消闲。

课余无事，与百瑞合译一中篇小说，用我名由舅父介绍于《国闻周报》，竟蒙录用分两期刊出，得稿费二十元。盖是时舅父（朱幼珊）已兼任国闻通信社北京分社编辑矣。

我谋求新闻工作益亟，曾应征为日日新闻社驻北京特约访员，稿虽在上海各报刊出，而报酬阒然，因而中辍。秋间舅父告我：国闻社缺一抄写员，只傍晚工作二三小时，月薪二十元，供一顿晚餐。我闻而心动，托舅父介绍，一则可跨入新闻界之门，二则可纾经济之困厄。

旋即上班，社址在西单附近之船板胡同。时天津《大公报》已声誉日隆，在华北俨然有异军苍头突起之势。国闻社实兼作《大公报》之北京记者站。分社主任为金诚夫先生，另有编辑、记者共六七人，抄写除我外，有戚先生及陈先生。不久，我舅父与主任发生争吵，因而被辞退，幸未株及我。时社长胡政之先生家住国闻社分社内，津馆务虽忙，恒一周来京一次，料理家务，并常为《大公报》采访特稿。

我刚进师大不久，张作霖即进京住顺承王府旧址，而自封为安国军大元帅，任孙传芳、张宗昌为副帅，并在中南海组织大元帅府，接管北京政权。内阁改组，任刘哲为教育总长，并下令合并北京各国立大学，称京师大学校，刘哲兼管。如北大改为京师大学第一文理学院，女子大学为第二文理学院，师大为第一师范学院，女师大为第二师范学院，法政大学为法学院等，院长为张贻惠、徐炳昶、白鹏飞等，大率维持原校长人选。而刘哲常轮流到各院召全院学生演讲，并加强了院内外巡逻，学生夤夜被捕者时有所闻，名为“防止赤化”，军阀独裁恐怖乃笼罩全北京上空。

时有宜兴同乡路阿林（小名），为百瑞老家对门邻居，来京任奉系官僚财政次长张振鹭之秘书。家庭布置舒适，不时邀请百瑞及我至其公馆做客，而盛赞我二人为一对有为之青年。我们也因此稍减客居之乡思，并略知一些奉系军阀官僚集团之内幕，时予已在国闻社开始工作矣。

我看到国闻社所发给各报之新闻，大率为各衙门例行之“宫门抄”，缺少新闻意味，乃不顾幼稚，写一长信给胡政之先生，认为北京政局终将递变，北京势将失其政治中心之地位，而仍将永为全国之重要文化中心。国闻社似应适应此即将来到之变化，及时改变采访重点，逐渐注意各种文化活动。

下周胡先生来京，晚饭后，约我至其书房谈话，说：“你的信很有见地，我也久有此意，苦于无从着手。”旋问我在帅大功课忙否？能否抽出更多时间为国闻社工作？我答重要功课大都选在上午，且学校纪律松弛，缺课可自己补习，胡先生说：“闻晏阳初在定县搞的平民教育促进会甚有成绩。我想请你去参观一趟，为期三五天，回来写一报道，以作为你设想之尝试。”我欣然愿即出发，胡先生即手书介绍信，并关照国闻社庶务曹凤池，速为我印“大公报记者”名片，并预备旅费，尽可能及早出发。

时我母亲已由故乡偕妹迁居保定。我先到保定拜叩父母，虽为小房蜗居，已可独家生活，不必寄人篱下矣。

母亲烧家乡菜，父亲忙于购选保定有名之卤鸡及鸡杂碎飨爱子，一门融融天伦之乐。

第二天清晨，即乘便车赴定县。

定县自汉即为中山靖王封邑，为元明清官商入京必经之要邑，我久闻其名，以为必甚繁庶；及下车站一看，与想象大异。城垣确很辽阔，而城内荒村茅店，田畴纵横，时北方已初雪，大车在白茫茫一片积雪中缓缓而行，历一小时许始抵达平教会。

时晏阳初先生已赴美募款，由其副手汤茂如、陈筑山先生热忱招待，并导引至各实验场地参观。晚间欢宴，主要人员都参加，计有熊佛西、瞿世英诸先生，一切款设及桌椅，都不亚于北京。

晏阳初先生早年留学美国，毕业后值第一次世界大战正酣，及渡海亲赴法国视察。见我国华工服役前线，运送给养，十分难苦，而什九为文盲，离家数万里，恒以难得祖国消息为苦。晏氏周历前线，听华工缕述遭际，十分同情，乃一一代作家书。后发现罗列千余常用字，教华工学习，勤慧者三月即可自写家信，表达胸臆。晏氏推度甚速，收效如彼响斯应。大战结束，乃发展此经验，提倡平民教育，在广大农村推广，并扩展教育内容，教农民自教、自学、自治、自强，并引欧美新品种，鼓励农民改良农牧，增加收入。定县为其第一大规模试点（以后在四川也增试点）。50年代初，曾与梁漱溟先生提倡之乡治，同被批判为改良主义，为欺骗农民、阻碍革命之逆时代举措。而世界公论，则推崇晏氏为20世纪世界十大伟人之一。记得1949年9月举行开国的政协大会，学生界首席代表晏福明闻即为阳初先生之公子，殆鼓励其背叛家庭欤？1986年，晏先生以九十余高龄，跋涉万里，归国观光，盛赞现代化之新面貌，其爱国热忱，可见老而弥笃！并谓倘有机会，当再回国参观。

我在平教会参观三日后，复乘大车至十余里外之一穷山沟（俱在城垣之内)，访问以土法提倡村治之米迪岗先生昆仲，其同志凡十余辈，闻来外客，咸群集招待，共议当晚以饺子款客。各家凑集白面(平时咸以包谷杂粮度日)，而急切无处觅猪肉(定县当时半月才杀一次猪，敲锣叫卖)。正在踌躇无计之时，忽有一人闯入，谓邻村死一马，可商割马肉和白菜作馅，于是群情始帖，一顿马肉饺子，大餉宾客。当时北方农村之贫困，可见一斑。

大体了解米氏村治之构思后，翌晨即道别回京，赶写《定县平教会参观记》，寄呈胡先生。政之先生即分刊4—5日的《大公报》，并亲撰社评介绍。大意谓中国知识分子学成后多注目城市，而中国之前途，端赖知识普及，知识分子应移其目光于广大农村云云。我的参观记及胡先生之社评，并由《国闻周刊》1928年1月号转载。此为我作参观报道之发始。前年贺越明搜集我生平著作，编写《徐铸成通讯游记选》(福建人民出版社1987年版)，列此为首篇。

从此以后，胡政之先生正式聘我为国闻社记者兼天津《大公报》记者，以文教为中心，展开采访活动。师大功课尽量选在上午，下午则从事新闻活动。

这是一个新的尝试。我的采访经验不多，从哪方面入手？如何提纲挈领、取得新闻线索呢？我知道，北京有一个华北体育协进会，为华北各省市体育运动的最高协议和领导机构。由张伯苓先生为会长，马约翰、董守义、袁敦礼诸先生为委员。而总干事郝更生先生实际主持日常工作，他是师大体育系的教授，和我有师生之谊，乃专程去访问，陈述我的想法。郝先生极表欢迎，因为协进会的工作也需要宣传，彼此一拍即合。我不时去他家做客，他的新夫人高梓女士，领导各女校体育，与郝更生先生留美同学，同攻体育专业，对我的访问，也极表欢迎。由此，北京各大中学有什么重要比赛，华北地区将举行哪些运动会，我事先都掌握情况，预先做好布置。1928 年在太原举行华北球类比赛，1929 年春沈阳举行的华北运动会，我都亲往采访，为《大公报》体育版放出异彩。我自己调查研究，做好充分准备，固然是重要原因；而郝更生之帮助，也是一个因素。其余，如各大学举行重要校际比赛，或有引人注目之运动会，我都自往作现场报道，在国闻社发稿，颇受各报重视。

## 1928 年　二十一岁

春间，百瑞弟得家书，其太夫人已征得嘉稑同意，允与我订婚。我喜极而赋一结俪诗，写之丝帕上，并寄去一长信，倾吐多年爱慕之心。旋得嘉稑复信。从此，情书往来不断，订为白首之盟。

是年，北伐军攻克京津，改北京为北平。旋蒋介石及阎锡山、冯玉祥、李宗仁、白崇禧及其他重要将领先后到北平，共同赴西山敬谒孙中山先生灵柩。我的采访范围扩大，曾写有《西山谒灵记》及其他不少采访稿件。如天安门举行“北平各界庆祝平津底定大会”，吴稚晖、白崇禧、方振武及冯玉祥代表郭春涛均参加，群众近万人。我曾写有详细报道，颇为平津各报所采用。再如，北平各界曾在前门内举行孙中山先生铜像奠基典礼，北平政治分会主席张继主持，甫自海外归来之林森（子超）先生亦参加，长髯飘飘，风度不凡。我曾请问其“尊姓大名”，林先生笑而出名片示我。我肃然自愧识见之简陋。

当时平津及华北各省，几乎尽落入山西阎“老西”控制之天下，西北军（第二集团军）在攻克平津之战斗中，厥功最伟，从冀中突破奉军防地，逼得张作霖匆忙结束北京政府残局，退往关外（被日本军阀炸死于皇姑屯车站），而蒋介石此时决定了“扶阎抑冯”的谋算，突令西北军韩复榘、石友三、孙良诚等部停止前进，让阎锡山部开进平津，接收平津冀察地盘。这就种下了以后国民党连年发生内战的主要原因。

当时山西帮几有“鸡犬登仙”之感，特别是阎老西的五台小同乡。有一件我亲身经历的事，举此可见一斑。我父亲有一个同事（同为保定车站的文书杂职），他大概也是一位五台籍人。当晋军已开出娘子关之际，忽请假回家，不知如何夤缘时会，到晋系控制华北之初，忽被发表任为平汉铁路局局长。真是一步登天，俨然政坛红人了！有些保定车站的司员，向我那位久任段长的姨夫道喜，说某人曾是您的部下，现在当然不会忘了您的栽培，您一定要升迁了。我姨夫连忙摇手，说：“不，我曾在他手下当差的。”这真是官场现形记的一段好材料。也可见晋系当时鸡犬齐飞的一个写照。

当时，冯系只得了北平市长（何其巩）的一个空衔，上面还有阎锡山的平津警备总司令的控制，还有张荫梧、楚溪春等宪兵司令等机关掌握实权。张继以“党国元老”做了几个月北平政治分会空头主席后，就拂袖离平，实际也由阎掌握。

国民党党务公开了，成立了北平特别市党部。主任委员为谷正鼎，他是接近鲁籍国民党元老丁维汾的“大同盟”的一个派系，介于蒋及汪精卫的改组派之间。时丁维汾任国民党中央组织部长，所以时有“蒋家天下丁家党，宋氏一门三部长”之谚，后来陈果夫、立夫兄弟先后掌握组织部，这才被改称“蒋家天下陈家党”。

除谷正鼎外，那时的北平市党部委员，尚有张清源、吴铸人等，在师大还未毕业的同学黄如金任组织部长（抗战胜利后曾任吉林大学校长），另一同学曹鳌则任工运部长。这就给我扩大采访范围提供了机会。《大公报》复刊之初，即提出“不党、不卖、不私、不盲”的方针，所以对“党务”新闻，不感兴趣；但党务牵连到社会各方面，如有一次北平电车工人全体罢工，我就先从党部工运科找到了线索。还有一次，第二国际的代表樊迪文（荷兰人）到平，在市党部发表演讲，我的记录稿，成为《大公报》重视的稿件。

那时，“五卅惨案”尚未解决，日寇尚侵占济南及胶济路沿线，激起全国人民更强烈的反日义愤。北平也组织了反日会，由曹鳌任总干事。这里面有不少新闻，如抄查日货，拘捕私下贩卖日货，或以日货改装为国货出售之奸商活动等等。我有一个相当长的时间，天天去反日会采访，曹鳌以同学的关系，提供了不少便利。

有一件事，迄今对我还是一个谜。北平有一所交通大学，原是唐山交大的分校。那时学生起而要求独立，发生风潮。记得该校学生会的主席为于斌，已结婚，家住在府右街口该校附近的一个小公寓里。他们小夫妻还请我到家中吃了一顿便饭。我们往来很密，这位于斌先生已届毕业，对我说毕业后准备赴意留学。他和后来红极一时的于斌主教，是否是同一人，或仅是姓名巧合呢？这个谜只有上帝能解答了。

1928 年 4 月，我奉派赴太原采访华北篮排球比赛的新闻。我是随郝更生等主办人员和运动员一起出发的。那时从北平到石家庄，火车正点要历约九小时，郝更生与北京及平汉路当局一再交涉，才拨了几节车皮（当时各实力派纷纷扣留车辆，路局能使用的车皮很少），第一批 3 月 31 日上午 8 时出发，到石家庄已是日落西山，下榻于小客店。石家庄那时还很荒芜，车站附近，矗立着辛亥时被袁世凯暗杀的吴禄贞烈士铜像。此外车站附近，只有零落的小店。从北平出发前，一位冀南籍朋友告诉我，石家庄的闹市区在西部，那里饭馆及各种商铺林立。他还告诉我一个秘诀，到石家庄的大菜馆吃饭，只要把两角钱暗下塞在跑堂的手中，彼此心照不宣，会有不少好吃的菜“飞”来。

我在小旅店安放好行李后，即步行到铁道以西踯躅。原来那里是古老市区，街道狭小，乞丐成群，杂以红男绿女，气氛相当繁杂。我购了几件土制的日用品，即找到一间有三层三开间店面的饭店走进去，跑堂殷勤引进一小间，倒茶并洗脸后，开单子叫菜，我要了一小杯白酒，点了栗子白菜、坛子肉等两味小菜。我记住朋友的“秘诀”，私下把两毛角票垫在菜单下，递给跑堂，他向我微微点点头。等酒菜端上后，隔壁正在猜拳畅饮，大吃大喝，而一小盘、一小碟“美味佳肴”，如现批烤鸭、炒腰花等纷纷向我的桌上“飞”来了，真使我大快朵颐。这种“飞”菜的经验，以后在别的码头，没有再经历过。

第二天清晨，又由郝更生先生齐集分住两小店之运动员，坐上正太铁路的二等车厢，重上征程。

那时正太路还是窄轨，车厢比别的铁路狭小了好多，加上沿线山峦起伏，车行颠簸、曲折，而窗外则时而巍巍青山，时而悬河天降，一路风景，奇幻秀丽，美不胜收。

我们坐的是路局指定的一节车厢，车役服侍周到。我曾去别的三等车里巡礼，则乘客挤得满满的，很少空座。山西人喜欢抽旱烟管，且车厢内发出那一股“热捞”气，使人闻而欲呕。我和几位老乡闲嗑了一阵，就转回来了。

沿途经过井陉、娘子关等站，过了阳泉，不久就到达太原。

我那时虽初当记者，也已学习张季鸾、胡政之先生的习惯，出门即写旅行通讯，按日向读者尽快报道一路所见、所闻、所感（此习惯一直保持到解放以后，1957 年下半年以前）。

兹摘录 1928 年 4 月 6 日《大公报》刊出的我此行的第二篇通讯如下（题为《正太道上》）：

> 正太车站在平汉车站对面，而秩序之整乱，亦适成反比。列车七八辆，甚为整齐。乘车就座，行李存放均有定处，茶水伙食供应亦有定时，秩序井然。每站到站时刻，亦鲜有参差，此实予吾人以极好之印象。……
>
> 正太每日客车，往来各二列，由石家庄开太原之第一次为快车，上午七时二十分开行。余等所乘者为慢车，上午九时三十分开行。同行诸君（包括运动员与职员、新闻记者），精神咸非常高兴，缘车外之新环境，处处引人入胜。获鹿一带气象与平保（保定）一带仿佛，然田麦已高出一寸余，或因地势高而土肥之故。自此迄距太原六十公里之榆次站，此三百余里，车无时不在高山邃谷中盘转，经山洞凡二十有三，长者至三里余，短者亦十余丈，车轨更多随山势而曲折，车身常呈弧形，在后一辆车中往往可见前一辆车之侧面，盖高山穿行殊不易，且水源为车站择卜之一要素，山中水少，自不能不迁就。闻车轨弧形建筑颇不易，因而轨须高低得当，以避其侧倒。正太路车轨铺设不仅整齐，且颇美观。同行有清华大学工程学教

授刘君，每赞不绝口。……

于此，吾人知正太路之所以采用窄轨，非必尽为虑与他路发生不良之关系（当时军阀割据，动辄将各路车辆扣留运兵，甚至以此渔利）。实缘车道曲折太甚，车轨如再放宽八寸（如一般路轨），其工程费将达数倍以上。路局初未料收此意外之后果，外间军队乃至铁甲车等因此不能向晋省长驱直入也。

车行速率不甚高，每小时平均为十五英里，然乘车无一困厌者，此实因窗外之风景，无一刻不引人入胜也。高原景色固多壮伟，然秀丽处亦不减江南山水，惟色调有不同耳。万仞峭壁缀以若干蔚色苍柏，白鸽回翔其上，更时有碧桃银杏夹杂其间，益增妩媚。娘子关一带曲折更甚，山势更奇峭，山谷间一片黄沙，时有山夫策驴而过，山中多村落，村民似多天真，或因无战争经验故欤？首阳西有一村，方在举行类似庙会之盛集，男女多衣红着绿，更有不少老太太穿天青礼服，排坐台阶，小孩则伫立不转瞬，此种熙熙攘攘之景象，虽车行仅一瞥，实深铭刻于脑海。有“葛天氏之民欤，无怀氏之民欤”之慨。……

下午七时零二分，车按时抵太原，大会筹备处张武成君等均到站迎候，照料异常周到。乘洋车入城，经两度军警之盘问，为有运动会招待证，未加检查。入客栈后，必先填履历表，经军警亲来查问后，始可出外自由活动。闻平时检查更严。

客寓尚清洁。记者不惯住炕，几经周折，觅得床板一副，布置被褥，甫上床，即入甜梦。合前夜睡眠片刻，共不足六小时也。

我这次还写了《太原鳞爪》等好多篇通讯，从此养成了每次出访必将所见所闻写为通讯的习惯。张季鸾、胡政之两先生不以观察浅薄而摒弃，每篇都在《大公报》刊出。这给予我很大的鼓励，我每次写作，只署名“本报记者”，《大公报》也无额外酬金之例。所以，写作的动机，不为名，也不为利，只是恪尽一个新闻记者应尽的职责而已。

关于那次华北球类运动会的经过，我已详细写了《初出茅庐》，刊载在拙著《报海旧闻》中，兹不赘。

另外，有两点可以补充的：一是我那时只是一个年轻好动的青年记者，也喜爱运动。那次运动会期间，曾组织“号外”坠球队（即后来之排球，规则没有现在那么严谨，每方有九个队员，分三排上阵）。由平津各报记者组成，曾与女子锦标队比赛，虽然是失败了，也打赢了几个球。当时曾被摄入新闻镜头。《大公报》和《国闻周报》都曾刊出。于此，可见我当时的“雄姿”。

第二，当时同行的记者，有北平《晨报》的滕树谷及天津《庸报》的聂某等人，另有专业摄影记者宗维赓等人（宗在30年代迄40年代间，很有名于沪港电影话剧界）。这位滕树谷老兄，当时也不过二十有零，喜欢在运动员中吵吵闹闹，滑稽突梯，如此而已。想不到30年代初期，却成为上海新闻界的“有名人物”。

那时，《时报》的创办人狄楚卿（葆贤）无意再经营报业，将《时报》盘售给南洋归国富商黄伯惠氏。黄氏特在四马路贵州路口建造四五层的《时报》大厦，将编辑、经理等部全由“平等阁”搬入（平等阁在四马路望平街口），并向美德订购了最新的三色卷筒机（是为我国报纸采用多色印报机之始）。

30年代，国民党政府在沪举行第二届全国运动会，滕树谷特来采访，随来者有天津《大公报》特约访员章绳治君（甫由北平汇文中学毕业）。由于采访活跃，同受黄伯惠先生“青睐”，同被“挖”入《时报》，一任编辑体育版兼采访，一任记者。在运动会期间，《时报》以大量篇幅，刊载会内外新闻及“花絮”，并且日以木刻大字，套红刊之报首，以吸引读者。

滕君花样百出，其拿手杰作，为将打破大会多项全国纪录之游泳女将杨秀琼赐名谓“美人鱼”，每日刊载大幅照片，并每日刊登杨秀琼之“起居注”，这样的“噱头”一时很能迎合部分读者的低级趣味。

以后，全国运动会闭幕了，黄伯惠叫滕树谷跑社会新闻，他更充分发挥其“天才”，无中生有，以小夸大，尽量制造惊人的“消息”，特别喜欢在女明星周围转，抢镜头，造消息。剧影中人很讨厌他，名导演蔡楚生鄙视其人，特创造一剧本，以滕的影子作为可笑的主角。凡看到此影片者，即明白一个无聊文人的影子“跃然”如在目前。

滕不因此痛改前非，反加紧制造谣言，以为报复，对名影星阮玲玉之“桃色”新闻，更加工渲染，连篇播之报端，此“人言可畏”一代明星陨落之缘由也。

我由此事，更深刻认为新闻记者之人格、品德和报社的报格之重要。《大公报》标榜“不党、不卖、不私、不盲”之四“不”主义，在当时实是一种有针对性的社规。最近，我看到台湾九六高龄之前辈报人曾虚白先生的谈话，说“不党、不私、不卖”实为新闻界之普遍规律云云，深合我心。

以上是回忆华北球类运动会联想起的一段故事。

## 1929年　二十二岁

春4月，又随郝更生先生及平津各校运动员，专车赴沈阳采访华北运动会新闻。我当时仍在北京师大读书，半工半读，在国闻通信社工作，是时国闻社分社主任为曹谷冰兄。

那时，东北“易帜”（废除五色旗，改悬青天白日旗）未久，张学良刚新除杨宇霆、常荫槐二人，被推为“东北保安军总司令”，君临四省。而张作霖尸骨未寒，国仇家恨，逼使张学良励精图治，建筑葫芦岛港，修造与南满路并行之铁路，引用新进有为之人才创办东北大学，吸引刘风竹、臧启芳等为教授，致力培养人才。我们到沈后，即住在北陵新建之规模宏大的东北大学宿舍里；华北运动会即在建筑现代化（当时水平）的东北大学大操场举行。

为了采访好华北运动会新闻，胡、张两位特请何心冷兄另车赴沈，作为我的“助手”。心冷兄原为国闻社上海分社骨干，1926年《大公报》创刊前，特调到天津，任副刊《小公园》编辑，兼任采访主任、本市新闻版编辑。可以说，除了张、胡两先生外，他是《大公报》开辟草创时期最有力的功臣。他的未婚妻李镌冰女士为《大公报》有名的三才女之一（其余两位：一是驻英法特派记者吕碧城女士，一为编妇女周刊的蒋逸霄女士），心冷兄本与镌冰女士（镌冰为李子宽之胞姐）约定是年春暖花开，江南草长时回沪结婚，政之先生商请其推迟婚期。以如此老资格之同事，作为我的“助手”，可见报馆当局对此次运动会之重视。

北陵离市区有一二十里。我与心冷兄约定：我住在北陵，采访所有新闻。心冷则日夜守在国闻社沈阳分社内，负责接听电话，拍发天津电讯及其他联络事宜。

此次华北运动会的采访，我们抓紧一分一秒，利用方在试验阶段之无线电话，取得比太原球赛更辉煌之成果，其详情已见拙著《报海旧闻》。还有几件琐碎见闻，可以一谈：

一、我们于会后曾赴沈阳市区巡礼，曾到日侨密集之“日本地”观察一番，见区内马路平整，房舍清洁、整齐，而市面尽为日商铺子，日本军警密切注视行人，虎视眈眈，其鄙视华人之程度，远较天津、汉口之日租界为甚。我当时看了，有不寒而栗之感。

二、我们也曾经过“帅府”（为张作霖父子所住之府第），则余威犹存，行人过此者，辄由卫队挥令在对过行人道俯首默默而过。我曾抬头觑视，看到围墙甚高大而辽阔。近门处有一大厅，盖即商决东北大事之所谓“老虎大厅”欤？

三、张学良氏曾两度到华北运动会场，但未致词，开幕词由副会长（东北大学副校长，校长由张少帅兼任）刘风竹代致。张学良于欢宴会上曾莅临，夫人于凤至女士亦参加。我席位离张略近，见其须发毵毵，面目黧黑，精神委顿。闻其心绪不好，吗啡针毒甚深云。

四、过“帅府”不远，觅得浴室。其优等室供两人独用，布置设备，比天津之高等浴室，殆有过之。我和心冷兄，披沥谈心，见其识见很广，学问亦渊博。有一事我迄今难忘，我们浴毕离馆，忽心冷讶然谓遗失一表，当即返浴室寻找，幸在浴池边原璧犹在。心冷语我曰：“此表为镌冰所赠，故珍贵如此！”

五、在离沈前一日，送心冷兄至南满车站，盖将到大连，转乘海轮赴沪结缡矣，南满车站，秩序视国内各车站为好，空气非常安静，行车准时开达，不差分秒。我看到站内之天桥，即想到两年前张作霖、吴俊升专车即在此挨炸而毙命，心中暗暗为民族前途担忧。

翌晨，即乘运动员专车入关，过天津时，报馆已派庶务周作恭兄在站截留，谓“胡张两先生知老兄此行辛苦，特请下车，在报馆休息三五天”。此为我第一次亲至天津报馆，亦为我第一次与季鸾先生见面。

6月初，忽接政之先生电话，很简单，只几句话：“你学校能否告一段假？我们想请你到外埠采访一次，如可能明日早车即来津。”

当时北平各大学因积欠尚未还清，又因合并问题拖延不决（南京教育当局仿法国办法，实行大学区制，如江苏、上海均属中央大学区，即中学及图书馆、博物馆等均归中央大学区管理），北平各大学拟合并为北平大学，由李石曾任校长。原各国立大学改称学院，一如张作霖时代之京师大学，而职权更大，兼辖天津、河北省各大学及中学并其他教育机关。此决定一经宣布，北京各大学群起反对，游行示威，继以赴中南海（大学办公处所在地）砸烂招牌，运动延续经年。从此，大学上课秩序更松弛。所以，我未向师大教务处请假，只关照同班同学一声，第二天即搭平津早快车抵津，还带去了简单的行李。乘车到四面钟对面报馆，时甫上午9时半左右，胡先生已到报馆。他简单对我说：“我们看你很有才能，且富于新闻敏感，想请你去一趟太原，开始采访政治新闻。你可以先到心冷铺上（时何心冷兄尚在沪未返）休息一下，饭后张先生再向你谈具体任务。”

下午1时左右，季鸾先生即来馆，向我分析太原酝酿之阎（锡山）、冯（玉祥）联合反蒋之局势，希望我相机采访其内幕消息，并关照我可从李书城、王鸿一、刘治洲几位先生入手。季鸾先生并亲书一介绍信嘱面交小垣（李书城字，亦称筱园）先生。

当晚我即回平，第二天清晨出发，即到保定拜见父母亲，团聚一晚，翌晨即赴石家庄转车赴太原。下榻正大饭店，安顿行李后，即先往访太原分馆经理雷梦觉先生及驻并记者吕征夷兄（复旦大学毕业生），承雷先生为接风，初尝山西之特殊风味，如过油肉、刀削面等等，盛情可感。以后，我即开始采访活动。当时，如四川之刘文辉，湖南之何键，两广之陈济棠、李宗仁，东北之张学良，乃至甫反冯投蒋之韩复榘、石友三等均有代表驻并。我并曾乘便车去过离并几十里之晋祠，访问在此被软禁之冯玉祥，写有《晋祠访冯记》等等多篇通讯。大概张、胡两先生对我之采访及写作能力，颇为赞赏，到并一周后，季鸾先生即亲笔来一手书，略谓：“自兄到并以后，所发电、信，应有尽有，足见贤能，希继续努力，并望珍重。”总之，我跑政治新闻，第一炮算是打响了。

回平不久，张先生又函嘱再往太原一行。胡先生并附函谓：“此次赴并，可多住些时候，旅费可随时向分馆支用。”

我仍住市中心之正大饭店。有一天，我甫外出采访回旅舍，茶房忽交我一信，说：“后进有一位汤先生，请你回来后即往一见。”

我按号往访，原来是邵飘萍的夫人汤修慧女士，蒙以茶点水果接待。坐定后，她含笑说：“我也来并采访已旬日，看到你在《大公报》写的通讯和电报，甚为钦佩。我馆事系身，不能在并久留，拟请你代我们《京报》也顺便发些新闻电。”我连忙说：“报社社规，不允记者兼职……”她急摆手说：“我知道你们《大公报》有这条规矩，但我们不奢望你所特别采访的新闻，只要一般大路的消息，你顺手给我报打些电报就可以了。”说毕，她把已办好的收报人付资的电报执照交给我，并附有一百元钞票，说：“这一点说不上报酬，只是补贴你的车马费，望勿客气。”

过了两天，邵夫人即回北平。

我囊中素不存私款（穷学生也无余资可存），我把这一百元在太原买了只手表，余款买了一些土仪，以便过保定时孝敬父母亲。

这是我第一次买的手表。这只方形手表，以后曾先后赠给大儿子和小儿子，大孙儿亦戴过，几乎成了我家的“传家之宝”。

又过了约两星期，忽接政之先生由平来电：“有事盼速回平。”

不知有什么要事？连忙摒挡行李，翌晨即动身。过保定时，只回家休息片刻，向父亲呈上土仪，即购票回京（当时火车票随时可买，二等车尤空，并不需早日订购）。

到国闻社后，见到胡先生，他说：“谷冰已丁母忧回崇明原籍奔丧，我亲来北平坐镇。但天津报馆事繁，我不能在平久留，所以打电报给你，请你速回代理分社主任职务。”我说我年轻资历浅，恐难胜任，请另找一位编辑或记者代理此职。他微笑回答：“我已郑重做了考虑，相信你可以负责，你就不必推辞了。”谈毕，胡先生即于当日下午4时乘快车回津。

第二天，我到几个机关跑了几条新闻，3时许回到船板胡同（东单苏州胡同迤北）国闻通信社，步入办公室，见空无一人。时庶务曹凤池兄（胡先生表弟）正在长途电话高声谈话（曹耳背，职工都背后称为曹聋子)。他见我来了,忙以指示意,叫我去接电话,我想是天津长途电话。我说:“今天一个人都没来上班,这也难怪大家想不通……”胡先生忙在电话中说:“我一切已知道了,今天你看稿子发得出去吗?”我说:“我已跑到几条,凑上几条没有时间性的,大概可以对付。”(两位抄写员陈、戚两兄照常上班。国闻社每天发稿多则五六张,少则三四张。)胡先生说:“这就好。你立即草拟一个启事,送登《晨报》,公开招考三名练习生,由你训练。我另在报馆派一位外勤,明天就到平协助你。”我听后很惶悚,马上接着说:“胡先生难道不准备挽留他们几位?”政之先生立即断然回答:“我不吃这一套。”说毕,他就把电话挂断了。

第二天,天津派来的孔昭恺兄到平,即开始工作,并和我共同商量出题及口试等问题。报名投考的人不少,我们录取了三名,即定期到职试用,其中的一人,即后由《大公报》派往新疆采访,旋被盛世才扣押年余的李天炽君。

前年《人民日报》副刊上曾刊载一篇杂文,引述我这件故事,说可见好马也要靠伯乐加以识别和提拔。

这篇杂文写得很好。我以为千里马总有一股犟劲和奋蹄绝尘、仰首长嘶的习性,不仅靠伯乐识别,也要有识者善于驯养和给以奔驰的机会。这里面,要有耐心和功夫。政之先生的善于识人,是人所共知之的;而在涵养、训练和耐心方面,我以为季鸾先生更胜一筹。

到了9月底,谷冰兄即回平销假。我即向胡先生请假,准备回宜兴故乡结婚。

我的未婚妻朱嘉稑,亦宜兴人。先外父闰生公中年早逝,赖外母朱太夫人凄苦抚育三女一子成人。嘉稑居次，长于我两岁有半，而品貌端庄秀丽，其姊妹早已出阁。是年年已二十五岁，外母频函促早日完婚，经与百瑞弟商定，于10月初结伴返里，完我终身大事。

政之先生送礼百元，我父母亲百计筹划，向保定车务段段长侯太太借了百金。我就携此两百金回里完婚。

因为火车票贵，决定先到津乘海轮南行。

坐的是招商局某海轮。当时房舱票价每人八元，并供伙食，但茶房赏金至少需纳每人二元。茶房不仅无固定工资，且须先向买办交纳一笔钱，才能谋得此职。此当时之惯例也。

船颠簸行四日，第五日晨泊上海十六铺码头。时清党之余风犹在，稽查行李甚严，我曾带一本老舍新著《二马的故事》，封面为绛色厚纸。绛色近红，而又以“马”字为书名。乃劳稽查军警反复审阅，约半小时始获放行。

租住在三马路某横街之长发栈内，取其价廉而可靠，“老上海”所介绍者。

翌日即乘车赴无锡，转乘内河小轮回宜。

此交通工具为我中学时代常坐者。船上有蛋炒饭，饭为无锡大米，饭粒硬而油重，加上一盂葱花酱油汤，充肠适口，一别三年，重尝此江南美味，甚快朵颐矣！

家中房舍依然，而我家的住房已由二叔出租。祖母年近八十，依二叔婶供养，颇为康健。

我偕百瑞回至岳家，拜见岳母及诸尊长。嘉稑与我鱼雁频通，而见面只低头脸红一笑。

晚饭后，即投宿于新街之新旅社。该按旧俗，“毛脚女婿不能上门”也。

当时宜兴习俗，结婚礼尚用旧式，我主张在城内公开场所之“厚余堂”举行。岳母则谓女子出阁必坐花轿，必拜天地，自不能重违其意。衣饰箱笼等岳家已简单备齐，尚缺手提皮箱一对。翌晨，即偕百瑞至常州置备，信宿即返。返时岳母已在原租与王姓房屋布置房舍，独院三楹，窗前略有花木，有一小门可通大宅灶间，如此，接待新婿，不犯“毛脚”女婿之嫌。

从常州归来，我即乔居于此。

结婚之日，先用花轿载新郎、新娘至厚余堂，伴郎有小学同学潘志涵、任肇基二人，两史姓表妹执花束为牵披纱。

到厚余堂后，由徐姓族绅为主婚，婚毕，回茶局巷岳家。大厅已花烛高烧，桌椅皆红缎帔，依然相对拜天地，拜见岳母，然后喜筵数桌，款宴亲友，如此新旧混合之仪式，一时轰动全城，围观者如堵。

迄今回忆，结婚已匆匆近一花甲，现在已子孙绕膝（有三子、四孙、二孙女，长孙女去年已结婚），数十年相敬相爱，从未口角或脸红。今年（1987 年）同行、好友为庆祝八十整寿，嘉稑白发婆娑，精神尤矍铄，年已逾八旬有二，可谓福寿双全（半生坎坷），白头偕老矣。

结婚之第二日，二叔婶在东珠巷老家置备喜酒。我与嘉稑双双回家，叩见祖母及诸尊长，参加者有姑母、姨母等，盖我为祖母膝下最大之长孙也。

结婚后，除亲戚宴请外，曾至城内外各处游览，作为“蜜月”

旅游。时西氿边正砌筑京（南京）杭公路，曾闻乡人窃窃私议："筑路没有边，将来汽车行走，开出马路怎么办？"有聪明人回答："大概将来两边总要修筑栏杆罢！"如今则宜兴已成旅游胜地，公路四通八达，中外游客日夜汽车如流水，远非昔比。我们老夫妻从1980年重见天日后，几乎每年必回宜一次，虽彼此在宜都已无亲人，而故乡做客，恋念旧土之情，老而弥笃也。

转眼蜜月已过，胡先生连函促归津，而两手空空，盘缠无着，乃专函胡先生告急；不日即汇来百元，即拜别岳母，与百瑞弟一同就道，此行仍由沪乘海轮赴津。经上海时，仍下榻长发客栈，曾赴虹口、静安寺等区游逛两日，即乘轮出发。到津后，瑞弟即回平。我们新夫妇先回保定叩见父母亲，并宴请亲友，略留三日，即留嘉稑在保侍奉翁姑，我只身回天津，盖胡、张两先生已决定调津馆内任体育、教育版编辑，兼主编经济新闻版，月薪亦已涨至七十元矣。

转眼隆冬已届，季鸾先生有日找予谓："太原方面似有变卦，闻阎已将冯囚禁于其家乡五台县之建安村。你可即日赴并一行。编辑工作可交赵恩源（甫由燕大毕业入馆，做我之助手）代理。"第二天我即就道，时北国银装素裹，到处白雪皑皑。而军阀混战频频：第一次蒋、冯战后，有蒋、唐（生智）之战，以及石友三之反叛（此战延及河北省之顺德府）；阎锡山以"主持公道"为旗帜，出兵在冀南阻击石之后路等等，兵荒马乱，平汉路尤为要冲，各路军阀争相扣留车辆，致平汉路行车秩序更乱。我乘的客车，大抵为铁棚行李车所改装，而行车无定时，从北平到石家庄，几耽搁一昼夜。有些运货小贩，贩卖鸡鸭，只能攀登车顶，一夜风雪暴寒，鸡冻死闻达数十只。可见当时民间之疾苦。

第二天傍晚，到了太原，立即进行采访活动，先见到李书城、王鸿一、刘治洲、周玳、徐永昌及冯之秘书雷嗣尚诸人。

此次到并，并勾留二十余日，在并度过旧历新年。有了经验，熟人也更多。我曾乘冯私人医生陈先生（闻即老友陈仁炳兄之胞叔）之便车亲至五台访问冯先生，来往大雪飘飘，真是“一去二三里，下车四五回（为铲雪），抛锚六七次（为加油或加绑绳索），八九十徘徊”。到了五台，得见冯先生，写出很轰动一时之通讯。

我并曾动用脑筋，设法见到阎锡山（这位土皇帝盘踞山西数十年，从未接见过一次中外记者），收获极为丰富。新年时与雷梦觉经理小馆对酌，曾看民间结婚之仪式，雷先生并告我晋北大同一带之风俗。

阎锡山虽已就任蒋委之“陆海空军副司令”，并就任国民党山西省党部主任委员之称（实权仍操之CC健将苗培成、李嗣璁等之手），但与冯及各方代表仍暗中“藕断丝连”，时局一时难有新发展，亦不致有突然变化，经函得张、胡两先生同意，结束此行。归途过保定时，留居三五日，并偕同嘉稑抵津，借住同学好友潘家，地址在河北大经路三元里。

上班二三天后，胡先生看到我看毕小样，即匆忙离馆，翌日即为我安排，在日、法租界秋山街之集体职工宿舍楼上，腾出小屋三间，供我小家庭新居之所（与庶务主任周作恭一家为邻）。

## 1930年　二十三岁

小家庭生活，事事草草。最初常至苏州馆（在紫竹林）便餐，后以所费不赀，乃自备餐具，备一打气炉，自己做饭。我亦能烧小菜，而切菜刀等未购齐，常以剪刀剪菜，甚至剪肉。夫妻双双动手，自己烹调，有时炖蛋花汤，风味甚美。盖那时《大公报》职工伙食均由报馆供给，我不便开口搭伙也。

在这年初春，我有幸看到一次宣统"皇帝陛下"及其后妃，经过是很偶然的。原来，前两年曾在远东运动会上争得网球单双打冠军之林宝华氏，被邀请来津，教小皇帝打网球（也算"内书房行走"吧），出入于溥仪在日租界的行宫（那时，溥仪已由张彪的"张园"搬至陆宗舆的一幢私家花园——静园里）。有一天邱飞海由上海抵津，这两位在远运会为国扬威的国手，在英租界网球场友谊表演。我作为体育版的主编，自然应去观战，写一篇特写。正在凝神观赏林、邱二氏的精彩球艺时，忽邻座人声嘈杂（我坐的看台，正面对大门），"宣统皇帝来了！""看小皇帝和他的后妃啊！"我抬头一看，只见溥仪已慢慢步入特等优待座。跟着他进来的，除一群太监保镖外，有他的皇后婉容及贵妃文绣。溥仪比我大一岁，看来比我老而且瘦，尖削面庞，戴一墨绿色眼镜，携有"御杖"；婉容则丰容盛鬋，明眸皓齿，风度十分宜人，大概那时她还未染上烟瘾吧！跟在她后面走的文绣，却是一位纤弱的女子，面容也不如婉容的美艳。他们入座后，人声方停息下来。等到林、邱二氏打完了三局，快近完场时，皇帝即在簇拥下施施然离去。

我也有幸和后来当上"满洲国"宰相（总理大臣）的郑孝胥有一面之缘。他是辛亥前后有名的书法家，我1926年初次抵京时，看到琉璃厂各书画古董店的招牌，大都是他和朱益藩先生的手笔，恰如上海流行之清道人以及后来的唐驼、谭泽恺一样。那次是《大公报》发起募集陕西旱灾赈款，到四面钟《大公报》馆亲送捐款者极为踊跃。到第三天下午，胡先生请我去营业部帮同收款。一小时后，有一位留小胡子的五十开外的老人来馆，我在慌忙中看出他是郑孝胥。我请教他尊姓大名，他以浓重的福建口音答复了；我装着听不清，连忙抽出一张纸，请他留下姓名。哪里知道他惜墨如金，掏出一张名片，并付了十元的捐款，等取得收条后，即离馆而去。

夏间，嘉稑已怀孕，加以我长期上夜班，她一人在家孤寂，隔壁为一荒园，时有怪鸟声磔磔传来，引起她的恐惧。我乃寄函双亲，请母亲偕妹来津照料。旋得俯允，母亲即偕幼妹德华来津。以后不仅生活有照料，且可制备婴儿所需衣帽等等，并陪同嘉稑至东亚医院定期检查，我也得以安心于工作。

暮春，我又一次奉派赴太原。时太原局势又起新变化，张季鸾交游甚广，常从第二集团军驻津办事处主任林叔言处得知太原动向。

我抵并后，得知阎已将冯从建安村接至太原，下榻晋省为纪念大儒傅青主先生而建立之傅公祠。并从李书城先生处知阎每偕亲信登门访谈。后在无意中得悉冯已秘密离开太原，局势已开始由蒋、阎勾结转为阎、冯酝酿联合反蒋之大团结局面。内幕经过详情，及我运用新闻嗅觉及技巧之经过，已详载拙著《报海旧闻》中，兹不赘。

我回津不久，变局公开，旋扩大会议（全名为“中国国民党执监委员特别扩大会议”）并由此产生“国民政府”与宁府相峙。冯并亲赴陇海前线指挥所部及杂牌军刘茂恩等部沿陇海路长趋直进，一度进至兰封附近，其先锋郑大章部骑兵且包围逼近蒋亲自指挥之铁甲军，蒋仅以身免。津浦线则由阎之第三集团军负责，一度逼近济南。双方动员军队逾六十万，是为民国以来规模最大之内战。战火遍及鲁、豫、苏、皖四省，史称中原军阀大混战。

扩大会议政府的一幕，不满一月即收场。关键人物为在沈阳之张汉卿，“左袒则左胜，右袒则右胜”。冯、阎及蒋都派有重要代表前往争取。冯的说客为薛笃弼，阎方为贾景德。担任宁府游说人员有吴铁城、李石曾、古应芬、张群等人，阵容浩大，且使钱漫撒，殊非薛、贾等之穷酸可比。而张学良则秘不表态，使说客们及一般人民，咸莫测高深。偶发通电，态度亦模棱两可。

胡先生曾早年服官东北，与张氏父子及所属王永江、莫德惠、韩麟春等相熟。这次他亲自出马，赴沈探访，事先与季鸾先生约定，如张决定入关助蒋，则来电谓“请速汇款五百元”；如入关袒护阎、冯，则电文为“请来款接济”。

胡先生抵沈后，张接见谈话，亦未有何暗示，只约请其三日后同赴葫芦岛参加商埠奠基礼。

胡同乘专车抵葫芦岛后，翌晚张即约见，对胡谓：“我苦思冥想半月，觉置身事外非计，为国家人民计，决出兵入关；但只希望阎百川等速退出平津，我决不以一矢相加。”张又简单谈其入关部署，已令于学忠为第一路军总司令，占领平津以西；王树常为第二路军总司令，占领天津及津浦路沿线；今日即电阎、冯，请其悬崖勒马，和平让出防地。

是日深晚，张季鸾先生即得葫芦岛打来的“速汇款五百元”一电。张即写新闻，并赶写一简短社评，隐约透露时局真相。并以长途电话告知曹谷冰，嘱翌晨尽早往访汪精卫（时为扩大会议三首领之一，其他二人，一为阎锡山，一为西山会议派之谢持），知汪尚不明真相，即劝其早日离平。

迨第二天谷冰兄往访，汪果尚不知内情，还相信薛子良（笃弼）近电，谓张有意来京就职云云。汪得曹劝告后，即电致阎锡山公馆，则秘书谓阎及亲信清早已乘专车赴并矣。

汪放下电话，连称："百川太不够朋友！"

三天后，我又奉派再作太原之行。至则太原市民一片恐慌之色。因前一日南京飞机曾来上空盘旋两小时，投掷传单并落下一弹，幸弹小威力不大，适落在省银行徐行长公馆内，炸毁柴房一角。于是省钞行市大跌，原一元可兑法币八角，斯时则对折换算矣。

我去访问了汪兆铭，他对张先生之关照极表感激，并谓扩大会议所订拟之宪法草案已二读通过。谈时即从抽屉拿出一份送余，云"请指正"。

自从汉口"清共"以后，我对汪并无好印象，但平心而论，那时为人尚老实，不当面撒谎。我向其发问："今后国民政府是否迁并办公？"他不正面答复，只谓："我们党的历史，公开的时间短，秘密的时间长。"我知其无意在太原长留矣。

两日以后，我即乘车抵石家庄，留宿正太大饭店，隔壁适遇曾仲鸣，心知已为布置汪出洋之准备矣。

我回到天津，津局全变，原警备司令及市长崔廷献等全体要员逃回太原，新任公安局长张学铭等已到任就职。天津老百姓口头很"损"，说自从老西儿来津统治三年，天津卫已下沉三尺，意指地皮已被崔廷献等刮去厚厚一层。

自从我妻怀孕后，家用增加，收支常感不敷。适汤修慧先生来信，拟请我兼任《京报》驻津记者，月致车马费五十元，我在津既不负采访任务，家中又未装电话，向《京报》通话无门；但重以汤先生之青睐，不得不勉力从事。且每月多收五十元，不啻解决我之贫困。好在教育及经济新闻版看小样尚早（每晚约12时可看毕），而那时天津夜市甚晚，我乃每天赴法租界天祥商场四楼打弹子半小时，先挂好长途电话，来时即向《京报》简报新闻（大率为当天晚报所载者）。

胡先生大概消息甚灵，约一个多月后，他忽约我闲谈，说："听说你夫人即将分娩，开支一定不敷，下月起决加月薪三十元，我已通知会计科了！"心照不宣，我即函汤先生，婉陈苦衷，辞去兼职。以后，我赴平采访北平图书馆新址落成新闻，曾迂道至宣外魏染胡同《京报》社，向汤先生面陈苦衷，并再三道谢其一再照拂。

到了11月，我的长儿白仑呱呱出世（农历十月二十一日）了。还有一段插曲，那时英国玛丽皇后适怀第二胎，日本裕仁皇后也怀了第二胎，两国人民都祈盼得降生一太子。日本宫内大臣俯顺民意，决于降生之际，亲王则宫内鸣钟一下，诞生内亲王则再敲一下。届时，英后生下一皇女；日本皇后临产之际，据当时同盟社消息，皇宫外人民成千上万，屏息静听钟声，钟声一下，群众咸欣喜若狂，不料钟声甫停，又鸣声作响，知诞生者为内亲王矣。

我则一介平民，喜得一"亲王"。

邻居周作恭夫人只生有三位千金。周夫人每对我母亲叹息说："徐先生年不满三十，已经获有麟儿，可怜作恭劳碌半世，膝下犹虚！"

仑儿襁褓时面红润而秀气，周家的三位姐姐，暇辄来抱嬉，视同亲生兄弟，每称其为“小白”云。我们自己逗乐，则称之为“仑仑”。

满月以后，我家与周家俱迁离集体宿舍。作恭择定日租界小松街一幢小洋房（报馆临近松岛街），上下各四间并有厨房、天井，我家住楼上，作恭家住楼下。从此居室更宽敞，我有专门读书室，且地点极僻静，楼上四面有窗。

## 1931年　二十四岁

蒋以中原大战获胜，冯、阎力量大受损失。以为天下群雄，“莫予毒也矣！”倡议结束军政时期，实行“约法”，胡汉民则认为时机未到，与蒋氏争辩，面红耳赤，最后双方几至拍桌大吵。事后，胡氏即被蒋软禁于京郊之汤山。

新闻公开后，袒胡之粤籍四元老古应芬、邓泽如等即通电质询，广东之“南天王”陈济棠及广西之李（宗仁）、白（崇禧）等将军亦通电反对。在京之孙科则赴沪表示抗议。蒋挽元老吴稚晖、张继等从中调停，挽孙回京，而孙科则口头敷衍，秘密筹划赴穗。某日，吴稚晖等尚与孙在其客厅恳谈，孙则出而“上厕所”，秘密从后门出去，直驶码头，登上外商轮矣！

一时百粤将军政客云集，如西山会议派之邹鲁、谢持，如改组派之陈公博、甘乃光等，咸麇集广州，一如半年前之北平扩大会议；而汪精卫失败秘密赴法后，亦声言决返国参加。不久即集会穗城，举行所谓非常会议（全称“中国国民党执监委员非常会议”），并决定成立“国民政府”，桂系之李宗仁亦参加并经常留穗。

我又于春间奉张、胡两先生派，即日赴粤采访。适吴达诠（鼎昌）亦因处理四行（盐业、金城、中南、大陆所谓“北四行”）行务，与我同车赴沪。

广州、香港以前我从未到过。到沪以后，即晤李子宽兄，同往《申报》，访问粤籍编辑邝笑庵先生，承其函介港穗新闻界友人。

由沪乘荷印（荷属东印度，今独立为印度尼西亚）邮船芝沙达尼号二等舱南行。

船上旅伴大都说粤语、闽南语，当时，国语并不通行。幸好巧遇在南洋山打根教书的程同藻女士及其先生，都是宜兴同乡，又沾点亲戚（程女士是宜兴旅沪体育家朱了洲先生甥女，我亦称了洲先生为舅）关系。真是“他乡遇故知”，畅谈契阔。承他们“速成”教我粤语数目字及常用语之读音，如“边处”“边个”和“冇”“叱嘢”之类，学而致用，方便多了。

到香港后，又同去高升戏院看了中国第一部有声电影，胡蝶影后所主演《歌女红牡丹》，还是用留声机配音的，往往有“言行不符”之处，剧情却十分动人。同藻女士忽忍不住悲啼，涕泗齐下。

乘晚班船赴穗，第二天清晨到达广州。汪精卫也已由欧返粤。

在 1927 年广州暴动以后，两广军人诬汪精卫、张发奎等与共党“勾结”，致酿成此祸。因此，在广州建了一块“汪精卫—张发奎祸粤纪念碑”。现在汪来参加粤府，又是“同志”了，于是在汪到穗之前，加工把这块碑砸除。我到穗的翌日，特驱车往浏览残迹。

我下榻在盐业银行招待所内，粤行经理为陈先生，北方人，特为我安排北方菜，因达诠先生专函关照，故招待殷至。陈经理不时还陪我吃小馆，并同至银行公会楼顶品茶，边观赏珠江景色。我此次留穗约一月有半，当时港粤交通极方便，“龙山”号等小轮布置极舒适，晚开早到。我每隔一星期辄去香港度周末，来去自由，不似今日之需签证也。

到穗之次日，适“中央党部”及“国民政府”联合举行纪念周，各要人毕集。其中汪、邹鲁等为扩大会议熟人，我即上前握手寒暄，并请约定会见日期。汪约翌日即在东山三号其寓所接谈，邹海滨则约好次日下午在盐道街二号公馆（邹鲁早年长期任广东盐务局局长，以后又任中山大学校长）接待。我并挽汪、邹代为介绍孙科，亦蒙约定日期长谈。

第二日晨，雇用汽车，直驰汪寓，至则汪已在阶前伫候，握手迎接。

熟悉当时官场情况的人，曾做过一概括性评语：国民党三大领袖中，胡汉民谈锋最健，和他谈话，只有你听他讲，滔滔不绝。蒋介石则不大轻于开口，只听你的意见，偶或唯唯答一二句而已。汪的作风，介于两人之间，谈话时，尽量让你表示意见或提疑问；等你发言告一段落，他才微笑徐徐作答，决不使冷场。

果然，我和他谈得彼此欢洽。也许因为我们太原一会，他对我印象不坏，所以，如对“老友”，侃侃而谈。

我在离津前，季鸾先生曾叮嘱，此行主要任务，为探听粤府当局意见，是否将出兵，再打内战？

我即婉转问汪：“国民政府成立后，是否准备第二次北伐？”汪听后，也用“外交辞令”答道：“我们的根本方针，是两句话：以建设求统一，以均权求共治。”其不主张出兵明矣。我当天即将访汪谈话，电告《大公报》。

我和汪谈了逾半小时。辞出时，汪不仅送出客厅，并送至大门口，亲为开汽车门。

对一年轻记者，如此客气，无乃太过而近于虚伪乎？

看访邹海滨，亦甚客套，但近于圆滑，无一句着实话，敷衍约二十分钟，我即告退。

“国府”委员中，唯孙科最有实权，兼财政部长。他约我在葵园谈话。他一开口就火气很旺，大骂蒋大权独揽，甚至说：“丢那妈！”说蒋一点不懂民主，完全军阀作风，简直是个军阀。他这样痛快地骂，完全不体会我们的报在蒋的管辖之下，无法照登。

但是曾几何时（数月以后），宁粤即以妥协相对。“九一八”后，孙哲生先生又与蒋和好，和“丢那妈”一起，到杭州举行烟霞洞会谈，然后赴宁，一度出而组阁了。

我自回津后，即改编各地新闻版。又以何心冷兄健康不好，每晚必饮大量白兰地始能入睡，政之先生劝其偕镌冰夫人回沪做较长时间之休养。

胡先生决请徐凌霄先生接替其工作（凌霄与张、胡两位均为老友），当时为《大公报》编辑戏剧周刊，并为《国闻周报》写“凌霄汉阁主谈荟”。他对政之先生挽其编《小公园》，认为可以一试，但他兼任清史馆编辑，向例不能离平至津工作，必须觅一助手，兼司其事。胡先生返津，即嘱我兼编副刊。

副刊在上午发稿。各地新闻亦在晚饭前截稿、看大样。晚上尽多空余的时间。那时仑儿已茁壮，终日嬉笑。我暇时以逗儿为乐，闲时至劝业场一带闹市听落子。大鼓大王刘宝全那时在泰康商场登台，凡有精彩段子，我总尽可能往饱耳福。我最欣赏他的《闹江州》和《游武庙》。后者描写朱元璋与刘伯温同游武王庙之对话；刘伯温听到姜子牙、伍子胥等纷纷被太祖传令逐出武庙，看到这位圣主猜忌太甚，不能容纳功臣的深心，于是立即上书求退居青田山中。朱元璋这个人，的确是轻视文士、残杀功臣的典型皇帝。秦始皇焚书坑儒，只坑了四百多个儒生；而明太祖呢，单单胡维庸、蓝玉两案，即“瓜藤蔓”诛杀了五万余人，开国元勋徐达、常遇春亦难逃其暗算。虽后代修史者以功大于过的观点仍尊称为太祖，而实为后世有帝王思想者树一学习恶例。

后来，由于季鸾先生的鼓励，我也喜往观看北昆。

这里面有一段故事。原来1926年段祺瑞执政府被推翻时，安福系健将曾毓隽被冯系之鹿钟麟囚禁。曾的外室陈文娣设法私往探监，并千方百计以重金买通看守人，将曾化装一起逃往东交民巷。曾之亲友对陈文娣之机智勇敢，赞不绝口；曾之宠纵有加，自不待言。30年代初，陈有名交际场合，徐娘半老，而犹风韵夺人。陈那时喜昆曲，对北昆名角韩世昌、白云生、庞世奇尤吹捧揄扬不遗余力。时《大公报》业务发展，不仅能独立，且多有盈余。张先生渐有兴趣于娱乐；由陈文娣之介绍，亦渐着迷。凡庞世奇登场日，张先生必购票请编辑同事若干人往观赏；我亦常往“叨陪末座”。后来我在沪时聘笛师拍曲，盖亦受此影响。

明王世贞之《艺苑卮言》中论南北昆之不同处有谓“凡曲北字多而短促，促处见筋；南字多而调缓，缓处见眼。北则辞情多声情少，南则辞情少而声情多。北力在弦，南力在箫。北宜和歌，南宜独奏。”对南北昆之优劣辨别极为明晰。我后来看到，凡南曲之一折，皆由一角独唱到底。如王西厢之《惊艳》《佛殿》皆由张生一人独唱；《拷红》等折由红娘独唱。北曲之董西厢则每折由数人和唱，此分辨之大较也。

炎夏刚过，日本军阀忽制造“九一八”事变，开始对我大规模军事侵略。

事变发生之次晨，只见《大公报》要闻版上角，登一加框之“最后消息”，略谓日军在北大营、柳条沟一带开始向我军寻衅，迄至午夜1时，枪炮声尚在蔓延。当天我到报馆时，编要闻之许萱伯详谈经过，说昨晚要闻版已截稿，守候北宁路（即今京沈路）局之汪松年忽来电话，谓路局局长高纪毅甫与沈阳局通话，告以上述紧急情况。话未完即被人掐断。许兄说他就将此消息，编为最后新闻，嵌入版内。我后遍翻平、津、沪及各地报纸。此重要新闻只《大公报》赶上。有人谓“九一八”消息系戈公振先生首先传出，殊非事实。盖公振先生并不编《申报》要闻，且此为公开之新闻，何待贤者而首先发表？

公振曾以记者身份，次年随李顿调查团亲赴东北考察。报道翔实，殊为难得。但此乃两回事，不能混为一谈。

仑儿周岁以后，母亲返回保定，留下小妹德华陪伴其嫂。从此，她一直留在我处，由小学而中学，而做工作、结婚，始终生活在一起。

“九一八”后，日租界空气更加紧张。我每晚回小松街，时常碰到“抄靶子”的事。在马路昏暗的一角，骤然跳出三五名黑衣汉子，喝声“举起手来”，一柄硬邦邦的东西顶在你的腰部，上下搜索一番以后，才让你离开。

到了11月底，北方已气候寒冷。有一晚，我已看毕大样，正在检阅各县通信员的来稿时，突然，从东北方向传来一阵枪炮声，以后且连续轰击不断。有人到大门口去瞭望，则旭街、松岛口马路上已架起机关枪，各家门口也有日警端枪守住，不准出入。据说所有大道口均架机枪；与法界及华界交界处则堆放沙包、铁丝网。是举距开炮时不足五分钟，可见海光寺日军，与流氓汉奸张璧等由东马路冲向华界的行动，是完全配合好的。

由于我防军应付得当，既不许地痞汉奸冲入华界，日方亦无扩大事态之借口，事变得以平息。但从那时以后，日租界对外交通，完全封锁。我到第二天上午9时，始获穿越马路，回到小松街。

那一天的《大公报》一张未发。经报馆当局与日总领事馆交涉，报馆机器、设备始陆续运出，迁至新址——法租界三十一号路南端近教堂处。

两日以后，闻旭街背后马路开放一口子，可以放人。我回家即匆忙收拾，将急用的衣被打了两个包袱，抱了儿子，偕妻及妹子赶往排队、检查放行，投宿于秋山街鼎新里（居法租界内）朋友家中。从此，即未回过小松街，直至下月月底，我被派去武汉工作。小松街家具、衣被、书籍，尽成为“皇军”之掳获品矣。

## 1932年　二十五岁

年初，即匆匆单身就道，赶汉就特派记者兼《大公报》驻汉办事处主任之职。

《大公报》在汉本有记者喻耕屑，兼分馆主任。喻本为国闻社驻汉分社主任，与政之先生相识多年。大概因薪水多年未提升（《大公报》在武汉已销七八百份，报馆收批价六五折，喻收入已不菲），喻写信给胡先生，以年老请辞记者兼职，盖意在“掼纱帽”也。胡素有“不吃这一套”的脾气，乃派我赴汉创办事处，亦锻炼人才之一法也。

武汉人地生疏，我乃将家眷送至保定，只身于旧历春节前赶到汉口“履新”。

先觅屋于大智门附近宏春里（楼下办公，楼上则为住宅），布置甫定，即将眷属接至汉口。

在前一年，长江中下游之湘鄂赣皖等省，曾发生大水灾，闻淹死人民十几万人，财产损失无算。汉口市区亦被洪水淹没达半年，水高过平房；一般居民房屋为二层，皆从二楼窗口进出。市内交通仅赖小划子来往。我到汉时，大水初退，而马路及室内底层水渍犹分明。马路上到处有信号“船靠左行”，我初以为鄂语指车为船也，后始恍然。

我很欣赏苏州评弹的表现手法，抓重点，不平均使用力量。譬如，《珍珠塔》一书，描写方卿二次见姑娘，从清晨由襄阳化装过江，掩入陈府的后花园，初会采蘋；然后小姐下楼相会，二次见姑娘，唱道情；直至采蘋下楼，同至庵堂见母，责打三大孝，姑嫂相会，大团圆。这段故事，至少在书场里要弹唱半年以上，而故事只发生在一日之间。评弹界行话，说这是关子书。相反地，方卿早年身世，以及奉母命一路由河南到襄阳，时逾十数年，却一表而过。这叫作弄堂书。

我从 1932 年 1 月到汉，1936 年 1 月离汉，恰是四整年。中间也有不少“关子”可表，但重要过程已详细写入《报海旧闻》里，这书发行相当普遍，我想不必重复，留些篇幅详细回忆《文汇报》

上海、香港版先后创刊和初期的经过，以及孤岛初期战斗后、重回《大公报》主持香港版、桂林版，以及胜利后的上海版经历（从1939年秋至1946年4月，时长七年有半）。这些，是我一生中的“关子”，我应尽可能加以详细追忆。

汉口这四年，只从几个人略略一表吧。

我初到汉时，汉口特别市长是吴国桢，不过二十六七岁，勇于任事，颇富朝气。后来汉口改为省辖的普通市，由方本仁的儿子接任市长，有些衙内作风，市政风气就大不同了。吴国桢调任民政厅长（省主席由何成浚兼）。吴鄂西人，早年入清华，后赴美国留学，归国后，甚受蒋夫人赏识。

吴任鄂省民政厅长不过数月，武汉却流传他一段“佳话”。原来他的父亲吴老先生，久在鄂省当知县。吴国桢上任时，其父照例随班晋见。这位厅长大人，也待如一般下属，照例传见、训话，勉以勤政爱民云云。以后，他调宁当外交部长。抗战时，继邵力子后任中宣部长。胜利后，继钱大钧任上海特别市市长。那时我主持《文汇报》笔政，和他打过不少次交道。他也不时打电话给我，找《文汇报》的麻烦。但这个人颇有“费厄泼赖”风度。当时真正扼杀《文汇报》的是CC特务方治。这些，以后再详谈。

其次，谈一下张群（岳军）。这位蒋氏的密友，1933年出任湖北省政府主席。一时人望很高，小民曾誉之谓“张文襄（之洞）第二”。倒不是他有什么显著的政绩——如首倡省府“合署办公”之类，而是鄂省承何成浚、夏斗寅两届黑暗政府之后，“饥者易为食”，张氏出之于清简开明，遂得到民众的赞誉。后张氏内调南京任外长，继之者为杨永泰，飞扬跋扈，遂不得善终，刺客传为胡汉民派之刘庐隐所指使，实为中统特务。那时我已调沪供职，自不悉其内幕。

讲到杨永泰，生前也和我有一面之缘，是季鸾先生为我写了一封介绍信，前往访问的。一派官场习气，谈话不得要领。他以“三分军事、七分政治”的条陈，受知于蒋。他是揽权的能手。蒋老先生规定重要事项都要自己亲批，杨乃每天一大沓公文，不论重要与否，一律送呈“总司令”批核。蒋不胜其烦，乃嘱“次要”文件归秘书长核准施行。于是，大权渐落入杨的手中。他拟定一个“七分政治”的方案，凡“剿匪”区省份一律实行行政督察专员制度，归总司令直接管理。这方案经蒋批行后，长江中下游及豫、陕等十个省政，遂事事由杨管理。当时的行政院形同虚设，院长汪精卫被“架空”了。这大概是CC及汪派最恨杨的一事。

杨下面有两个机要秘书，一为裴复恒，听说是蒋的表弟，后来弃仕从学，曾担任上海河海工程大学校长；另一为罗君强，抗战时随周佛海投敌；周担任汪伪的“行政院长”，罗任秘书长。汪死后，上海为大汉奸争逐的肥肉。周以“副主席”之尊，兼任上海市市长，由罗君强代理一切，后来周病死狱中，罗大概被正法了。

张汉卿（学良）将军大概1934年来汉就副司令职（代行总司令职权）。他出国前我曾在机场见过一面，还是在沈阳时那么瘦削。那次由欧返国，即来汉就任，面色红润而壮健，与前判若两人了。那时他偶或公开露面，不带赵四小姐。夫人于凤至女士，年逾花信，尚亭亭玉立。翌年，张即调陕任“西北剿匪副总司令”，他还不时托人带去洪山的紫菜苔，盖念念不忘两湖风味——汉口的紫菜苔炒湖南的腊肉也。

旋即发生震惊世界的“西安事变”，大大推动中国历史前进的步伐，张为人民立了大功。想不到因此被软禁达数十年，赵四小姐始终苦难相从，成为一对受人民怀念的“牢狱鸳鸯”。

我以前在广州，曾乘轮赴对江（那时海珠桥尚未架成），看到那个特区（李福林防区）鸦片公开销售，吸烟馆门前以玻璃灯为市招，叹为观止。岂知到汉口以后，霓虹灯市招更为辉煌，闻商人每在此“戒烟所”谈生意，甚至可在一榻横陈之余，开条子，摆酒席宴客。

当时汉口公开设有两湖特税处，一年收入上亿。“剿匪”经费均赖此挹注。而特税处长为汉口最大的肥缺，即特商组织之“特业公会”亦烜赫冠于各业云。

当时湖北之实力巨头有二，一为徐源泉，负责鄂中“剿匪”；一为反共先知先觉之夏斗寅（“马日事变”之幕后指挥者）。那时夏已胖如肉团，转动失灵，其部下旅长叶篷甚嚣张。后投敌任“前汉”之军政部长，“后汉”（汪伪组织）之湖北“绥靖公署”署长。抗战胜利后被正法。

我那时每月收入逾三百元。除薪给二百元外，又兼为沪、宁两家报纸发新闻电，共为百元。加上湖北分馆之津贴（年有一千余元），生活颇为富裕。是时物价不高，农产品尤便宜（所谓谷贱伤农），白米三元余一石，鸡蛋一元可买一百二十个。

斯年，我妻又生一子，早殇。旋搬家到特三区钦一里，有房大小四间，乃转租某私人医院者（二楼全层）。

## 1933年　二十六岁

10月，照有结婚四周年纪念照，系汉口江汉路启新照相馆所摄。该照相馆女主人为宜兴同乡电影演员范雪朋女士，本姓姚，其弟姚掌球与我堂弟认识。

## 1934年　二十七岁

因《大公报》两湖分馆开张，商得金城银行经理王毅灵先生同意，在金城里租有底层及二楼两套房间，门面做代办部，二楼即由我家迁居。

新春，小女得患肺炎，急延名医闻亦齐（闻即闻一多先生之胞弟）等名医救治，是时肺炎无特效医药，不治早夭，年甫二足岁。

## 1935年　二十八岁

是年夏，偕妻同游京（宁）、沪、苏、杭，并回宜兴省视祖母。

11月，接岳母（已随百瑞弟至宜昌）来汉，照料其女坐月子。

年底，次儿福仑出生。

## 1936年　二十九岁

福仑满月，我即送岳母返宜昌，然后收拾行李，准备离汉。新置之一堂柚木家具，并去年新购之“菲歌”四灯收音机（当时我国新有无线电收音机，在汉只能收听南京台），全部作价由报馆收买，留给后继者使用。

1月底抵保定，过了旧历正月半，即拜别双亲及妻儿，只身赴上海。

那时张、胡两先生已到上海。以国闻社上海社同人为基础，筹备《大公报》上海版。是时天津《庸报》已由社长董显光、经理蒋光堂出售予日人。其编辑主任张琴南、编辑许君远（均为原北平《晨报》陈博生之旧部，时《晨报》早停刊，博生受任中央社驻日记者）不愿附日，经张、胡两先生礼聘，为上海版骨干。

沪馆已择定爱多亚路大同坊（今延安东路，黄浦区政协旧址），营业部则设在福州路（今古旧书店旧址）。

已在霞飞路陕西南路口租下一幢二层洋房（在陕西路口某里弄内）为重要干部宿舍。张、胡两先生住二楼，我及琴南、君远居楼下，白天即赴大同坊上班。

我自1926年来沪投考清华，十年来过沪近十次，但还是"乡下佬""洋盘"。有一事可为佐证。我不懂乘一、二路电车或二十一路公共汽车。到沪之翌日，即雇黄包车，讲明小洋两角，坐到爱多亚路石路附近。岂知车夫欺生，到蒲石路口即停车。从此请教老上海，再不愿当"洋盘"矣。

到出版临近，迁居大同坊内作为工人宿舍之隔壁居住，以便试刊。

沪版于4月1日创刊，张、胡两先生全力临阵，内容充实，版面新颖。《大公报》原在南方及海外有很多读者。但《申报》《新闻报》等老牌报纸带头抵制，出版三天，报摊不见一份。尽数由人"吃进"。真是"恶龙难斗地头蛇"。于是，胡先生请友人哈瓦斯社之张翼枢先生，挽请杜月笙出面请客，杜闻人"闲话一句"，《大公报》得以化险为夷，畅销无阻。

当时沪馆编辑部阵容，除张、胡两先生亲自挂帅外，编辑主任为张琴南，我和许君远轮流编二三版要闻——好比足球队的两个主力中锋。我还每周要为《国闻周报》写一篇《一周时事述评》及

《一周大事日记》，每周的二、三两天，编报之余，辄为周报赶稿，不觉东方之既白。君远先还兼主编国际版，并兼任副刊《小公园》之主编。此外，国际版有章丹枫，各地新闻有吴砚农（解放初期任天津市委书记，后任河北省委书记），本市新闻为王文彬兼采访主任，文学副刊编辑萧乾，体育新闻由严仁颖主编辑（严为天津耆绅严范孙先生之孙，人称“海怪”），体育记者章绳治，还有翻译主任杨历樵兄，日文翻译吴子修，绘图记者赵望云，连外勤、译电、事务等，共不足四十人。

后来广告增多（《大公报》一向要维持“橱窗新闻”之整齐，二三版从不刊登广告，不似别的报纸听任广告支配），乃于下半年起，增刊一大张。除广告外，辟有两个副刊，一为剧影副刊，由唐纳主编（拍电影忙时，由葛乔代理）；一为“大公俱乐部”，由“马二先生”冯叔鸾主编。

是年秋间，发生了一件意外事件，原由《大公报》资送日本留学之于立忱女士，忽回沪公干，不幸因苦闷自尽于旅馆。个中原因，只有张、胡两先生明白，同人咸心照不宣。于女士系后来成为郭沫若夫人于立群女士之姐。是以郭先生所写之《洪波曲》中，提及此事，对季鸾先生颇有微词。

## 1937 年　三十岁

新年中，即赴保定接眷，母亲舍不得两个爱孙，亲送至北平。时颐和园已辟为公园，我侍母及妻儿往游一日。

赶到上海，早已租定今复兴公园附近万福坊一号为寓所，家具则早托经理部同事董克毅在拍卖行拍得一套，颇为精致而实用。

当时沪馆赢利反超过津馆。据李子宽兄（时为沪馆副经理）告我：去年决算，净盈余五万余元。是时张、胡两先生均在沪布置公馆，胡先生住辣斐坊，张公馆则在今复兴公园对面之一幢三层洋房，均距我家只咫尺间。

是年4月，有一天，胡先生约我及子宽兄，偕赴爱多亚路山西路迤西察看一片旷地，大约有一亩有零，谓准备购下，计划在此建造一幢六层大楼作为新馆址。可见这位以“知日家”闻名的政之先生，亦不料四个月之后，上海即作为战场也。

“八一三”事起不测，敌军一再增兵，疯狂侵略；我军英勇抵抗，血染沪郊，从此展开全面抗战。租界以外之闸北、浦东、南市、沪西先后腾起一片血海，烈焰蔽天，死伤枕藉。迨11月中旬，我军放弃上海，下月，南京亦告失守。这些关节，现代史记载甚详，恕我简略表过。

南京失陷之顷，上海公共租界工部局总办费信惇发出警告，今后上海租界，不许为反日力量之根据，并警告所有华商报纸，应接受日本军方机关之事前检查。

因此，《申报》、《大公报》、《时事新报》、《民报》(《民国日报》于“一·二八”后改称）及《立报》等均宣告自动停刊，大报中只《新闻报》《时报》则接受日方检查，继续出版。

《大公报》沪馆人员，只留工厂工人（胡先生暗中准备出《正报》，向法租界公董局请立案中），并留李子宽及少数看守人员外，我和君远、历樵、文彬、萧乾诸兄均在遣散之列。

我骤尝失业痛苦，一家六口（我夫妻、两儿、幼妹及保姆），素无积蓄，赖三个月遣散费艰难度日。幸旋得老友杜协民兄来函，聘为重庆《国民公报》驻沪记者，月薪为四十元，数虽戋戋，可以赖此延长数米度日之时间矣！

为了搜集新闻，发致《国民公报》，我每天仍至《大公报》原编辑部，与李子宽兄交换新闻（他每日对汉口《大公报》发电）。

有一天（约12月底）忽来二人，一即原《大公报》广告员陈厚仁，一则西装革履之中年，眉宇间不掩其精明之气。经陈介绍后，子宽即同他们至楼上下之排字房、机器间参观一遍。

迨送走来客后，我即询访者何人、何事？

子宽笑答，来客西装者为严宝礼。“他们筹备出版报纸，想请我们代印。编辑部人手已凑齐，独缺一位总编辑，想请我物色。”接着他对我莞尔言道：“老兄有此意否？”

我想，办报而没有总编辑，岂非报界笑话？因亦一笑置之。

# 第三章　主持笔政（1938—1948年）

## 1938年　三十一岁

我有一宜兴同乡储玉坤，在南京政大新闻系毕业班时，曾来《大公报》实习。毕业后，即入《新闻报》工作，佐编教育版。去年底《新闻报》宣布接受敌军检查，老编辑郭步陶先生（后郭老先生受香港新闻专科学校之聘，任校长，迄今桃李满天下。我于1939年秋亦兼任教师）等四人愤而辞职，储玉坤即其中一人。1937年底李子宽兄告我《正报》筹备创刊之议，并嘱先和玉坤面约，请其任国际新闻编辑。

大约在1月20日，储玉坤忽来访我，说《文汇报》即将出版，他已应聘任国际版编辑，并说，此来是奉严宝礼等先生之命，拟请我为该报写社论的。我问："每月写几篇？"答复是每日一篇。我又问："言论有没有限制？"答复是："题目和内容，一切由你决定，报馆保证不加删改。"至于报酬，则"目前因营业没有把握，暂以每篇四元计酬。俟营业发展后，改为每篇十元。我们内部职工，亦暂以四折计薪的。"我问明了创刊的大约日期，答应俟稍做准备，即按日交稿（言明每日写好后，即打电话通知报馆，立即派信差来取）。

我去找同在孤岛赋闲的老同事杨历樵兄，请他帮写国际问题。我们均有甲胄生虮之感。他答应每月写十篇。如此，我每写两篇，有一天休息，得有构思之余裕。

到了1月25日，送来了《文汇报》创刊号。一看字模和格式，就知道是《大公报》的印刷厂代印的。而馆址为福州路四三六号，分明是原《大公报》营业部的旧址。

报纸标明为英商，报头下写有发行人兼总主笔克明H. M. Cumine，第一版刊有克明署名的发刊词《为本报创刊告读者》。有一段说："本报本着言论自由的最高原则，绝不受任何方面有形与无形的控制，如不幸遭受外界的阻力，余必设法排除之。"显然，他是担任保镖的角色的。

我写的社论于1月28日即开始登载。

当时，上海纷传敌人汉奸正筹组南京傀儡组织，梁鸿志、温宗尧等跃跃欲试。我写了一篇社论《告若干上海人》，对那些民族败类，作最后的警告。第三天，《文汇报》即遭暴徒抛掷炸弹袭击。营业部职员陈桐轩遇难，萧岫卿、毕祉芬被炸伤。

是时，我的三儿复仑出生，在广慈医院。取名复仑者，热盼恢复沦亡之意也。

杨历樵兄告我，他有次赴旧《大公报》编辑部，李子宽以闲谈的口气向其询问："《文汇报》的社论，很像是《大公报》人写的，你知道是谁么？"我对历樵说："就该明白告其真相。我们都是已被遣散了的人，难道还要受社规约束么？"

就在《文汇报》被炸的那天下午，政之先生忽派汽车来接我。那时他丧偶未久，有人为他介绍顾维钧先生之令侄女顾俊琦女士

（光华大学毕业），已结成俊侣。政之先生正在沪等待吉期。

我受到他这样的宠邀（两家相距只隔一条马斯南路），很感意外。

入座后，胡先生含笑问我：“《文汇报》的社论，很像是我们自己人写的。你知道是谁写的吗？”我立即回答：“是我学写的，胡先生一定看出它的肤浅、幼稚罢。”他答道：“不，不，写得很有文采，构思也很深刻。就是有些地方，太激烈一些，怕出问题。”

我连忙接着说：“已经出了问题了，报馆今天已被敌人投掷炸弹，并留下‘警告信’……”

胡先生说，这些，他已在晚报上看到了。他接着问我：“严宝礼这个人靠得住吗？是一时投机，还是决心想干下去？我想，我们想投资和他们合作，所以请你来商量，你看这些人会不会变卦？”

我说：“我刚才打电话给储玉坤，请他问问严宝礼，社论要不要写下去？要我写，还是保持原有的态度？后来，储来电话，严已明确说明，社论仍照旧写下去，保证不更改一个字。这样看来，严宝礼这个人是有些魄力的。”

胡先生说：“好，铸成，我相信你的判断。明天，我就叫子宽找严宝礼谈合作。我们也投资一万元，唯一的条件是你进去负责编辑部，另派王文彬进去任本市编辑兼采访科主任。”

“经理部派什么人？”

他说：“只要你抓紧他们的言论方针就够了。经理部方面，我不准备派人，我们不计较图利。”

李子宽和严宝礼的商谈很顺利。据子宽告诉我：“《文汇报》原来的资本是一万元，而实际只收到七千元，所以经营已感困难。

《大公报》代印的排印刷费，分文未付。所有用的白报纸，全由《大公报》垫上，亦未交付代价。所以，我们不加股，他们显然难以维持下去。至于你和文彬的参加，他们更求之不得，他们正缺少干练的主持人。现在名义上的总编辑胡惠生，只在《民报》编过各地新闻，缺少掌握全局的才能（按：子宽几年前亦曾在《民报》兼任编辑）。”

我问：“难道严宝礼会无条件接受合作吗？”

“他们只提出一条，他们的资本要作为原始股，升值为两万元。”子宽兄答。

“胡先生同意了？”我问道。

“完全同意了。”子宽兄答。

我屈指一算，《文汇报》原来只有七千元，变成了两万。《大公报》一万算作一万，反而落得二对一的比例，我想胡先生的算盘素来是精刮的，如何愿吃此笔眼前亏？也许是他说的，只要抓住魂灵头，经济上不予计较吧？正如《三国演义》里的周瑜打黄盖，都是为了民族利益，一个愿打，一个愿挨吧。

总之，我于双方合作谈妥后，就立即进《文汇报》“走马上任”。时间大约在1938年2月20日，距《文汇报》创刊不足一个月。

我“履新”的那天中午，严宝礼特请我吃饭，约储玉坤作陪。严先说了些“久仰”和“一切仰仗”的客套话，还谈了几个具体问题：一是我的月薪，规定为四百元。但他说：“目前经济困难，暂按四折付薪；现在全体职工，都是按四折计薪的。我们已向全体职工宣布过，一旦广告费达到月收五千，即改按五折发薪。如销数超过一万，广告费亦月入万元，就十足发薪。”第二，希望我进《文汇报》后，也像在《大公报》一样施展才能，他愿意把“发起股”让给我和储玉坤各一千元，实收五百元。我笑着说：“我是素无积蓄，多年来一直是寅吃卯粮的。”他说：“不要紧，我先垫上，以后分十个月在薪水里扣好了。”

我当天到编辑部观察一下，由宝礼兄陪同，第二天即去上班。我自己除主持言论（包括社论和短评，后者全部由我执笔）外，还亲自主编要闻版。各版的稿子，都送我过目，然后交胡惠生盖章发交排字房。

为了训练新手，我经宝礼同意，从《大公报》旧同事中，调来程玉西做要闻版练习编辑，帮助试编短栏新闻。主要让他主持编辑部总务，如登记来稿及读者来信，并作为与经理部之桥梁，开单向经理部领取稿纸、笔墨等等。

我抱定宗旨：洋商报是中国人办的，以宣传抗战、宣传爱国主义为言论方针。尽管口气上还用“华军”“日军”字样，但坚决反对侵略，对汉奸声讨毫不留情，决不如《大美晚报》等“中立之态可掬”。其他如本市新闻，副刊亦能配合“皮里阳秋”的抗日基本步调，如西北八路军传来的声音，以及史沫特莱的见闻录等等，陆续发表。

我接手一个月后，销数即直线上升，突破一万大关，且涨势有增无已。广告亦剧增，甚至经常发生排队、争取早日刊出之现象。到4月之后，发行数激增至近六万份，超出一向冠于上海各报之《新闻报》（它因接受敌方检查，为爱国同胞所鄙弃，发行跌至五万余）。

由于销数激增，广告版面大，自然相应地要扩大篇幅，最多时增至日出五六张，平常亦保留四张之上。

要闻扩大为两版，本市新闻两版，并增加教育版、体育版、经济版；副刊除《世纪风》外，增辟了《灯塔》，一度请江红蕉氏来主编。

各版也急需添补人才。先后入社者，有经济版之魏友棐（兼写经济方面社论），体育新闻之周峻，国际助编兼翻译徐绪昌，本市新闻编辑周起苞及助编邵季良，法律顾问版编辑张寄涯及严独鹤之弟严荫武。要闻方面，先由严宝礼兄介绍其苏州同乡朱云光（曾做过《时事新报》编辑），并介绍其挚友（两路局时，严为稽查处职员，同事好友义结金兰，有十兄弟。"八一三"后路局遣散大部员工，严宝礼、余鸿翔、周名赓等志同道合，乃集遣散费发起创办《文汇报》）余鸿翔从我学习，练习编辑要闻。外勤也先后添了胡惠生介绍之胡道静，严宝礼介绍之马直三（亦十兄弟），其中比较得力者只有沈壬生兄。

我的用人方针，抱用人唯贤态度，颇能五湖四海。只要是爱国而有一定文化程度又愿意学习的，即使没有一点新闻基础也先吸引进来，教其边做边学。原外勤中之有经验者唯邵伯南（红叶），但因不容于克明（非坚决开除不可），宝礼兄与我商酌，派其赴汉口当特派记者（不久即由董老介绍，赴解放区工作，在新闻界卓然有成）。另一方面，即使是原《大公报》好友，因交游不慎而不宜留此岗位者，亦商得子宽兄同意，劝请其辞职，计先后有王文彬兄、许君远兄。本市主编则委胡雄飞介绍之吴农花担任。

编辑工作繁重了（每版要审阅大样，并抽审小样）。同时因杨历樵兄调至香港《大公报》任职，乃请储玉坤、魏友棐分写纯国际及经济方面社论。以后又由子宽兄介绍，请李秋生、费彝民两兄分写社论。我亦学张季鸾先生榜样，每篇社论必细加润色，以期风格、笔调之一致。我每周一般写三篇。

## 1939年　三十二岁

“七七事变”之后，日寇大举侵我，已如弓箭脱弦。我乃向《大公报》借薪一百元，汇给我父母亲，以备应变之需。我父亲忠厚老实；加之，高级职员一般欺压下属。迨日寇逼近保定时，高级职员及其眷属，开一列专车匆匆开往汉口，可怜我父亲冒烽火尚去车站上班。至则人已阒然，不得不退居家中。敌机来轰炸时，和我母躲在床下避弹。风声日紧，乃随一家邻居逃难至博野县一荒僻小村中。赁居一贫苦户老夫妻家中，约三五月。迨平汉路可通车北平，急急奔至北平。我那时始得到父亲来信，即专函恳托留居天津租界之旧《大公报》副经理王佩芝兄，请其派人至京联系，并请其代购船票，送他们回沪。是年春暖时节，双亲安抵上海。从此一家团聚，三儿都已茁壮，双亲得以享含饴弄孙之乐了。

是时报馆业务大发展。据宝礼兄请一英国会计师来馆查账，根据收支情况，资本每股（各面额为十元）实值应为三百八十余元。营业之发达可见一斑。

查董事会成约，职员薪水，早应发全额，但董事诸公以经费周转困难为由，改为七折发薪；同人体谅时艰，亦以所得已不菲。如校对每月可得五六十元，不下于《新闻报》之水平。

从去夏营业开始猛起，克明之薪给，即由其代理人方伯奋（名义上华董之一）提出，每月由三百元增至一千元，另聘其子小克明为董事会秘书，给薪三百元。克明在跑马厅租有房子，月租二百元，亦由《文汇报》支付。

照例，无功而受如此厚礼，应可满足矣。但克明不甘心做“保镖”，想实际抓权，甚至抓言论权，这就势必爆发我和他历时半年的斗争。详细经过已载拙著《报海旧闻》及《旧闻杂忆》续编中，兹不赘。总之，斗争的焦点是克明企图将《文汇报》办成租界当局的报纸，我和大部分同事，则力争将《文汇报》真正办成人民的喉舌，宣传抗日，宣扬民主，对抗敌伪之压迫，揭露其欺骗的报纸。

而一部分中方董事，则或多或少同情克明之欺骗。

其次，是来自国民党方面之企图收买与控制。先是CC之潘公展派人出面，时潘在重庆任国民党中央宣传部副部长（部长名义是当时尚未落水的周佛海）。他们向严宝礼饵以馈送一部印报机（系潘以前主持之上海《晨报》用的转筒机）。后来严与之几经商酌不见交出机器，李子宽与潘驻沪代理人宓季方相熟，向之探询究竟。宓谓此机已押入银行，押款为五万元。如《文汇报》要这部机器，可先垫付此款。

我对宝礼兄谈：“《文汇报》自筹印刷设备，实为长久之计。因战事总有完结的时候，届时《大公报》要复刊，《文汇报》应早做未雨之绸缪。但目前上海明精厂自造之卷筒机，每部不过两万元。外国进口新式套印机，亦不过近十万元。一部旧机器，索取五万元‘押金’，无乃借机敲诈，支援何从说起！”宝兄亦极以不然。以后即不再谈此事。

接着来的是孔祥熙。孔有驻沪代表胡鄂公（旧国会议员，后闻曾参加中共），曾偕钱纳水找严宝礼密谈，并来编辑部与我点头招呼。我事后问严：“他们来此何事？”宝兄说：“亦来谈合作之事。”我问具体条件如何？他说：“具体数目尚未谈及，只推荐钱纳水来当副主笔。”那时《译报》《导报》均已创刊。我和《导报》的恽逸群兄为老友。（“八一三”前，上海各大报每周举行一次“星期五聚餐会”，假九江路绸业工会楼上举行。我和子宽代表《大公报》参加；成舍我、萨空了及恽代表《立报》参加。）他为新闻及共同对付外商事，常在电话中和我交换意见。我谈及胡鄂公来“接头”事，恽兄谈：“此人出卖风云雷雨，要当心上当。”我即将此言转告严。以后即未谈判下去。

最后一次“进攻”，来势更猛。具体联系者由《大美晚报》中文部主任张似旭先生，介绍中央银行一负责人来谈判。条件为投资十万元，说明是宋部长（时宋子文，正任财政部长）派来商谈合作的。对等条件除派一编辑主任外，要参加一名副经理兼会计主任。我和严商议决立予峻拒。因太阿倒持，不啻将《文汇报》出卖给国民党。

峻拒的后果是严厉的。当时法币的黑市外汇已跌至八便士左右（官价为一先令两便士半）。他们可以给受日寇检查的报纸（如《新闻报》《时报》）照给官价外汇，而对热烈拥护抗战的爱国报纸《文汇报》则不允给分文官价外汇。结果是我们所用的白报纸，要用比《新闻报》高出三分之一的价钱去向黑市购买，这不啻置《文汇报》于死地（黑市外汇尚在继续猛涨中）。

《文汇报》以后陷于经济困难，虽有其他原因，如经营不善，广告部人员“招揽”报纸广告，收入一部分被中饱等等。而致命伤则在中央银行之有计划的打击报复。

经过这次打击，《文汇报》虽仍极受读者欢迎，（如有一次清晨我偷偷回家，步行经过法国公园［今复兴公园］，见池塘边、草地假山边之靠椅上，纷纷有人埋头读报，我一一低首细看，几乎全是看《文汇报》的。我看到读者如此热爱，热泪不禁潸然而下。）但由于上述原因，经济上反日感支绌。有一天，董俞律师忽来编辑部，我知道他是华北大汉奸董康之侄。事后我即警告宝礼兄，少与这类人来往。

不久，克明即以严宝礼开空头支票为由头，下"令"免去其经理职，不少华董信其鬼话，说克明由其婶出资五万元，由他来"亲自整顿"《文汇报》。实则，他已以十万元之代价，将《文汇报》出卖给汪伪，而居中拉拢者，即为董俞"律师"。

这事发生后，某三位中国董事，尚受克明之欺骗，还请我到新新旅馆三〇三号（董事们吃喝玩乐的地方，亦即《文汇报》的"摇篮"）去，一再向我解释，说此事只对付严宝礼一个人；对"老兄"，克明还是器重的。但我们从多方了解，克明已受汪伪巨款收买，还由汪伪派给克明一个总编辑（此人后来任南京傀儡组织的"部长"），所以，以编辑全体同人为主誓死反对克明此举。最后，编辑部二十余人同事，在《申报》（是时《申报》已挂美商牌子复刊）、《新闻报》刊出启事，宁为玉碎，决不与克明合作，玷污《文汇报》的光荣。

此事，董事中的徐某，曾在新闻出版史料上写文否认，该刊不加调查，遽予刊出。事实上，此事千真万确，正如太阳是从东边升起一样。同《一个建议》的社论出笼经过，都曾在我的脑海中牢牢铭刻，决不会淡忘，也不容否认，是事实总不容抵赖或歪曲。后来我看到恽逸群日记，清楚记着：“《文汇报》《一个建议》的社论，查悉确非该报主编自撰或授意，系该报编辑储某所写。”可见党是调查得很清楚的。

《文汇报》停刊后，胡政之先生写信给我，希望我速回《大公报》，任港版编辑主任。以后，又连电催询。那时，编辑部同人中，柯灵、周起苞已在《大美晚报》中文版工作。徐绪昌也有其他工作。我到7月底（《文汇报》于5月上旬停刊）才摆脱一切，乘荷印之“芝沙达尼”号启行。

船行三天半，驶入香港，胡先生已派庶务主任徐国振在码头接待。旋即赴馆，晤及张、胡两先生（时季鸾先生亲自主持重庆版，因肺痨加剧，隔几月即来港就医，张夫人及公子士基则仍留港）。

那时，张、胡二位年各五十有零，已退居二线，轻易不动笔，不亲日常工作，致力于培养后一代；且为推我（编辑主任）和金诚夫兄（经理）担负起第一线任务，创造一切条件。我到馆三天（头两天胡先生还问问我社论写什么题目，看看小样）以后，就放手不管，不仅各版大小样均归我审阅，社论稿（除我自写约一周三篇外，执笔者尚有杨历樵兄、袁道冲老先生和李纯青）统由我修改、润色。我当时战战兢兢，而精神很愉快。一如在孤岛时的发挥全力，且精神没有孤岛时的紧张。暇时可轻松地自己翻读书报，努力于进修。

时香港各报，堪与《大公报》匹敌者，唯金仲华兄主编之《星岛日报》。我每天看报，首先与《星岛日报》比较，看社论哪家写得切题，有深度，看哪家有几条独家新闻或特写新闻，看哪家的标题生动、醒目而恰合分寸。一般讲，这两家报章办报都认真而精益求精；评次伯仲，则《大公报》以精密细致胜，《星岛日报》则以态度进步胜。是以两报销路都为“外江”报（指抗战爆发后创刊之报纸）之首两位。《大公报》读者多在政界、工商实业界及中年以上知识分子，而青年则多爱读《星岛日报》。

《大公报》港版同事，计有蒋荫恩兄任翻译兼编国际新闻，要闻版编辑为李侠文，本地新闻编辑曹世瑛，体育新闻编辑为章绳治，副刊编辑为萧乾（不久即赴英任特派记者，由其燕京同学杨刚接编），英文翻译有梁宽（厚甫）及马廷栋、梁邦彦等，外勤记者则有麦隽曾、戚长城、张觉可等六七人。还有管资料之张篷舟等，不过二十余人。我初到馆办公时，馆址在皇后大道中商务分馆隔壁之二楼，办公地点有约二百平方米大小面积，我独用一办公桌，编辑部尚不甚挤。

《大公报》港馆于1938年“八一三”周年创办。我到港，赶上一周年纪念。10月双十节时，香港各界热烈纪念，并献金捐助抗战。适季鸾先生来港，看到第二天本市新闻版大样之标题一般化，即顺手提笔划去原标题，亲笔写了两行“可歌可泣双十节”“人山人海献金台”，铿锵有力，而信手拈来，意义深远而扣人心弦，洵为标题之上品。

某次，报馆在当时香港最豪华之酒家——金龙酒家聚餐，曾摄影留念。我细数在座诸人，包括经理部、广告员，连张、胡两先生、蒋荫恩夫人及张篷舟公子小晶晶（均不工作）在内，只有三十九人。可见港馆用人之精练。以区区二十余人之编辑部，每日编报三四张，可见工作量之大及同人工作情绪之饱满。翌年，美国密苏里大学即授《大公报》以奖章（时东方报纸仅大阪《朝日新闻》获此荣誉）。

当时国内尚在抗战初期，国共关系尚属“蜜月”时期，在港之“外江”报每两周必举行叙餐一次，由各馆轮流做东，交换时局看法，以及商量应付新闻检查之共同办法并裁决报价及广告费等问题。我到香港后，即经常由我及金诚夫兄代表《大公报》参加。轮到《大公报》做东时，政之先生偶或参加。此外各报社参加者，为《星岛日报》之金仲华、邵宗汉；《珠江日报》之黎蒙；《立报》之成舍我、吴范圜、萨空了；《国民日报》之陶百川、陈训悆、王新命；国新社之恽逸群；中央社之卢祺新及编辑英某（忘其姓名）。此外尚有“荣记”（当时吴铁城为国民党海外部部长，兼管港澳事务）之机要秘书汪公纪亦经常参加。叙餐空气融洽。叙餐前后，例有“雀喜”，诚夫、仲华、范圜及中央社之英某，向例为方城之积极参战者。某次，席间叙报年齿，我与仲华、训悆、宗汉为同庚（均1907年生），齐举杯为贺。而世事沧桑，仲华、训悆两兄均已成为古人。回忆前尘，不胜凄然泪下。宗汉亦于1989年6月谢世。

我忌食鱼腥及牛羊肉，而粤菜独以鱼腥为胜。所以我不参加宿舍之伙食团，且熬夜每至天色熹微，午间难以起身。每日午后盥洗毕，即令工友赴对门之“士多”购豆奶一樽、面包一枚充饥。然后盘山穿过兵头花园下山，至报馆看报、审稿，构思次日社论题材。迄下午4时，例至哲人咖啡馆与仲华等家叙谈。有时觉午晚餐（晚餐例有酬应）单调，则赴坚道“菜根香”吃一顿素餐。后来，张竹平氏在皇后道大华大厦开设大华餐馆，专售下江菜及苏扬点心，我的“民生问题”才基本得以解决。

## 1940年　三十三岁

张竹平，这位曾在上海报坛叱咤一时的猛将（先曾任上海《申报》经理，佐史量才有功，后创办英文《大陆报》及申时通信社等所谓“四社”），那时却隐于商贾，虽未着犊鼻裈、当垆卖酒，却也便装笑脸迎接宾客，招徕生意。他在坚道租了一幢三层楼洋房（我1980年赴港小住时，坚道一带亦已成寸金地，旧房早已拆去，高层建筑成“石屎”［按粤语：水门汀］树林矣）。三楼给政之先生居住，底层赁予季鸾先生，他自居二层，恰如两“大”之间的一块“三明治”了。

春间，邓友德兄亦调来香港，任国民党中宣部驻港代表。据谓离沪前已创办一通信社，安置旧《文汇报》编辑部尚未得职业之人员，由李秋生兄任总编辑，程玉西任编辑主任。减轻我精神上之内疚，我甚德之。由此两人成为挚友，几乎每天必见面一次，交换对时局看法。他是四川人，特由重庆聘来一家厨（友德伯父孝可老伯为四川耆宿，曾参加辛亥四川保路会，被“屠户”赵尔丰关禁数十日，激起成都罢市，是为辛亥武昌起义点燃一火种），烧得一手地道的川菜。如无应酬，友德必招待我至其九龙寓所便餐（友德尚未婚）。一瓶黑牌威士忌在手，美馔适口充肠，辄至微醺始返馆舒纸写社评及短评。盖自是以后，我虽无家，等于有家矣。

有一事最令我终生难忘者。是时张先生每来港，必与抗日将领方振武将军密谈终日忘倦。我和诚夫兄亦因此与方将军相熟。方夫人亦好客，每去必先日备有鱼翅等美味款待。春日近午，我方蒙眬盥洗，张先生忽来电话，谓：“叔平先生今天在其公馆（九龙界限街）请我吃饭，也请你和诚夫作陪。铸成，我为了让你痛痛快快玩半天，今晨我已代你把社评写好了。你早一点下山过海来罢。”我放下电话，想到张先生正在疗养，对我如此爱护，不觉满眼热泪。

到了叔平先生客厅，方夫人及季鸾先生、诚夫兄及另一位张先生正围坐打牌，方将军旁观。言暄片刻，张先生即起立让我：“铸成，你代我打几圈，我正想和叔平先生聊聊天。”

我对此道实在不精，而季鸾先生又一离客厅不回，眼见我的筹码逐渐低下去，心里越急越输。直到饭后，张先生始入局再战，约累计之，我反胜为输，共输了张先生近二十元筹码。

第二天下午，我正在低头看报，张先生忽来馆，笑着对我说：“铸成，我究竟本领比你强。昨晚我接手，反败为胜，赢了二十余元。不能平分，给你十元。”我面红口窘。张先生急打岔说：“好玩嘛，你买听好烟抽抽。”

当时，日军北进（对苏作战）抑南进？南下中南群岛，与英荷作战的争论相当激昂。香港也许出于主观愿望吧，主南进论者占优势。胡、张两先生不轻信幻想，认为香港终难久守。胡先生与桂系李、白、黄（旭初）诸人，素结有交情。1933年曾过汉赴桂参观匝月，归津披露《访广西杂记》，对广西标榜之“三自”政策（自立、自治、自防）颇多赞许。因此他亲赴桂林，觅好地皮（在七星岩后侧），建造简单之木屋，作为馆址。然后回港，将港馆迁至利源东街之普通商店之楼房。省下资金，购四部平版机、铸造排字房铅字，并运去字模，然后陆续将一部分人员运去，准备出桂林版，以作香港职工预设之退路。编辑部调去者，有蒋荫恩、李侠文诸人。管理部有李为群、戚家祥诸人。

那年，我在香港又与飘萍夫人汤修慧先生见面。她以民族大义为重，毅然抛开《京报》馆及所有产业，只身到港，赖赈济委员会（委员长为北洋老官僚许世英）每月发给之百余港元艰难度日。她有一长婿郭根，青岛大学毕业，中、英文均极有根底，但为人讷讷谨厚。汤先生向我介绍，我即延入《大公报》，顶蒋荫恩兄缺，编辑要闻。

是年我开始学跳舞，动机倒不是为赶时髦。香港常有人请舞宴，事前必征询参加者有无舞伴。如无，则主人必多请一位闺阁女士参加。在宴会中，乐声即起，对对翩翩起舞。我不习邯郸学步，辄使有一女士陪我在席上枯坐，情态极尴尬。后下决心练舞。适香港有速成跳舞学校，每人纳五元，一月可成。我缴费去学，岂知伴舞者咸属“过气”舞女，只机械地教“蓬擦擦”（狐步）或两步的华尔兹舞。我意兴索然，旋即放弃。一日，梁邦彦兄（清华后期同学，1941年赴新加坡入英国BBC广播公司，后不幸在炮火中殉难）对我说：“徐先生，你如决心学跳舞，我姐夫曹亮及姐姐梁淑德（均燕京毕业）精于此道，我愿介绍去学。”

从此，我和曹亮伉俪成了朋友。他们曾启发我说：“跳舞，先要会欣赏音乐，懂得节奏；明白跳舞就是各种步子的音乐节奏化，不要死记住‘蓬擦擦’的声音，则变化自如，就不难登堂入室了。”他家有不少音乐唱片，开起留声机，放出爵士乐，他们夫妇即手把手教我跳舞，果然，没有几天就学会了。去舞场实习，每支音乐都能应付自如了，别的朋友谁都不会相信，我的跳舞原来是党员老师教会的（他们俩都是党员，对党做了不少贡献）。后来听沈体兰说，他先在租界英国学校教书，他的进步，完全靠曹亮同志的引导。在

"那个二十年"中，曹亮夫妇曾被陷入潘汉年冤案的陷阱，被幽禁达十余年。但愿他们俩幸福健在！

## 1941年 三十四岁

宜兴旅港同乡新春聚宴，参加者有财政学家贾士毅，国际问题研究所之徐明诚，他们夫妇名义上在国际所工作，暗中则受汉年同志领导。还有商务之丁某，教育界之周某等。商定今后每一季度聚餐一次，交换家乡消息。后明诚夫妇成为我的好友，不时邀请我到其府上（住九龙新界界限街）吃徐太太潘丽华女士做的家乡菜。

友德兄主办《中国评论》，请我和成舍我及程沧波（接金仲华任《星岛日报》总编辑）和甫由南京"回归"之陶希圣，由海外归来之吴颂皋任编委，我兼任总编，由郭根负责日常编稿工作。

噩耗传来，季鸾先生6月9日病逝于重庆，我痛失良师，悲悼之极。曾一周不参加宴会，不跳舞，以志哀悼。除社评外，曾编写《张季鸾先生年表》，刊诸报端。《国民日报》之王新命撰文，语含讥刺，余痛"小人之不欲成人之美"，为文痛驳之。

徐明诚兄曾与朝鲜及台籍志士暗中有情报来往，11月间，他得朝友密讯，知敌人集中大批飞机，准备发起突袭。明诚电告重庆及延安。我政府由驻美武官郭德华通知美政府，美政府方与日野村特使密谈，意谓我从中挑拨，不信此情报。及珍珠港一声巨响，美舰队化为灰烬，则悔恨已晚矣！

"一二·八"清晨，我方蒙眬入睡，忽九龙远处传来炮声，以为英军在演习，沉睡如故。工友急声将我叫醒："徐先生，不是演习。是敌军开始进攻了！"我即披衣登阳台遥望，果见新界方面白烟滚滚，翻入上空。

自是以后，即日夜在空袭及炸弹威胁中。弹不甚大，盖意在造成岛上恐怖空气也。

我每天傍晚，仍坚持上班编报，工友情绪甚高昂，按时操作。每天一同摸黑下山赴馆者，为赵恩源、郭根、章绳治三人。在《旧闻杂忆》中记同下山者为李侠文、马廷栋，系记忆错误。盖是时李兄早已调往桂林馆，马兄则在港有家，不住宿舍，早断联系了。有一次，正过兵头花园，忽闻头顶嘘嘘声响，未及卧倒，数丈外已落下一弹，幸炸力不大耳。

恩源及夫人徐文兰，甫调到香港（恩源主编要闻），即陷于火网，亦奇遇也。

政之先生在渝甫开完参政会（补张先生缺），因事来港，亦陷入重围。闻12月9日，重庆曾派来飞机，按名单接名人回重庆。政之先生未联系上，而方叔平则不列入名单中，曾申言："我抗日有名，敌人决不会放过。"但以不在"数"内，卒未被允登机。后随陈策等绕道冲出九龙，终罹于难。而飞机实空，乃载满箱笼及马桶，此孔二小姐带十几条洋狗之风潮所以掀起也。

是时，胡先生实躲在德辅道金城银行内，盖政之先生与周作民私交素笃，《大公报》与金城关系密切。与胡先生同在金城避难者，尚有我国化学工业奠基人范旭东夫妇（范先生甫由美到港，即遭逢太平洋大战）及何廉先生。

我向例于上班前去看胡先生。至13日，九龙已失陷，日寇与英防军隔海射击。我经胡先生同意，于是日宣告港版停刊。我写一社评，题谓:《暂别港九读者》。大意希望与读者互勉，在任何情况下，保持民族大义和中国人之气节。末引文天祥《过零丁洋》诗作结：“人生自古谁无死，留取丹心照汗青！”

当晚炮声彻夜，德辅道沿海一带大楼弹痕累累，宛然可见。翌晨，我往慰胡先生及范先生夫妇。范先生先赞我社评写得有力，文辞得体，后喟然议论曰：“任何国家之政府，好比大厦之屋顶，端赖柱石之坚固。如《大公报》言论公正，影响国内外，则不啻在舆论界立下一根柱石。同样，我们永利、久大，能为化工界炼出新产品，为国际所公认，则亦在化工界为中国树立一柱石。柱石既多而挺坚，任何政府方有基础。其不适应者，自然倒垮，而不影响立国之柱石、根本。”他又说：“我昨天听了一夜炮声，觉日本人炸药之爆炸力并不大，我们完全可以追上他们。”

在敌人炮火威胁之下，毫不以个人之安危为念，而时刻不忘如何振兴祖国。我肃然起敬，至于泪下。

不几天，胡先生即冒险雇一小船，直驶广州湾，转回桂林，只有我和诚夫兄送行。

萨空了兄与我商议，各报出临时联合版。后以《国民日报》拒不参加，乃作罢。

旋敌军强渡成功，强力威胁港府，拖延十二日，港督杨慕琦俯首投降。

敌军占领香港后，四出搜查，家家闭户。其人少者，辄被流氓抢劫一空。闻跑马地一舞女宿舍被敌军闯入，莺燕多有遭蹂躏者。

某日，敌军报道部长多田派兵至宿舍，强迫我与诚夫兄赴其报道部（设在娱乐戏院二楼），威胁《大公报》限日复刊。我问计于旭东先生，得其指示应付之策。旋于第三日之清晨，与诚夫兄及郭根、黄致华（外勤记者）四人于晨光熹微中化装为流氓，乘敌军疏散难民船在油麻地码头登轮。别了，香港。

四人中唯黄致华能讲粤语，一路狼狈，到广州又停滞七日。经过情形，我事后在桂林《大公报》写有《广州探险记》记其梗概，全文转录如下（曾载《徐铸成通讯游记选》）。

一个意外的机会，使我在广州勾留了七天。这一途程中，我整天喘不了气，整天低着头，过着像非洲原始地带探险一样的生活。但自己是一个新闻从业员，虽在这样的环境下，也没有忘掉新闻记者应有的触觉，因此耳闻目睹，或搜集了不少材料，足够我今天写一篇不长的探险记。

**没有空气　没有青年**　广州，在我不算是一个陌生的地方。我第一次到广州，是在二十年前的夏天。那时，海珠桥还未造成，而市面的一派热闹景象，不亚于上海。我那时对广州的印象，是建筑整齐，马路直阔，是中国人以自己的力量组织的最好的城市。

三年前我到香港，而广州已沦陷，我知道这个熟识的城市，曾经敌机数月的残酷轰炸，但在我的记忆里，始终还保留着她美丽的影子。长堤的夜月，荔枝湾的清风，以及黄花岗的自由神像，一切都是那么逗人回忆。我始终不信敌人"共存共荣"的口号，对于香港汉奸报两年来"繁荣广州"的记载，也从未予以留意。但凭我直觉的想象，以为这个美丽的都市，至少总还留着一个躯壳，让她的爱慕者可以作一番凭吊。但事实竟把我这一线幻想也打破了！

在长堤下船，露出了敌兵的检查网，荷着一肩行李，踏上岸，我的视线就开始模糊了！马路上像刚刚发生过大火灾，沿堤的房屋，什九只剩下颓垣残壁，江边是密密铁丝网，路上横着木栅，只有敌人的军用车来往奔驰。

找到一个地方歇足后，马上怀着好奇的心情，往西堤、海珠桥、太平路、一德路、惠爱路一带作了一番巡礼。每经过一十字路口，便被敌兵伪警搜查一次。想不到敌军侵占广州快三年，空气还是那么肃杀；不，岂仅肃杀，把眼睛溜向任何一个角落，哪里找得出一线阳光、一分空气？街上稀落走着的那些同胞，也和我一样低着头，紧着足步，通过一道道“关口”，我在他们的眉宇间，看到他们长期在没有空气的环境下生活的痛苦；三年的苦经验，还没有啮断他们的神经！

忽然，一辆崭新的汽车也在“关口”前停住了，走出一个衣冠楚楚的人，闲适地走到敌兵的门前，照样被严密地搜身，又若无其事地上汽车走了。这该是一个“新贵”罢，在这雪亮的汽车里，我看到了他失去灵魂的后影，但在敌兵的眼光里，却并没有抬高他奴才的身份。两天后，我在长堤一家“猪业组合”的门前，看到不少猪笼，笼是那么小，把猪的全身都束缚住了，只有一个露在外面的长嘴巴，还在张牙弄舌，一对眼睛，还透出恬然自得的神气。

走遍了全市，看不见一个青年，广州只有小孩和三十岁以上的人。这些老年、中年人中，少数是早失了灵魂，多数是把灵魂深深地埋藏着，非空气不能生活的青年们，都背着灵魂跑了。

**繁荣了售吸所**　爱群酒店依然矗立在江边，这是广州唯一可以辨认的残骸；但门前冷落如洗，入晚也只有几点疏落的灯光。永安堂的大厦，被漆上《广东迅报》的招牌。此外，太平路上以及长堤附近仅存的高楼，都改成了台湾大酒店，“电气组合”，“商船会社”；偶然点缀着一两家小旅社和烟纸店，也都奄奄一息。过了海珠桥，便是“警戒区”，再也找不到一家商号和住宅。

西壕口一带，有几方里的地方，还有一片瓦砾堆。沙面在不久前被占领，每一个出口，都有三四重兵把守，禁止出入。对面沙基路的墙上，却粉刷着伪广东省党部的标语：“我们要感谢友军，把沙面夺还中国！”

从江边往里走，惠福路、一德路一带，行人似乎比较多一些，也有几家茶馆、酒店、杂货店等等；而最多的，却是售吸所，平均每隔五家门面，便有一家售吸所。在这一段区域内，据说敌军是不许随便进出的，门前竖着“驻在军司令部”的木牌，写着“军宪不得立入”，但若干小巷内，“×× 料理”和“×× 售吸所”是望衡对宇的。

到了惠爱路，气象又完全不同。那里所有的商铺，什九都是日本人开的。街上来往的，除了敌军外，便是三三两两红绿衣裳的木屐女人。街口上搭着几座牌坊，据说是准备“庆祝新加坡陷落”而搭的，花绿的彩布，不耐风露，已有些褪色了。

伪政府的门前，站着两个伪军，像一对风中的干蜡，看样子今天还没有去过售吸所。

就在这一对干蜡头上，悬着大幅的标语，写着四句汪逆兆铭最近说的话：“政治独立，军事同盟，文化交流，经济提携。”

**文化的“交流”** 好，就看他们的文化交流罢。

先从报纸看起。现在广州最大的报纸，是“兴亚机关”的《广东迅报》，除了前面一大堆同盟社电讯外，副刊有两三个，都登满着《烟花的生活》《败柳残花记》《老千的秘密》一类的小说；另外还有《医药问答》，问的答的，都不出性病的范围。其次，是伪党部的《中山日报》和什么《粤南日报》《民声报》等等，大小不下七八种，每天的标题，千篇一律，不外“皇军已迫近新加坡”之类。

杂志不算少，大部都是“兴亚机关”的“协荣印书局”出版的，我所看见的，有《新东亚》《新妇女》《小朋友》《东亚书刊》几种。在《新东亚》上，最精彩的一篇文章，题目好像是《二百六十万年后的世界》，说那时的人都已不是胎生而是卵生，而且生了双翼，所以街市都是在空中。可惜没有说起那时的空中都市中，有多少富丽堂皇的售吸所。

《新妇女》上，开头便登着一篇《日本的新年》，描述日本的风俗如何合乎科学，近乎人情，简直就像二百六十万年后的新世界一样。后面，却有着《育婴常识》《避孕指南》《食量节省法》等等，算是指导那些“胎生”新妇女的。

偶然在一个书摊上，买到一本“国定”初中历史课本。所谓“国定”，是经过南京“教育部”审定印行的，这里面却有不少妙文。举一个例，有一篇叙述中国近代的历史，大意说，“中国素来是虚心接受外国文化的。欧风东渐，是接受欧美的文化；现在，日本的王道文化，是世界最进步的文化，我们应该全部采纳。圣人说，殷因夏礼，百世可知也，就是这个意思。”最后的结论曰：“呜呼，乾纲丕振，世运大昌，而王道大行，虽千百年无以易矣。”下面还有一个注解：“乾纲者，天皇之大权也。”又一篇述日本的维新史，说“今上御极，国威益振”，又来一个注解：“今上，在本文中指昭和天皇。”

恕我不愿再用这清白的纸，写这些龌龊的字。聪明的读者诸君，你们可以从这些不堪的字句中，看出汪兆铭这批汉奸的面目与心肝。他们不仅想出卖自己，出卖国家，连小孩们的灵魂都想批发出售。他们说，这是“文化交流”呀！

**银幕上的鬼影** 在这低气压下我也曾冒险看了几场电影。

正面都是些两三年前的上海片或香港片，而新闻片却可大开胃健脾。

有一次，是映的“大东亚战事”爆发后的南京动态，从这里看到不少牛鬼蛇神。第一个出现，自然是那个“面白无须”的小丑，穿着一身军服，腰里很不自然地握着指挥刀，看样子，倒真有几分像一个特务机关长。第二个是褚逆民谊，一口湖南官腔，说三个字停顿一下，身上披着一套大礼服，但依然掩不了太极拳师的江湖架势。第三个是林逆柏生，一副洋场恶少的面目，指手画脚，仿佛在那里变戏法。说老实话，我真没有听懂他们说些什么话，银幕的光忽明忽灭，声音像啾啾地鬼叫，叫得我一根根汗毛都竖起来了。

又一次，是映着敌机出动轰炸香港，敌军举行“香港入城式”，还有敌军进占上海公共租界的情形。最后，有东京的所谓“大诏奉戴大会”，看到浅草公园里挤满着发狂的人，东条英机挺着胸，提高嗓门在演说，他的姿势，似乎想竭力模仿希特勒，脸上确也有一堆小胡子，只可惜身材太矮，演说的技巧也不够，听来蛮不是味。

**一个典型**　在广州，我遇见一个伪警的队长，他是我所见的仅有的年轻人（我不敢说他是青年，怕污浊了这个字）。但我得感谢他，后来我能安然地离开这个魔窟，曾得他不少帮助。

一个矮小的身材，脸上和手上都长满疥疮，说一句话，便得抓上几抓，嘴里镶着几个金牙。他当然不知道我是什么人，但凭他的聪明，不久便猜中我是一个读书不成弃而经商的走私贩子。

有时，他喝醉了酒后，会露出应有的骄傲，滔滔不绝，叙述他的威权和得意：“老实告诉你，我在这里真不含糊。我们虽有几个队长，但只有我的日本话说得最好，他们都和我交朋友，宪兵队长、密探长，都很熟，常在一起吃饭。老哥，放心，你要做什么生意，都交给我，绝对错不了。”说着，便举起生满着疮的手从口袋里摸出一把片子：“你看，这是他们给我的名片。”

有时，他又装着很愁苦的样子，说他生活如何苦，每月只有二三十元军票，应酬又大，他的良心又好，从不仗势欺人，敲诈别人。他说：“还不是为了吃饭，才不得已做这事？别人也一样，何必去欺负人，找黑心钱？唉，哪一天和平就好了。”说到这里，话锋一转：“今天又请他们吃饭，花了三十块，实在周转不过；老哥你方便，再借给我五十元好么？”说着又把那只疥疮手伸过来了！

直到现在，他的影子还留在我脑子里，我担心他的一身疮，更担心他千方百计找的几个钱，够不够经常到售吸所去“应酬”。

**珍重寄语** 一个夜晚，我摸黑穿过八个警戒线，去访问一个十年前熟识的朋友。他是一个日本的老留学生，二十年来，他在广东的军政界相当活跃过；自从广州沦陷后，大概因为家累太重，在香港住了一年多，又搬回这个鬼墟，过着没有空气的生活，在街头开了一家小的布店，苟延残喘。

当我摸清了门牌，推门进去时，一眼便看他戴着老花眼镜，坐在账台上，他听见我的招呼，马上以惊惶的眼光向我扫来。

“哦，是你，真是想不到。”说着他能够让我理解的国语。

这一家称为店的布店面，只有一间。两旁的架子上，纵横放着不满五十匹的布；中间的橱内，有些针线、竹尺、牙粉之类；电灯发出昏黄的光，一只黑猫在矮凳上打呼。

他放下算盘，把我邀到后楼的一间小屋内，先问了几句别后的经过，和两月来H埠的情形，一面张罗着沽酒烧菜。等到三杯酒下肚，便打开了他不断的话匣子，一句一话，是如此的沉重，像铅丸似的掷向我的心弦。

“想不到你一个外江人，竟大胆到这地方来。”

“是的，但我是一个难民呀！”

他点一点头，又喝了半杯酒：“朋友，我已两年不喝酒了，因为在我，在此时此地，酒已失了它的麻醉作用，而且妻子们也担心我酒后的放言。但，今天，你来了，我不能不痛快喝一次。是的，谁想得到我们会在这里见面？”我为他的真诚，压住了应有的答语，默默地看着他的皱纹中，又透出了十年前的神态。

“你到了两天，大概已看出了一个轮廓了罢？干脆告诉你，这里不是一个人住的地方，你就是把神经完全麻痹了，也无法生活下去。以我这间小店来说，房钱只有十六块法币，而一切捐税加起来，却要一百多张军票。

“布，买的人很少，来源更难。货都要向上海去采办，但自己不能直接去办，先要把钱交给日本鬼子的‘组合’，过几个月再来货，由他们定价，由他们给货。总之，本钱是我们的，他们占了一倍以上的利钱，我们分一些残骨。”

“不也有几家酒楼旅馆开得很神气么？”

“你以为是中国人开的？不错，本钱都是中国人的，但‘股东’却大部是日本鬼，所有像样一些的店，都有浪人强迫加入干股，握着实权，这就是经济提携呀！”

“以前在香港、在广州未沦陷前，也曾听到些人说，日本鬼打来，总不能叫我们老百姓没有饭吃，老着脸，生活总可以维持的。现在我们都明了，这简直是梦想。除非你开烟馆，开赌场，休想有一家安宁，它们决不让你安心吃一碗饭。就是那些汉奸，也何尝不提心吊胆，刻刻怕鬼子们翻脸不认人？”

“那么，为什么你不走呢？以你的能力，到后方哪里都不怕找不到职业；再说，我们在祖国怀抱里，喝一口白水都是自由的。”

“是的，我迟早要走的，我就是想喝一口久未沾唇的自由的白水。我过去也曾几次想走，一则筹不出这一家的路费，再则，我总想等这里的光复。现在，太平洋战事爆发，战事一时难了，我是决心要走了。”他说的是那么坚决，又干了一杯酒，接着说：

“朋友，你不要看这里的人麻木了，你留心看，他们在街头走，熟人见了都不敢打招呼，他们受尽种种凌辱，但，你看他们，都把牙齿咬紧了下唇！

“我告诉你，这里不是以军用票流通市面么？但大家彼此的往来，都还用法币；你要离开广州一里，便绝对看不见军用票，大家用的藏的，都是中央银行的法币。”

他的酒越喝越多，话也越说越多，使我没有插言的余地。

“朋友，我再告诉你一个故事。以前，杨希闵、刘震寰他们的军队打到广东，把广东人尽情劫掠凌辱；但到后来，革命的势力树立，乡民群起协助革命军，几乎把他们全杀光了。现在大家心中的火，何啻大过以前的百倍，大家忍住眼泪，摩拳擦掌，在等待这个机会的来临呀！”

是的，我确信这个机会总会来的。我带着微醉，脸上被他的狂焰所灼热，离开了这家小店。我们在门前不敢说话，但心里都说：“我们到内地再会！”

**我向广州挥手**　离别广州那天，我从长堤到黄沙渡头，经过了七次严密的搜查，幸而我的广东话能勉强应付过去，最后，渡江到广三车站。在广三路沿线，看到敌军三三两两，都像野兽，在择人而噬。

车上的开车的、车队长，都是穿着军服的日本人，车上简直没有穿长衫的人，但眼光却是那么忧郁。

在那天的深夜，辗转觅得一条小船，偷渡过敌军的封锁线。我呼吸了自由的空气，不禁哼出一段戏词："蹈龙潭，闯虎穴，逃出罗网！"同时，我向抛落在后面的广州挥手！

上面这篇通讯在桂林《大公报》刊出后，读者反响颇为强烈。几个月后，还接到不少读者的来信，说他们是辗转看到这一篇《广州探险记》后，才下了决心，从沦陷区回到后方的。

这里，我要有几点补充：在具体情节内，有些不老实。比如，真正指引我们离开魔窟的，是旅馆的一位茶房。我却"移花接木"，说是那个满身疥疮的伪军无意中干的好事。再如，对我沉痛发泄敌伪统治痛恨的人，是一位精神贫穷的中年知识分子，而不是开布店的老于世故的人。而离开沦陷区，是在三水附近的西南镇，是混在难民中，经过步行十几里的"无人区"，真是急急如丧家之犬。到了芦包，才雇到一条小船。到清远，停了一宿，得以转乘小轮，经五日夜才到韶关的。所有这些，都是在战时环境内，为了迷惑敌人，保护那些善良的同胞，使的一些小狡狯，而基本事实和当地的现实气氛，却完全是真实的。

我们到了清远，正感到下一步不知如何走。一位青年走上来问："你们是不是香港《大公报》来的？"原来，他是我们的清远通讯记者，他已在码头上打听几天了。到韶关时，马上得到驻粤记者陈锡余兄的热情接待，可见《大公报》在南方各地区，也扶植了不少新闻人才。

在韶关逗留了三天，免不了有广东新闻界朋友的款宴。我和诚夫平安到达韶关的消息，当天即由中央社发表。

韶关那时是广东“后方”的重心，李汉魂的粤政府，以及余汉谋的战区司令部都设在这里，大小机关的牌子，触目可见。而战时繁华，颇极歌舞升平之盛，回想十天前在广州所见所闻，甚有感慨。

## 1942年　三十五岁

从韶关到桂林，可坐火车。在衡阳停了两晚（由驻衡记者吉朋信照料），当即转乘湘桂铁路车到达桂林。

知胡先生已先月平安抵桂，为之欣然。

在城内营业处（采访部亦在此办公）略事休息，即步行至星子岩。

星子岩者，乃七星岩后侧一独立小山。《大公报》社即建址于是，山有岩洞，可以安放机器房，并可为职工躲警报之用。馆舍虽木结构，亦楚楚整齐。编辑部、经理部、工厂及职工宿舍，简单而完备，并有一小礼堂供酬应、集会之场所；平时可为职工业余文娱之地，胡先生及文彬兄（王文彬，时为桂林馆副经理，驻桂逾三年，和各方关系很好）擘画有方，尤足见胡先生之远见。

胡先生在山麓一角，建有小洋房，可以俯观全馆。

诚夫兄即在经理部旁安置宿舍。我即下榻编辑部旁一房间内。

从城内至星子岩，需经东江桥（时用粗木建成），折向七星岩旁，路经广西医院，然后至祝胜里（该处大概原来为一墟集小村，至此已发展为一繁庶市集；“祝胜”命名，可见为战时产物）。到了这里，等于行船已到了码头，必须“上岸”步行，路灯已无，曲径一线，仅可通行。星子岩一带原为坟场，离《大公报》社半里许，即在坟堆中踏出一条小路，并自行车亦无法通行了。

到了桂林后，几乎每星期至少要进城两次，大都为参加酬应，必至下午8时左右回馆。我那时年壮好饮，桂友每喜称为“香港酒家”，而三花酒的后劲实在是厉害的。是以每次酬应，最后必酩酊大醉。但精神的作用，往往是难以解释的。回星子岩，没有别的选择，一是没有代步，必须一步一步走到。二是过了祝胜里，就一片漆黑，必须在祝胜里买好一盏纸灯笼，（那时币值天天狂跌，也记不清是五分的代价，还是五角，抑或五元？）还要设法预备一枝粗木棍，以便在阴黑甚至泥泞中一步一点，过宪兵五团附近的小石桥，走过一段怪鸟磔格的悬崖峭壁下，最后到星子岩前的一段坟地，则有时还传来远处的狼嗥声。必须带一根木棍，除为了指路外，也兼以防身。到了报馆，往往鞋子都来不及脱，倒在床上，就呼呼入睡了。到10点半模样，工友把我叫醒。一把热手巾，居然神志恢复，集中思想写社评和审阅稿件，直到天色微明（当时桂林的印刷条件是土纸、平版机，加上要等中央社最后一批稿子，等新闻检查处发回检讫稿，等到看最后一版大样时，天色已大亮了）。

预备工作是早就要做好的。大约正午12时半起身，盥洗、午餐，即在编辑部翻阅各报及杂志；还有重庆、衡阳、昆明各地送来的报纸、刊物，然后思考明天的社评题材，并告诉负责资料工作的罗承勋兄，请他先为我准备所需的书报参考材料，以备晚间执笔。当然，等到深晚，忽然传来一个重要新闻，临时赶写出一篇社评，也是常有的事。

初到桂林时，编辑主任蒋荫恩兄主持版面，我只抓言论；不需入城，空闲时间较多。这段时间，我看书较多。几个月后，蒋荫恩兄受聘为燕京大学新闻系主任，到成都去了。编辑工作由我兼顾，还定期邀集采访部记者铁庆燕、陈凡、曾敏之、黄克夫、易锡和诸兄下乡来座谈（采访部由文彬兄兼领）。

要闻编辑是李侠文兄，国际编辑马廷栋兄，英文翻译主任杨历樵兄，本市新闻编辑是何毓昌、章绳治。

不久，增出晚报，由杨历樵任主编，郭根为新闻编辑，罗承勋为副刊《大公园地》编辑。我也偶以“银丝”为笔名，写些杂文之类小品。

《大公报》自 1926 年复刊后，一直只有一位总编辑——张季鸾先生 1941 年逝世，到 1942 年 2 月，才由董监事会决定，任王芸生为渝版总编辑，曹谷冰为经理。任我为桂林版总编辑，金诚夫为经理，王文彬为副经理。

那时，桂林成为有名的文化城，空气比较“宽松”，而各方人物荟萃，文化、艺术繁荣。我商得政之先生及诚夫兄的同意，言论方针力主自由民主，政治上与重庆保持距离，一般不转载渝版社评，保持独立思考。社评除自写外，还请好友千家驹、张锡昌（是我中学同学，时在“工合”工作）等执笔。渝版同事子冈每以渝版登不出的内幕新闻寄来。我们几乎每周必刊出一篇子冈通讯。这与社评并成为桂林版的两大特色。加之，外勤记者一般思想活跃，写出的新闻稿和特写，能抓着痒处，文句清新，受读者重视。桂林版发行等于桂林各报之总和，日销达六万余份，不仅桂、湘、粤到处畅销，即与重庆等距离之滇、黔各地，亦几成桂版之市场。

那年 10 月初，我方在编辑部阅报，忽然接到一个陌生电话：

“你是徐总编么？我是蒋经国。我想到《大公报》拜访，车子怎么走？”我答：“对不起，《大公报》在山坳里，无路可通车，我到城里去拜访你吧。你下榻在哪里？”放下电话，我即步行至励志社招待所访问，一番寒暄后，他拿出一份手稿，原来是他悼念好友已故赣南属上犹县县长王后庵的。我看情意恳切，文辞清新，答应及早刊之报端。他致谢后，还说赣南一切皆在试验，如有机会，希望高明去参观指引。这是我和这位蒋公子的第一次交往。以后，他即赴渝公干，回赣后不久，又寄来他写的悼念另一位县长——南康县县长王继春先生的文章，我也在报上发表。

他这两篇情文并茂的文章，不先在《正气日报》刊出，而希望在桂林《大公报》发表，这也可反映桂林《大公报》影响之大。

## 1943年　三十六岁

新年刚过，胡先生告我：陪都新闻界将应邀飞美参观，芸生兄亦在名单之列，希望我即日飞渝，代他主持笔政。

我于年初成行，编辑部由诚夫兄兼管。

坐的是中航班机，只有一个引擎，六个座位。清晨离桂，历五小时，中午始到达重庆珊瑚坝机场，即乘来接之小车赴李子坝。这是我破天荒第一次坐飞机。

到渝以后，才知事情发生变化。蒋先生听信媒孽者之言，已用红笔把芸生的名字勾掉了。我连忙航函向胡先生请示。旋得复函：“既来之，则安之。乘机在渝多多探测气候，对将来主持桂版，未始无益。”这样，我就留下来过了那年的春节。

我先去参政会拜访由苏回任不久的邵力子先生，他是我国新闻界的前辈，承接谈一时许，并于翌日设便宴款待。作陪者有王世杰先生及王云五先生等。

由邓友德、陈训悆兄引导，也去侍从室拜候了陈布雷先生，他也是我国新闻界的前辈，又是张季鸾先生的多年至交。在20年代初，他以“畏垒”的笔名，为上海《商报》写社论；季鸾先生则在《中华新报》主笔政，署名“一苇”，都风靡中外，有“一时瑜亮”之称。布雷先生一再谬奖，谓故友季鸾曾郑重谈及，我与芸生为其得意之传人。布雷先生并力劝我参加国民党，他自己愿破例当介绍人。我婉谢其意，说参加一政治组织，等于女人决定选择对象，此为终身大事。我对政治素不感兴趣，愿抱独身主义。布雷先生莞尔而笑，不以为忤。

我还访问了戴季陶先生及董显光先生（时任国民党中宣部部长）等，礼貌、形式而已。

请徐盈兄介绍拜访周恩来先生，已约期矣，临时徐盈兄来谈：周副主席忽应国民党代表约谈，不得不改由另一同志接谈。我应约到上清寺中共办事处。接待者为当时负责与国民党政府商谈整编问题而在渝逗留半年之八路军某师师长（林彪）。滔滔约谈两小时有半。

那时在民生公司任职之邵尚父兄，原为汉口两湖分馆《大公报》时代的老同事，坚邀我上某山在民生公司宿舍欢度春节。旧历初五后回到李子坝，即束装、购票，准备取道贵阳回桂。在贵阳曾赴省府拜吴达诠（鼎昌）先生，并晤及清华老校友周寄梅先生（名贻春，战时由达诠先生延揽，任贵州建设厅厅长）及严慎予兄（时任省府秘书长）。

在筑勾留三天，即乘车赴金城江，转乘黔桂、湘桂路火车返桂林。

在渝时与友德兄约定，结伴同作东南之行。他的最终目的，是至沦陷区边界，接取由上海来的未婚妻。我此行则为由沪接取妻儿，并接运一批《大公报》陷沪眷属。

回桂后埋头工作、读书几个月，与友德约好，定6月中由桂启行，相约沿途不拜访友人，以免酬应。编辑部工作仍托诚夫兄兼管。

友德到桂后，即出发韶关。翌日，乘邮政车（当时，一般公路车用木炭作燃料，独邮车用酒精，行驶有定时，亦卖票搭客，取费较昂）南驶，当晚抵赣州。投宿互励社旅社。在市上餐馆果腹后，曾巡礼市区，见市面繁荣，四民安定，远非大后方其他中小城市可比。标语尤多朝气，如四城均有大幅标语："欢迎你来参观指教！"城门向里一面，则悬："欢迎你再次光临。"令人有亲切之感。

旅途劳顿，第二天起身已近8时，茶房来倒洗脸水时说："蒋专员已在门外等候两小时了。"我惶恐出迎；他坚留一周，参观新赣南。经再三商酌，决留居三天，详情已载拙著《风雨故人》，兹不赘述。总之，蒋经国先生在赣南勤政爱民及礼贤下士之精神，迄今犹留深刻印象。

离赣州后，即赴雩都东北约百里之银坑。当时江西公路局设在这里。总工程师过之毅先生（无锡人）是邓友德兄的老朋友。我们向公路局商借一部酒精车，终点为皖南屯溪，备载运由上海出来之眷属。去屯溪时，由公路售票搭客。回程车费及司机一切费用，由我们负担，得公路局之特许。又因那时福建正蔓延鼠疫（黑死病），入境前必打预防针及斑疹伤寒预防针。我们为此在银坑耽搁十天，中间发高烧两天。

自银坑出发，司机即听我们指挥。第一天即宿宁都，作为长途准备，并约同本车旅客座谈商定约束数事。循建宁、泰宁直驶邵武。我们即拜访协和医学院，在此下榻。旅伴则投宿附近客栈。翌日清晨，谢别协和院长，即登车循山路至崇安宿头。盖是时赣、闽、皖各省平地，咸为敌人侵占，公路交通，不得不在崇山峻岭中另辟蹊径也。过分水关，公路直上直下，见不少公路客车，寸步维艰，每上升一步，即以木卡垫住，喧嚷之声不绝。我们在上饶投宿。市面房屋大半断墙残垣，成为废墟。盖此处为后方交通要冲，敌机频来狂炸也。

曾迂道至《前线日报》，参观一晚，使人耳目一新。得结识宦乡（鑫毅）兄。

以后，经玉山入浙境之常山、开化而至皖南之屯溪，休息五天。

那时，屯溪为战时皖南之政治中心，进出江南沦陷区必经之地。设有屯溪《中央日报》，社长为冯有真兄，与友德及我均为好友，照拂极周至。总主笔李秋生、总编辑程玉西及采访主任沈壬生则均为《文汇报》旧侣，设宴话旧，往往忘倦。即由《中央日报》职员代为安排轿子及杂用之物。盖过绩溪，公路已破坏，必须乘轿或步行。汽车及司机即在屯溪安置，留待回程之用。

经徽州到绩溪途中，仍用汽车送行。黄山在望，苦于不能抽暇登临。至绩溪，遥望这葱绿山城，此胡适之先生故乡，亦无缘游览。

以后五天，在杨溪、甲路、河沥溪、广德、流洞桥觅荒村小店投宿。每日约行五六十里，此原始之交通，甚为缓慢，却也有一好处，能准时到达预定地点，不似汽车之动辄“抛锚”也。途中每涉遐想：徐霞客遍游全国名山幽胜，所凭者大概亦赖此原始交通工具也。

第六日至张渚，则为我的故乡——宜兴一大镇。此地已陷于“阴阳界”口，市面极为烦嚣。在此碰到好多长期未见之亲戚朋友。此地亦为苏南之绿洲，苏南各行政及工商、金融机关咸设点，于是，更增加战时之畸形繁荣。

据朋友见告，由江南沦陷区入内地者，咸经过张渚，所带的“良民证”都弃置一旁。有专门机关收集，换一照片，盖上假图章，即可潜入陷区。我乃谋之友德，冒险作上海之行。

我有一职业习惯，出门所见、所闻及所感，辄写为通讯。计自离桂后，已寄回通讯——《东南之行》十余篇。自冒险入陷区直至回抵张渚，共写了《陷区进出记》十篇，先在桂林《大公报》刊出后，重庆《大公报》亦转载（见《徐铸成通讯游记选》），并散记于《杜月笙正传》中（浙江人民出版社1983年版，兹不再复记）。有一点须说明者，所记之人物地点，则多故意失实，则为对敌斗争之需要也。有一点最令人难忘。混入陷区后，第一站即宿蜀山之东坡小学，行李甫安顿，即入市寻店午餐，在市中心石桥上，忽迎面走来一绅士模样之人，彼此注目而视（我已易便装），对方忽认出“你是徐……”，刚出口，我急答以“我是吴某某”。彼此一笑，盖对面相逢者即第三师范之老同学吕冕南（宜兴教育家吕梅笙先生介弟）。乃相偕在馆子觅一清净座头，低声罄叙契阔。冕南时为东坡小学校长，暗中参加抗日工作也。

在沪时，曾常与严宝礼兄（时表面经商，常出入于张渚陷区间，名义上贩运木材，实为国民党中宣部东南专员处工作）晤谈。记得我们曾在八仙桥附近密谈两小时。我问其《文汇报》是否准备恢复？严兄答："你如能仍回主持编务，我虽任何困难，必在胜利后恢复《文汇报》。"因约定二事：一、《文汇报》胜利后复刊，决摆脱英商，摆脱旧董事会，不接受官方投资；二为胜利以后，我决尽可能脱离《大公报》，回《文汇报》主持笔政。

仍循原路回到屯溪，到时，听到三战区方面消息，敌军小股出动，"扫荡"了张渚直至广德边境，到处焚烧杀掠。我们侥幸早走了一周，未遭此难。

坐上汽车，离别屯溪这个皖南山城。我和友德所带的"队伍"已逾二十人，浩浩荡荡，坐满了大半车。空余的座位，售票给急需西上的朋友，过赣南，蒋经国先生又盛筵款待我们，一坐就是三桌。还招待游了赣州名胜郁孤台和章贡二水合流处的八境台。

回到桂林，已是初秋。那时美方对华援助渐趋积极，飞虎队所辖之空军数量扩充，还投入大量费用，建造可以停 B25 型大型轰炸机跑道之机场。一时，盟军开始反攻及轰炸日本本土之势大起。

美国、英国新闻处早已在桂设立分区，不时送给《大公报》不少特稿。我们由国际新闻编辑黎秀石兄与之联系。

## 1944 年　三十七岁

春间，敌军又开始对我进攻，宣称要打通"大陆走廊"。先在豫南调集重兵。当时豫南人民，正处"蝗、黄（黄河泛滥）、汤

（汤恩伯部之无纪律）”之水深火热之中，敌军发动不久，即攻陷豫省全境，乃移其锋镝指向湘北，薛岳部旋亦败退湘西，墙子河全线崩溃，敌军长驱直入，进围衡阳。方先觉部死守孤城，曾引起湘、桂人民之热望。而敌前锋已逼近桂境之黄沙河矣。

桂林在李济深将军、李任仁先生等发起，并经田汉、洪深等文化人热烈赞助下，号召军民举行国旗献金，誓死保卫大桂林。我曾应田汉先生之约，去剧宣队做时事分析动员。《大公报》桂版之社评，亦满腔热情，宣传抵抗到底。腔调之激烈，似已远越《大公报》之传统。

旋遭重庆当局之制止。组织中之民众保卫队伍，亦遭解散。而开来之中央援军，乃为汤恩伯部，到桂后即宣布强迫疏散人民，以扫清视野为名，到处焚烧抢掠。致火车站之秩序混乱以及抛儿、别妻、一家离散之惨况，尤到处可见。总之，“前方是溃，后方是抢”，可以概括所谓湘桂战役。

《大公报》于10月13日宣告暂时停刊，我于是日晨步行至将军桥搭电工厂之便车离桂。当离别星子岩时，军队已进驻，一夜之间，馆方及职工所饲养之猪、鸡，尽被杀光。我的新居布置好不久，柳亚子、梁漱溟、任二北三位先生曾亲书对联惠赠，亦尽遭回禄而丧失。

从桂林到独山，不过数百里，却周转跋涉，历时十余天。过柳州时，适遇杨历樵兄之长公子（在湘桂铁路任医生），知湘桂路有撤退眷属专车，乃告别电工厂旅伴，改乘专车行。岂知从此以后，寸步维艰。盖过柳州站，即属黔桂路范围。每抵一小站，必索“买路钱”，否则供水、扬旗，均受阻碍。最给人刁难者，每至车头用煤耗尽，必开回柳州站补充，列车弃置一间道旁，职工家属多在山沟水潭中换洗衣服，动历一昼夜不闻开车消息。每到夜晚，眷属均在车厢内展开地铺。我以一“来宾”身份，乃至无立足地，只能缩足枯坐以待天明，其艰苦为生平所未经。

迤逦至南丹之南一小站，车又停止不前，车头又摘下回柳州去加煤了。

同车青年，多有徒步赴南丹，希转搭“黄鱼”车赴独山者。我亦将随身行李托同车者照看，随青年们步行。循路轨走七八里。巧遇南丹站长王先生，其夫人为黄季宽（绍竑）先生之妹，蒙其款留一晚，翌晨与黄夫人内侄女结伴同至南丹汽车站，又巧遇电工厂车，在六寨抛锚一夜后，才平安抵达独山。稍停三日，雇车装载由桂运出之机器、材料、杂物，尽一日夜到达贵阳。

我经此变局，对后方的军事、政治乃至社会、教育各方面，残余的一点信心，损失殆尽了。军事上的上下无纪律，前方望敌后即溃，后方则见财物便抢劫一空。闻桂林最后逃出者言，到了“空室清野”之后，士兵多抢换便衣，纷纷逃离队伍；有少数遭捕获者，则两手均套满戒指及钏头，盖掳获已满，图回归家乡矣。此种情况，已为后方之讥刺。此外，尚有数事令我触目惊心者：一为新闻界撤退列车（其中多桂林《扫荡报》职工及眷属）行至柳州站时，忽后面来一列火车，将此车猛烈碰撞，全车血肉横飞。《扫荡报》总编辑钟期森（在汉口时曾参加范长江之“青记”）一家遇难。幸存者中有《大公报》同事何毓昌兄（他有齐人之累，未与其他职工同撤退），因枯坐车隅行李堆中，撞车时将其震醒，浑身是血，抚摸知自己并未受伤，盖所溅者皆同车人之血也。第二，我过南丹甫二日，金城江（当时黔桂间极战事频繁之码头，而房子大抵为竹坯木结构）在一夜之间大火蔓延，夷为一片废墟，伤亡不知有几百千人！第三，我到独山时，即闻美机误以为六寨为敌军占领，大举集中投炸，全墟成火海，屈指计之，距我投宿时甫二夜，我曾目击墟内我军事机关不少。至此，又添了不少枉死鬼矣！第四，沿途我曾闻单身或一二逃难者，行经偏僻山径，往往遭持木棍刀叉者之拦路抢劫，往往只因为有一袭毛线衣而遭杀害者。“宁为太平犬，不做乱世人”。于此可见抗战七年，后方之民间秩序和道德丧尽矣！

到贵阳后，与妻儿聚晤。《大公报》一部分眷属早于敌军过全州时，即疏散至柳州。桂林吃紧，又移居贵阳，租得一废工厂车间居住。是时长儿在此读中学，三儿随母补习，一家重聚，互庆再生。

贵阳为诚夫兄曾工作旧地（回《大公报》港馆任经理前，曾任黔省府机要秘书兼《贵州日报》社长），故旧很多。我们安抵贵阳后，承达诠先生设宴为洗尘压惊，并有省府及《贵州日报》友人酬酢多日。《贵州日报》总编辑为我表兄朱虚白，要闻编辑金慎夫为诚夫兄介弟，相知有素，畅谈竟日。约留筑五日，即雇定一卡车北行。

长儿白仑，时在贵阳国立临时中学读书。以该校管理马虎，伙食极坏而不注意清洗，白仑染上痢疾，久治不愈。嘉稑恐其孤身在外，不易调摄，乃令其退学，一起带往重庆。

《贵州日报》经理赵先生广交游，我托其代购贵州当时最有名之“华茅”（茅台）两瓶，以便沿途独酌解忧。

五日后安抵重庆，渝馆已为桂馆职员租借三江村（李子坝报社对面）为宿舍，竹墙土坯，沿嘉陵江构筑约七层，且门面甚堂皇，可见山城工匠工艺之精巧。

为了安置桂馆职工，胡先生（斯时，政之先生已继季鸾先生后，任国民参政员，移居重庆，住金城银行建造之红岩新村）特在渝馆创刊《大公晚报》，由我主编。我未到前，由谷冰兄代理。先期到渝之郭根任要闻编辑。某日，忽以主标题未按谷冰意制作，立以“不服从上级命令”之罪，宣布开除。以后不久，原桂馆广告主任戚家祥及戚家柱等均因撤退时“利用职务，私做生意”之罪名，连同渝馆广告主任李孝元一并开革（二戚及李均为诚夫兄亲戚）。可见有“杀鸡儆猴”之意。

差不多同时，政之先生特约诚夫和我至红岩新村谈话。大意谓，渝、桂两馆，好比同根连枝。现桂馆已以兵灾而停业，等于二房子弟来依靠长房。你们要善于“以小事大”。他们两位是很有心机的，“譬如谷冰有事来见我，我虽满腹心事，必整容含笑接谈，以免引起多心。此意，望你们两位，好好体会。”

很明显，他是要我们了解寄人篱下，处处以忍让为先。

我除埋头主编晚报外，帮助日报每周写一到两篇社评。此外，百事不问，业余也很少进城，即邓友德（时任重庆新闻检查处副处长）、陈训悆（时任《中央日报》总编辑）等熟朋友也很少来往。谷冰与中央社社长萧同兹很有交情，常请中央社高级职员来李子坝吃饭，我和诚夫兄敬陪末座而已。

是年，国民党政府陷于内外交迫，极度困难时期，郭沫若先生发表了《甲申三百年祭》，以古喻今，说明重庆政府之分崩离析，仿佛李自成退出北京后情况，敌军攻陷独山后，一度威胁都匀，不仅贵阳震动，即重庆亦人心惶惶。官场中传出消息，即迁都峨眉，亦必抗战下去。而一部分公务员则表示：宁饿死重庆，决不再逃难。幸威胁都匀的日寇旋即撤退，转而南下，进兵镇南关，以实现其打通向中南半岛之陆上走廊。人心始稍定，中共代表及民盟等第三方面人士，则提出建立联合政府之主张，和者甚众。

我在是年年底，曾两度进城。一为友德约至其集体宿舍便餐，同席有许孝炎及前《京报》总编潘仲鲁兄，仲鲁为公弼之介弟，是时精神极颓唐，每餐必饮，每饮必醉，终日昏昏。不久即闻弃世，闻年仅四十余。

另一次为路明女士赠票，往观其主演之话剧《孔雀胆》（郭沫若先生新创作）。路明与其姊徐琴芳及姐夫陈铿然均我桂林好友，曾同学京戏于莫敬一先生，他们向以"大师兄"称我。是夕，我偕嘉稑及小儿复仑往观剧，见前座有一女士偕一女儿，到处招呼，后经邻座介绍，始知即闻名新闻界之浦熙修女士。此为我首次识荆熙修女士，想不到以后曾共事二十余年，且同遭风雨，同陷"阳谋"，熙修被赐以"能干的女将"之嘉名，及十年浩劫中，且被冤死，呜呼！

## 1945年　三十八岁

晚报由徐盈任要闻编辑（原任渝馆采访主任，时改由王文彬接手），罗承勋任副刊编辑。彼此心领神会，工作极为愉快。陆诒等专任晚报记者。子冈、曾敏之等每用特写形式为晚报写稿，时增特色。晚报无评论，我负主编名义，甚得悠闲之趣。副刊偶登杂文，触着当局痛处痒处，友德不时电嘱"火烛小心"，布雷先生则时有警告。好在闯祸不大，留意而已。

约8月十一二日，当日的晚报已出版，我正在诚夫兄客房与同乡亲戚李中孚（亦诚兄至戚）闲谈，忽电讯房（可收国内外无线电讯，而不能发报）来告，适截接东京电讯，日皇已宣布接受无条件投降矣。我与诚兄商量，立即印发号外。不久，李子坝鞭炮声相继，遥闻上清寺、牛角坨一带隐约传来鞭炮，声如热锅爆豆，噼啪一片。大儿白仑在南开中学读书，时甫放假回家，闻讯即跑步至上清寺观光，傍晚回来，告以上清寺一带，人山人海，游行庆祝队伍不绝。他还看到有参政会队伍，黄炎培、左舜生、傅斯年及李璜等民主人士，列队步行至国府，向蒋主席报喜。总之，原来抑郁之山城，忽然雾开云散，满城鼎沸矣！

翌晚，国府礼堂举行庆祝晚会，芸生兄去参加。据谈是晚最主要节目为京剧《群英会》，演至"有请蒋先生"，这位白鼻子小丑蒋干先生在"推推"小锣声中出场，一座轩渠。在座之蒋主席怫然离席而去。提调不慎，相信不是有意开此玩笑，而来此一哄堂，宜乎蒋先生不终场而离去矣。此殆为欢庆胜利声中一小插曲也。

庆祝高潮渐渐平息，而百万下江客，急于结伴还乡，而上天无路，舟车短缺。而各走门路，东下者究属少数。在《大公报》中，记者张鸿增已赴芷江（朱启平、黎秀石早已随美军赴密苏里舰准备参加盟军受降典礼），将随先遣人员赴南京，李子宽、杨历樵、陆诒则已动身赴柳州，准备搭乘汤恩伯部队之军用运输机赴沪（时当局已决定派汤恩伯集团军由美军空运上海，接收江南一带沦陷区）。时报馆董监事会决议，派我及李子宽兄赴沪，尽速筹备复刊上海版。从国民党中宣部方面得知，9月2日晨将派一架专机，运送重庆新闻界人士，每报限一人，赴宁参加预定于3日举行之受降典礼。

在收拾简单行李预备出发之际，吴达诠先生（时已调渝任国府文官长）忽送来一稿，乃蒋主席电邀毛泽东先生来渝面商国是者。我即发刊头条。旋侍从室陈布雷先生来电话，谓此讯应由中央社统一发表。但晚报已拼版，婉却之。晚报一出，读者争购一空。后闻此电本为达诠先生向蒋先生建议而得嘉允者，是以达诠先生甚得意，电文发出后，即抄送晚报发表。

9月2日上午7时，即离别妻儿，乘小汽车准时到达九龙坡机场，呆候至10时，美籍飞机师未来，无法开机。我清晨只喝一杯豆浆，两只包子，至此腹饥难忍，乃购一广东月饼充饥。费二千元法币（当时可买一匣最好的土制香烟“华孚牌”）。

11时许，乘客始登机，两发动机先后开动，飞机旋即升空，向东飞去。

这机为美军的一架运输机，机舱内有两排座位，可坐十一二人；中间及后部则存放行李。同行者有《中央日报》总编辑陈训悆，《新华日报》之徐迈进，中央社总编辑曹荫穉，《世界日报》社长成舍我，国民党中宣部派赴上海之专员詹文浒，《时事新报》社长张万里，《商务日报》总编辑陈落，代表《新民报》之赵敏恒，连我共十人，盖都为各报负责人，名义上去参加受降典礼，实为各自报社之筹备出版，图捷足先登也。

同行大都为我之熟友，特别是舍我兄为我北平时同业，荫穉兄则在汉四年经常晤聚，训悆更为在沪、在港共同对敌作战之好友。机舱中相叙畅谈，俨如举行一茶话会，时时笑声哄然。

过三峡，俯看神女峰在足下挺立，别有一种姿态。旋经宜昌、沙市，则昔日港口，几成一片焦土。过武汉时，飞机特绕行一匝。此为我旅居四年之旧地，残破已不易辨认，只江汉关大楼依然矗立江边。

过九江、鄱阳湖时，机上人员忽紧张来舱巡视，同机者讯问何故，彼默然以指示窗外，则一个发动机已停，仅赖一发动机支撑前进。同机咸暗暗着急。

幸支持至5时许，飞机已到南京上空。机上人员来告，将在城内明故宫机场着陆。

下机后，见持枪戒备者仍为日兵，众咸心中惕然。《大公报》张鸿增兄及中央社在宁人员在机场迎接，即乘车至原国民大会堂，临时招待所即设于是，有少数国军警戒也。

我向张鸿增问南京物价如何？答称“便宜之至”。我即告以饥肠辘辘，急需果腹。彼谓新街口有一家豪华餐厅，应有尽有。乃偕同驱车前往。坐席甫定，即先叫两色点品。然后阅菜单，标价之便宜，为天外来客所难以想象。乃大装阔气，先要一瓶法国三星白兰地，开一听英国香烟三炮台，然后点了五菜一汤，大都为1942年离港后久未品尝之佳肴。我与鸿增兄对酌而谈，知明日之受降典礼，因冈村宁次多方推诿，尚须延期二三日。

是时南京行市，法币对伪币之一般黑市交易，为一比二百五十元左右。店伙结算账目，共为六千零几元伪币，合法币不足五十元。余慨然付之，连小账不及在重庆上机前所购一个月饼之代价。想不到在重庆视如废纸之法币，居然身价千倍矣！

受降典礼已改期，我回沪之心如箭，何必在此空磨时间？离酒馆后，即直接驱车至下关火车站，购订一头等车包房票，代价亦不过合法币五元。非徒为扮阔气，盖我看车站维持秩序者，仍为持枪之日兵，头等车较安全也。

回至国民大会堂，见到陈落兄，彼谓受降典礼已决定延期，亦想早日赴沪，不知当天的火车票好买否？我莞尔反问："你今晚想去上海么？不用买票，我请客，我订有包房。"

然后即收拾行李，与陈兄偕行。

到下关车站，告别了张鸿增兄，即出票昂然走进头等车厢。以二十元伪币，买了一叠上海的小型报，茶房端来咖啡，我即与陈落兄相对躺坐沙发，披阅小报，俨然豪富生活矣。

一夜只蒙眬合眼片时，清晨即到上海北站，即携便行李，与陈落互道再见。出站后，见停有三轮客车，客座在前，蹬者在后，闻为上海流行之"孔明车"（盖羽扇轮车，可以观景也）。我即以五百伪币之代价，雇了一乘，直驶至复兴公园附近之家中。

我已离家两载（1942 年冒险回沪接取嘉稑及两个儿子），心中忐忑，不知双亲及次儿如何生活。到万福坊弄堂口，见弄口群儿中有一绝似福儿，彼不加招呼，即奔入弄内。

抵家，则双亲康健，福儿茁壮，欢然侍立。母亲说，适间福福登楼，说声："爸爸回来了！"即朝天跪下，说："谢天谢地，一家得救了！"盖家中仅剩家用三千余元，孩子亦茹素吃苦，日夜盼我回来，以舒其祖父母之困愁也。我闻之心酸泪下，即以法币五元，令福儿往购冰砖两大块，汽水四瓶。孩子雀跃至吕班路（今重庆南路）购买，还找回来很多钱。孩子边啜边笑，对祖母说："要是爸爸没回来，怎么会花这许多钱买这许多东西。"母亲亦说："这孩子很懂事，功课很勤奋，平时天天问我还剩多少钱？连一根棒冰，他也舍不得买。”

午后，与宝礼兄通电话，他旋即来万福坊访问，带来“三炮台”两听。并谓：“陈厚仁已知你回来，今晚他已在新雅订座，为你接风。”厚仁为《大公报》及随后之《文汇报》广告员，即当年介绍宝礼兄来与子宽接洽印报事者。

傍晚，即与宝兄偕福儿同往南京路赶宴，各道契阔。我看窗外即新新公司，从四楼至三楼，悬有蒋先生的巨像，四周缀有五彩电灯，上书“欢迎劳苦功高之蒋委员长”。盖沦陷区人民，八年脱离祖国，望祖国旌旗如望岁。我一路见到，闹市口如大世界、跑马厅等地，均高搭松柏彩牌楼，上悬“还我河山”“光复日月”等匾额，人民之心情，于此可见一斑。

福儿从未逢此盛宴，菜来即下箸不止，到后面上有大菜，则云腹饱已吃不下矣。盖主人见其杯空，即倾倒橘子水。小孩见杯满即痛饮，肚子已胀满也。即令侍役偕往小便，归后仍穷啜不止。我见此，不禁暗暗落泪，知沦陷区近年生活之苦楚。

闻《文汇报》已于是日复刊，先出四开一张。宝兄谓先由玉坤及云光诸兄编辑，“亟盼吾兄回来主持也。”我说：“《大公报》命我筹备上海版复刊，一时难以摆脱。”

第二天的《文汇报》，即刊出我由渝回沪消息。宦鑫毅（乡）兄及徐明诚兄即相偕来访，知这几年他们在上饶多所接触也。

下午，葛克信兄亦来访，知吴绍澍兄亟盼与我晤面。当约定翌晨至其寓所访问。盖绍澍兄在沪秘密工作多年，是时任上海市副市长（市长钱大钧尚在渝未到任）。吴并兼“中央军事专员”、国民党上海市党部主任委员、三青团市主委，时称谓“红过半爿天”“五子登科”之接收大员也。

按时往访，雨兄（吴字雨生）倒屣相迎。第一句话即说：“我已将《正言报》复刊，恳请我兄来全权主持，我决不稍加掣肘。”我笑以此来为复刊《大公报》，《大公报》当局决不会放我婉答之。他问我住房是否已定？要不要代觅一花园洋房或公寓？我又婉谢之，答以父母一直在沪，老家尚可容身。记得子宽兄（已先日抵沪）曾为馆址及白报纸事发愁（当时白报纸一律封存，非经特许，不得搬动）。我乃向雨生请对《大公报》帮忙，他说“房子好办，南京路江西路口有一幢房子，本为敌商所开之大可乐咖啡馆，我关照他们（三青团）让给《大公报》罢”（即复刊后《大公报》馆址）。关于白报纸，雨兄亦允由市府发一通行证，可以自由起用（宝兄也借此通行证，为《文汇报》购进并搬运纸张）。

我自1932年在汉口与雨生认识，相交十数年，虽政治认识不同，知其为人正直仗义。1939年他过港来沪，与冯有真兄共创《正言报》，即邀我主持笔政，我婉拒之，不图此时雨兄尚如此念旧，为《大公报》之复刊，帮了这么个大忙也（南京路“大可乐”之房子，恐非几百条大“黄鱼”顶不到手也）。

经过了两天，汤恩伯到上海，要人都到大场机场欢迎，先期到沪之国民党军，列队过闹市，俨如举行胜利入城式，汤及其将领，满面得意之色，自以为胜利英雄。我愤甚。在当晚即写一社论，刊之翌日《文汇报》，题目是《明黑白，辨顺逆》。大意谓上海沦陷八年，绝大多数人民忍饥受辱，坚持汉节。请欢迎和被欢迎者，彼此扪心自问，究竟谁应当脸红？

有一天，与柯灵兄相见，他说“马夷初（叙伦）、夏丏尊、郑振铎、傅雷诸先生闻兄回来，拟设席接见，听听后方见闻，时间即定明晚，席设巴黎新村傅公馆”。我欣然应之。

到时除上述诸先生外，还有周煦良、徐中舒及柯灵兄，都是八年中坚贞不屈、向敌伪斗争的民族精英。那天，各位先生先分析了胜利后的形势和自己的理想，然后要我谈谈后方近况。我具体报告了目击的湘桂大溃乱的情况以及近月中共及民主人士对要求组织联合政府的最近发展，举座讶然。夷初先生接着说：“想不到烂到了这步田地。”傅雷先生说：“那我们应考虑今后斗争的方向。”接着，在座的都热烈发表意见，气氛热烈高昂。我谈到正在筹备复刊的《大公报》上海版，准备以争取民主、反对内战为主要编辑方针。马先生说：“听说《大公报》与政学系有关系，你的方针能贯彻么？”我说：“战后，我们不能再背上‘抗战第一’的包袱，应以争取民主自由为宗旨，我必以去就力争其贯彻到底。”这番话得到在座诸公的赞成，夷初、振铎、丏尊、煦良诸先生并允为复刊后之《大公报》上海版任星期论文特约撰稿人。

那时《大公报》的筹备工作一步紧似一步，除馆址已在南京路新址粉刷、改装外，编辑部亦已租定民国路（今人民路）出“红金牌”香烟之烟草公司建造之大楼，亦在修缮中。但机器装运需时，上海版丞待复刊。是时《申报》与《新闻报》复刊问题，尚在陈布雷及杜月笙等协议中，子宽兄及与汪仲苇先生情商，在《新闻报》未确定复刊期前，先为《大公报》代印（当然，编辑部亦暂借《新闻报》内编报）。

是时，《文汇报》及《前线日报》，都因自己馆址尚未装修完成，编辑部均暂借上海《中央日报》馆（原敌伪时之《中华日报》社）内发稿，我有时去和宝礼兄及宦乡兄碰面。

《大公报》（上海版）于是年11月1日复刊。当时编辑部采用“精兵”主义。一则，《大公报》旧职工大部尚在重庆，因交通困难暂不能东下，而必须留足空额；二则，编辑部人员必须纯正。留处孤岛之新闻界熟手，难以识别是否曾“落水”。除我自己主持编辑及言论外，决请杨历樵兄（亦与子宽兄一起由柳州乘飞机到沪）任翻译主任兼编国际新闻，并撰写国际问题社评。朱启平兄适由美军尼米兹总部回国述职，我将其“截留”在上海，编辑要闻。原《文汇报》之周福宽兄编本市新闻，魏友棐则延入编经济兼写经济问题之社评。《大公报》留沪同事季崇威任经济记者。副刊《文艺》，则由李子宽兄介绍其亲友蒋天佐兄（闻名之左翼作家）主编。此外，记者只能在内地来沪记者中物色。当时由渝桂等地来沪新闻界人士，大都被招待住在牛庄路附近之中国饭店内，我去应酬过几次，当聘请原《广西日报》记者王坪及原重庆《益世报》之周雨兄为记者。总共算来编辑部不足二十人，所以很多事是“一人而两用焉”。

《时事新报》亦请《新闻报》代印，编辑部亦暂在该馆工作，其总编辑朱虚白，我之表兄也。

我的办公室暂借《新闻报》总编辑室。报界前辈李浩然先生即曾在此编报达数十载，室不广，一写字台、一躺椅、一座椅，四壁书架皆列满图书及旧报合订本（按年次排列）。为我服役之老工人，年已五十向外，健谈，闲时常与我絮絮谈往事。说：“李先生每晚来上班时，必先打一中觉。及各版送来审稿已满桌，排字房来催稿时。我辄搅好一把热手巾，将李先生叫醒，李先生即在躺椅上就灯审阅稿件，审毕，加盖一图章，命余发交排字房。一时无续稿来，又躺下发出呼呼声。他处事优哉游哉，哪里像你这样忙法，又写又编！”

浩然先生与张季鸾为同乡同学，昔年我常听季鸾先生称道：“李伯虞先生之品德文章，为新闻界所少有。”而暮年落寞如此。汪汉溪亦以善识别人才闻名，而用非其材，又重于营利观点，伯虞先生终不能发挥其所长。闻之怆然！

约一个月后，《新闻报》之汪伯奇，《申报》之史咏赓与国民党方面之陈布雷谈妥条件——《申报》由潘公展任社长兼总主笔，陈训悆任总编辑。《新闻报》由钱新之任社长，程沧波任总主笔，赵敏恒任总编辑，詹文浒为总经理，史咏赓及汪伯奇均任董事会挂名副主任职，而杜月笙则任两报之常务董事。

《大公报》已无法借《新闻报》代印，及与沪西静安寺路地带路口西一印刷所交涉，暂时代印。编辑部亦搬至该处。

## 1946 年　三十九岁

春初，嘉稑偕幼子复仑由渝来沪，长子白仑则留在重庆南开中学（已改称南渝中学）读书。

当时，旧政协已告一段落，发表了会谈纪要；蒋主席还发表了四项“诺言”，国内表面上一派好形势，内战避免有望。不料恰在这举国喁喁望治之际，昆明发生屠杀学生惨案，重庆则连续有沧白堂事件、校场口事件，顽固派企图公然破坏和平，撕毁政协决议。而美特使马歇尔来华，美国在海空方面帮助国民党政府运兵东北，接收苏军撤出后之大片地区。内战烽火，已首先在东北融融点燃，并有蔓延成大规模内战之势。《大公报》（上海版）复刊后，以鲜明之态度，反对内战，争取民主，呼吁坚持政协路线。不论在言论上或新闻内容上，都鲜明贯彻此立场，因而大受读者之普遍欢迎，订报者在南京路发行所柜台前排成长龙。此在《大公报》历史上为从来未见，发行数迅即突破十万。

我们天天自写社评，不再转载重庆版的。态度也有显然之区别。如上述沧白堂事件、校场口事件及其他类似事件之发生，重庆记者子冈、徐盈、曾敏之、高集等立即以真相（渝版扣发）发电致沪；我们及时以显著标题登出，并写社评或短评强烈抗议。星期论文由马叙伦、郑振铎、夏丏尊诸先生轮流执笔，也大义凛然。这样的鲜明态度，已受到读者之信任及支持。举例言之：当昆明血案发生之翌晚，有一青年来编辑部，指名要见我。我出见，此青年着美式军装，说明刚搭飞机从昆明来，下机后即直至《大公报》。他说："昨晚，昆明发生了一件骇人听闻之大惨案，军警、特务公然包围大学，开枪屠杀，死伤学生甚多。我已将当时情况写好一新闻稿，连同学生所发传单标语，一起藏在怀内。现昆明已戒严，电讯及陆空交通控制极严，防止走漏真相。我为《扫荡报》记者，所以能不受检查，乘美机来沪。但我是有血气的中国人，义应披露真相，特写此稿，请先生过目。"说毕，即从里衣内掏出他所写的一叠稿子。我答应不改变内容第二天刊出，并请问其"尊姓大名"，这位迄今我还不认识的陌生青年，含笑鞠躬辞去了。我回到编辑部，请启平整理润色，全文在要闻版头条刊出。我即赶写一社评，气愤质问当局。

这是全国第一家报纸揭露昆明血案真相的消息。过了两天，中央社昆明电，才改头换面，掩盖真相（说是两派学生内讧），发表此一消息。

《大公报》（沪版）这样严肃的态度，自然引起了顽固派之不满。以“疯子”闻名新闻界之南京《救国日报》主编龚德柏在该报公然说我是中共的要员，识者均一笑付之。

是年2月，胡政之先生甫由美（代表中国出席联合国首次大会）返渝，即飞来上海，当晚约我谈话，说：“重庆方面有你的朋友，也有芸生的朋友；芸生的朋友都说你有政治野心，一面拉着《文汇报》不放手，一面极力推着《大公报》向左转。他们说这是你有政治企图的证明。”我即答：“别人怎么说我，我不在乎。胡先生对我有什么看法？”政之先生说：“我对你自然是相信的。但觉得你的言论态度，似乎太激烈些。要知道，我们报馆有三百多职工，一旦把当局逼急了，把我们的报封了，几百职工的生活问题如何解决？你想过没有？”我愤然说：“我谅当局不敢出此下策。再说，我主持上海版的言论态度，并没有越出民间报应守的范围。我来到上海，体会到广大曾是沦陷区的人民，都对后方回来复刊的报纸，作再认识的辨认。看看哪一家是真民间报，哪一家是假民间报？我们回沪复刊以后，发行数迅速突破十万。而《时事新报》也原是上海的老报，复刊后门前冷落，听说销数不过数千。此中的消长，不值得我们大加深思么？”胡先生默然，后来他慢慢说：“等芸生回来，我们一起研究研究。”

3月初，王芸生兄由渝抵沪，我即写信给政之先生，请准辞职。大意说：“《大公报》为你们三位先生（指吴、张、胡）苦心经营，我无权冒险。《文汇报》是我的一支笔‘写’出来的，如遭不测，则我成我毁、于心亦安。请放手让我去试试。……”信去后，政之先生即派子宽兄恳切挽留，无结果；政之先生又约至其家恳谈三小时。余缕述理想。并反问：“五年以后，《大公报》将如何立足？以何为依据，先生想过这根本问题没有？”胡先生默然，只是说：“你另起炉灶，不如这里现成炉灶方便。再说，严宝礼这个人投机性强，你能和他合作到底吗？”他看我决心难以动摇，末了说：“这样罢，我准你请假半年，前去一试，《大公报》是你的老家，随时欢迎你回来。”这样，我就和待了前后十八年的老家分手了。

我已于去年11月中，介绍宦鑫毅及孟秋江兄参加《文汇报》（宦兄离开“前线”后，本有意入《大公报》，因政之先生无意重用，乃由我转介于宝礼兄）。宦并推荐陈虞孙兄，并以副总主笔名义参加。孟秋江负责采访部，所用记者均由其推荐。征得我同意，继续聘用。

我决心实践宿诺，完全回《文汇报》。先与宝礼兄“约法三章”：一、报头下署“总主笔：徐铸成”；二、编辑部一切用人升黜、调动，由我全权决定，经理部不得干涉；三、自我参加之日起，《文汇报》不应接受任何带政治性的投资，报馆或记者不得接受任何津贴。盖我认为，此为民间报之根本，且用以防患未然也。

并与宦、陈、柯灵兄商定，以4月一个月为充实、调整干部，计划改版，充实内容之计划期。5月1日，即实行改版扩充张数，以新面目与世人相见。

是时《文汇报》已搬至圆明园路一百四十九号新址，该处原为英海军俱乐部。太平洋大战爆发后，由日海军报道部占用。胜利后，由中央社接收作分社社址。中央分社社长冯有真原与吴绍澍合办《正言报》，此时因派系纠纷发生矛盾。《文汇报》孤岛时社址（在福州路）此时被占为《正言报》社址，冯为示好于宝礼兄，乃将中央社之一层（二层）让予《文汇报》用。后《文汇报》购备印报机，又商之冯有真，占用后楼仓库之一角。宝礼艰苦经营之毅力与苦心，殊可佩也。

购机器之资金，由任筱珊氏所出（约百两黄金）。是以《文汇报》当时最大之股东为任氏，后因资金周转，宝礼兄常商请虞顺懋（虞洽卿长子）帮助；积久成为仅次于任氏之大股东。董事会初由任筱珊任董事长；后《文汇报》民主色彩日益鲜明，乃请其老上司张国淦老先生出面（任在北洋军阀统治时，曾久任沪宁、沪杭甬两路局局长，时张国淦任北京政府内务总长兼交通总长）。

再说那年4月那一个月，我和宦乡、虞孙、柯灵诸兄，紧张地从事改版工作。新延聘的人员，有以下几个来源：一是我的朋友，如张锡昌兄原是我中学时代的高班同学，我主持桂林《大公报》时，曾请其撰述学术论文；这次请他来担任主笔，主要写关于经济、文化及社会问题的社论。再如秦柳方，也是无锡三师分校的同学，我请他来编辑经济版。后来他陆续介绍了寿进文、杨培新、王思曙、王易今、钦本立诸兄，大抵都是重庆《商务日报》的进步分子。二是由《大公报》跟我转来的，有郭根、金慎夫、王坪、李肇基等人。三是由金仲华介绍的，有李龙牧、刘火子等。四是由其他进步人士介绍来的，有梁纯夫兄等。五是以前曾在别报工作，因慕《文汇报》进步之名，自愿来参加，经我面谈约定的。计先后有胡钟达、刘湖深、程光锐、李梦莲、郑心永、李碧依等。到了是年底，郭根辞总编辑职，自愿赴平当特派记者；适是时《时事新报》改组，我乃请马季良兄来任总编辑，夏其言、麦少楣两位记者一起转来。这是人员的补充经过，时间有先后，不是改组时一同参加的。

原编辑部人员，朱云光兄已辞职从教，储玉坤兄则参加《申报》任主笔。

关于分工，我和宦乡、虞孙兄掌握全面之言论，编辑、社论、短评（后改称“编者的话”）统由我润色。在初改版之一个月，我天天掌握各版版面（特别是要闻版）。一个月后，我与宦、陈两兄轮流值班，即一人管版面，一人写社论，一人写编者的话，如此周而复始，遇重要问题，则三人同值班，同熬夜。

总编辑初由郭根担任，金慎夫为编辑主任。

副页各版统由柯灵兄负责，设计版面，并推荐编辑人员。

采访部则由孟秋江兄全权负责。

马叙伦、郑振铎、傅雷（夏丏尊先生已卧病）诸先生改在《文汇报》撰写星期评论。

各版编辑，除要闻外，刘火子编本市，黄裳编社会新闻，李龙牧编国际，梁纯夫编新闻窗（及时对新发生之国内外新闻，刊出背景及来龙去脉，此为我国新闻界之首次尝试）。柯灵因集中精力处理读者的话版，副刊《世纪风》请唐弢兄来主持。

5月1日社评——《我们的自勉》，郑重说明本报之立场为：要求民主，拥护经济建设，扶植民族工业。反对一切独裁、垄断、剥削及违反自由、民主的现象。同时，并创刊了《半月文摘》。

我并于若干日后，以个人署名，发表本报今后之宗旨，为争取民主，反对内战和独裁；使本报成为一真正独立的民间报，代表人民利益说话，而不是依违两可、在党派间看风色、行市之所谓中立报纸。我并阐发此意：如所谓国民大会，政党间对此问题，容有妥协。作为民间报，则只问是非曲直，国民大会从产生到组织，始终是非法的。作为民间报，不能因政党间之暂时妥协而改变反对到底之态度。

改版初期，适值上海推行警管区制，此种形同保甲法之危害人权办法，我报坚决反对，连续揭露读者来信并撰文表示坚决反对（因而遭到停刊一周之处分）。以后如摊贩问题、臧大咬子事件，莫不表示我报之鲜明立场。尤其是马叙伦、包达三、篑延方、雷洁琼等各界代表赴京请愿，发生了特务殴打代表之骇人血案。《文汇报》始终坚定站在正义一边，如实报道。所以，去年（1986年）纪念下关惨案四十周年时，亲自参加请愿，在下关被殴之雷洁琼先生在纪念文中，犹念念不忘："当时站在人民一边，态度最坚决者，厥为上海之《文汇报》及重庆之《新华日报》。"

可以毫不夸张地说，改版不久的《文汇报》，已成为广大蒋管区内的一盏明灯了。

作为一个旁证，据《大公报》梅焕藻兄（时任胡的秘书）向我透露，胡政之先生每天到报馆，必先索《文汇报》，从头至尾细看，然后读《大公报》及其他各报。《文汇报》不仅立场公正，态度鲜明，而且版版扎实，内容充实，朝气蓬勃。宜乎对此报坛多年宿将有如此吸引力也。

销路直线上升，宝礼兄一则以喜，一则以忧。除难以敷衍冯有真诸老友外，国民党政府对白报纸的配售，独对《文汇报》卡得很紧。《文汇报》用纸，一大部分要取给于黑市，而黑市价格不稳（法币已大量贬值），往往一两倍于配给价。于是报馆现金甚紧。银行又不肯兑款，仅赖少数钱庄如“福源”等给以少量周转。迄是年下半年，经济上已陷于捉襟见肘之地步。甚至职工薪给，亦至拖欠累月。当时物价一日数变，薪水迟发一月、半月，职工实际收入，不啻打一个折扣。《文汇报》所定薪给，本远低于“申”“新”“大公”，而职工宁枵腹坚持工作，不得不谓是受爱国、爱民主之精神所鼓舞。以后，宝礼兄与我及宦、陈诸兄商议不如求助于读者。乃发起征募读者股，每股十元，共征集一万股，公开登报说明缘起。

当时经理部由宝礼兄之姻亲范烟桥任秘书，周名赓任会计主任（严之两路局同事），而由葛克信（时任市政府参事）介绍张正邦入馆任副经理。张曾担任国民党江苏省党部候补委员，在经理部经常散布空气，说《文汇报》如何为共党说话，苏北难民（还乡团）如何气愤，将来捣毁《文汇报》机器等言论，经理部中一部分不明真相者，为之人心惶惶。

《文汇报》销数已在上海跃居第四位，仅次于老牌报纸《申报》《新闻报》及《大公报》，当时之官报、半官报，除申、新两报由国民党控制外，大型报还有胡健中主持之《东南日报》，军方之《和平日报》(《扫荡报》改名），马树礼主持、由曹聚仁主笔之《前线日报》；还有青年党机关报《中华日报》（崔万秋主持），再加上冯有真之上海《中央日报》，吴绍澍之《正言报》，无虑一二十种，进步报刊仅《联合晚报》《新民报》均为晚刊。《文汇报》在日报中有孤军作战之势。

是年10月的一天，胡信达先生（陈铭枢之秘书，常为李济深做联络工作）忽来访，说李任公已由南京秘密来沪，亟想与我见面。乃同乘车至愚园路一一二五号（近江苏路口，原为伪中央储备银行总经理汉奸钱大櫆的豪华公馆，是时已被接收，改为军事高级将领之招待所），李任公即出客厅相迎。任公为我在桂林时所旧识，时在时局动荡时找其谈话，甚为豪爽。

见面寒暄后，李任公即满口称赞《文汇报》办得好，代表老百姓说话。并说："胜利前我与焕章（冯玉祥）、志舟（龙云）几位党内民主派人士秘密商定，战后决从事反独裁、争民主运动；第一步计划集资办一宣传民主之报纸。现在，看到你们的《文汇报》，宗旨基本上与我们宿愿相符，大家觉得没有再办一张报的必要了。"李并含笑说："再说，我们也找不到像你这样一位办报内行呀。"

任公又细问《文汇报》的经济情况及实际困难。我答以《文汇报》困难虽不少，但团结一致，决心与困难做斗争。又一再说明我与严宝礼兄曾有约定，决不接受任何方面之政治性投资及补助，否则，恐当局将乘虚而入。任公又问及《文汇报》读者股征募情况。我告以读者应募者极踊跃。但《文汇报》读者，大都为穷学生及劳动人民。即十元一股，亦往往几人拼着认购，情况至为感人。目前，已认购者约占征募额之三分之二弱。任公说"云南兴文银行在沪有分行，我请胡信达君介绍其经理李澄渔和你们面商协助办法，李为龙志舟亲戚，甚可靠"云云。

我问任公："南京还回去么？"他笑答："我已几次向蒋先生坚辞军事参议院长职务，未得应允，只说不妨先去上海休养休养。我一离开，就不打算回去了。在此看看风色再定行止罢。"

任公并说："龙志舟对老兄亦很钦佩，他有一小儿子正在美国密苏里大学学新闻，准备学成回国后，命其拜你为师，在《文汇报》学习，在实际中磨炼本领。"我笑称不敢。并介绍严宝礼兄之毅力，任公嘱胡信达先生一起向李澄渔介绍联系。

第二天下午，我们和李澄渔先生见面。他年纪不过三十多岁，风度翩翩，而极诚恳。问起我们的读者股，说未经售出股份，全部由兴文银行包下，即日可将股款交纳。宝礼兄谈起报馆时感"头寸"周转不灵，澄渔说："这好办，今后可与兴文银行来往，灵活办理，办法于我回沪后约宝礼兄面谈。"他说明，第三天将飞赴香港，有事联系，至多停留三五天即回沪。

第三天的《大美晚报》头版头条刊载出惊人新闻：是晨飞出之中航飞机，因香港启德机场被浓雾笼罩，视线不清，乃飞往马尼拉企图着陆，也遭遇狂风暴雨，不得已又折返香港，不幸飞机误触一山头，因而人亡机毁（这一段时期，中航机不时出事。前此没有几天，一架中航客机在青岛上空坠毁，"四小名旦"魁首，被誉为小梅兰芳之李世芳即不幸罹难）。我看到这新闻，即为李澄渔兄担心；看到所载之遇难人名单，澄渔的名字，果赫然在内，为之怆然不止。

在这一时期，还在《文汇报》上发生一场论战，延续近月。起因是傅雷兄一篇文章。傅雷博览中外文籍，于文学、艺术尤有卓识，我往往登门访谈请教。有一天，他对我说：看到美国作家根室新出版的《苏联内幕》，内容很扎实；有一篇序言，谈到苏联社会有些消极的一面，所举例证十分令人信服。他说："很想把这篇序言译出来，你们《文汇报》敢不敢登？"我说："只要言之成理，持之有据的文章，我们一定登，以广读者见闻，引起讨论嘛。”

过几天，文章刊出来了，因此引起一场论战，当时的一般逻辑，说苏联社会还有缺点（哪怕仅是次要的缺点），就是反苏，反苏就是反共、反人民，这就是大逆不道；这文章一刊出，反驳、责骂的文章如雪片飞来。当然，也有同意傅雷观点的，如施复亮先生即写文支持，但大部都是反对意见。我们连续登出了周建人、许广平等先生的文章；论争持续匝月。傅雷先生对我说：“我有许多理由和论据，予以答辩，但我不想给你们添麻烦，默尔而息，就此打住吧。我们应多留些精力，去继续反内战、争民主的运动啊！”

是年，我四十岁初度，宝礼兄发起为我祝寿，楼上下开席十余桌。画家丁悚、吴湖帆等即席合作一《寿星图》，宝礼兄等并延评弹、杂技界为助余兴。《大公报》旧友谷冰、芸生、子宽、诚夫诸兄亦来舍。是时，我家与宝礼兄家合住愚园路七四九弄十五号一花园洋房内。

## 1947 年　四十岁

是年春初，邓友德兄自南京来，下榻福州路都城饭店，约我见面，知南京将改组行政院，张群任行政院长。他被任为行政院新闻局副局长，局长为李唯果。他说，《文汇报》现处境甚危急，不妨由我去京周旋一番，以缓和空气。

我即以编辑部托宦兄主持，并告诉宝礼兄。翌日晚，即与友德兄相偕赴宁。友德坚挽下榻其公馆，其夫人曾在 1943 年同由上海入内地，亦可称熟友。夫妇款待甚周至。

第二天，参加张岳军就职后首次记者招待会。我与岳军先生在汉时有数面之缘。我向之道贺，他也客套一番。

我报办事处有常驻记者郑永欣、黄立文、黄裳三兄，负责发行工作的有分馆主任余鸿翔兄及职员姚宗乃等，闻余到宁，设席表示欢迎。据鸿翔兄谈，南京读者极欢迎我报，销数逾二千，仅中央大学即达五百余份，学生冒一切危险，集体轮流来分馆取报。可见青年之热情。

在京勾留期间，适逢中央社成立二十周年，我特往祝贺，与其社长萧同兹、总主笔陈博生及总编辑曹荫稚兄等周旋一番。

在京并晤及《新民报》老友陈铭德、邓季惺夫妇，及《新京日报》社长石信嘉等。

抽暇并与友人孔罗荪及姨妹朱嘉树，同游玄武湖五洲公园及五台山名胜。

历三日返沪。

时上海特别市长已易为吴国桢氏，市新闻局长为朱虚白。

不久，国民党上海市党部主委换了方治（希孔），此人为有名之CC顽固派骨干。从此，对工人、学生之镇压，更加严厉。

吴国桢虽时时出面镇压工潮、学潮，但平心而论，他还保持一派西方“民主”风度。我旧日记内保存一些记录，记某日吴国桢约我谈话，我率直与之辩论；又有数次，吴打电话给我，质问某一新闻来源。余即答以新闻道德，新闻来源必须守秘，有什么问题由我负责。吴即说声“再见”，挂上电话。而这位方治先生，则一味玩阴谋、施诡计。从此，上海将陷于多事之秋矣！

记得劝工大楼惨案（梁仁达烈士被暴徒殴打牺牲）发生之次日，方治在某晚报发表谈话，说某律师并未参加这次劝工大楼会议。《文汇报》故意夸大事实，甚至造谣，意在煽动学潮、工潮（大意如此）。我即根据秋江报告，于翌晨发表一文《是谁造谣？》驳斥方治，以某律师亲笔信制版刊出作证据。

在这一段时期，我经常接触者，除上述马叙伦、郑振铎、傅雷、李济深等先生外，有郭沫若、茅盾、田汉、翦伯赞、黄任之、沈衡山（钧儒，衡老所住寓所，适与我住的愚园路七四九弄为对门）、包达三、张䌹伯、郭春涛、邓初民诸先生。《文汇报》每周举行座谈，经常由宦乡组织、主持。上述诸先生及各界开明人士如周信芳、欧阳予倩先生等常应邀参加。我有时亦到会主持。在一星期座谈，一直由陈尚藩兄一人记录，颇为详尽，甚受读者之欢迎。

郭老在南京和谈期间，常以杂谈形式，记其见闻及所感想，寄《文汇报》之《世纪风》发表。回沪后，我和宦乡兄请他主持六个周刊（每星期天刊载星期座谈）、一律以“新”字为冠，计有《新思潮》（郭老及杜守素主编）、《新文学》（郭老及杨晦、陈白尘先生主编）、《新经济》（张锡昌、秦柳方、寿进文主编）、《新青年》（李平心主编）以及《新教育》《新妇女》，阵容极为整齐，副刊除原有之《世纪风》外，增加《笔会》，主要刊载纯文艺创作，由唐弢主编。新闻版面，则辟《文化街》，集中刊载文化娱乐新闻，由梅朵、陈钦源等主编。

反动派于高压失灵以后，企图软化《文汇报》，曾先后三次施展其收买阴谋，第一、二次由我硬顶回去，第三次也碰了张国淦老先生一鼻子灰。我曾写有《一次“鸿门宴”》详记其经过，兹转录如下（见拙著《旧闻杂忆续篇》）：

## 一次“鸿门宴”

像写剧本一样，记这段旧事时，有必要先交代几个登场人物：

第一个是虞顺懋。《文汇报》于抗战胜利后复刊，当然用不着再挂“英商”招牌了，那些旧股东也大都切断了关系。资金从何而来呢？严宝礼自己没有钱，主要靠两个人支持：一是任传榜，曾在北洋时代当过沪宁、沪杭两路局局长，他和严有点亲戚关系，严当初进路局，就是他引荐的。他投资二十根“条子”（二百两黄金），《文汇报》第一次置备的印报机，就是用这笔钱买的。他胆小，不敢出面，特别在《文汇报》反独裁、争民主的态度日益鲜明以后，他怕国民党找他的麻烦，特地请他的老上司张国淦老先生（任当局长时的交通总长）挂个董事长的名义。

另一个就是虞顺懋。当时是三北轮船公司的经理，也不像其父虞洽卿那样精明，是个“大少爷”，似乎也不那样反动。20年代末期，他曾和李任潮（济深）将军换过“兰谱”；1947年李因反蒋潜往香港，就是由他资送去的（这些，我曾亲自问过任潮先生，得到证实）。他和严是南洋公学时的同班好友，严在经济困难时，总向他商量，只要他手头宽裕，有求必应，积久便成为当时《文汇报》的第二位大股东。

第三个是江一平。提起此人，“老上海”大概都知道（1980年我去香港，听说他早病死在台湾）。他早年毕业于东吴法学院后，凭着花言巧语，加上模样也不算难看，和比他大十来岁的虞洽卿的大女儿虞澹涵结了婚。凭着这点裙带关系，立刻就成为上海的名律师；不久又由虞的提携，当了公共租界的“华董”，俨然也是“闻人”了。宁国府成立后，他又和CC头目们勾勾搭搭，开口“果老”（陈果夫），闭口“立公”（陈立夫），以此出卖风云雷雨，仿佛是CC系的三流政客了。他没有对《文汇报》尽过一分力，却时刻想凭借虞顺懋的关系，对我们进行盘算，对外招摇。

第四个叫吴则中，是“刘姥姥”吴稚晖的堂房侄孙，陈果夫任国民党组织部长时，他曾任过秘书。因此，比起江一平，“果老”就叫得更响了。抗战中期，他曾任吴绍澍的“江苏监察使”署的秘书长。他和严宝礼兄是怎么认识的，我不大清楚。他常以严的知友自居，在《文汇报》日益倾向进步那几年，他经常以透露“机密”的方式，吓唬严宝礼。可以说，每一次国民党反动派对《文汇报》施展阴谋，布下陷阱，幕后都可以看到他和江一平的幢幢鬼影的。

介绍了这几个“关键”“人物”后，就可以开始谈正文了。

1945年抗日战争胜利后，国民党当局为了控制舆论，特别对当时文化中心的上海，下了一条“规定”，凡不曾在上海出版过的报刊，一律不准在上海创刊或复刊。明眼人都知道，这项“规定”，目的在于制止《新华日报》和其他进步报刊的出版，因为后来的事实证明，他们自己的报纸如《前线日报》《和平日报》《上海中央日报》《东南日报》以及青年党的《中国时报》，都从未在上海出版过，却都顺利出版了。进步报纸，唯一能够在上海创刊的是《联合晚报》，那是因为主持人用了美国新闻处的名义去登记，他们怕美国人，几经曲折，不能不点头。

《文汇报》在抗战时有斗争的历史，他们没有理由不让复刊。尽管这样，直到1947年5月被封，他们一直没有发给我们“登记证”。自从1946年3月我重回《文汇报》，和宦乡、陈虞孙、柯灵等一起主持编辑工作后，不久就因反对警管区制被罚停刊一周。至于麻烦、警告，以及“苏北难民”要来砸毁的威胁，更是经常不断。

1947年初，他们认为扩大内战、消灭人民解放军的准备部署“万事俱备”了，决心公开撕毁和谈面具，逼走中共代表团，停止民盟等民主党派的活动，非法地单谈召开“国大”。使他们感到头痛的问题之一，是舆论尚未一律。在他们统治区域内，《文汇报》的影响，似乎未可轻视。

一天下午，严宝礼兄对我说：“江一平明天在家里请我们吃饭，他要我请你务必准时光临。”我问：“有什么事么？”他说：“没有什么，大概好久不见了，想请你叙谈叙谈，我们明天坐车一起去罢。”

江那时住在高乃伊路，一幢花园洋房。我们到时，院子里已停着好多辆崭新的汽车。进入客厅，则赫然看到CC首脑陈立夫，上海的CC头子潘公展，市长吴国桢和警备司令宣铁吾，还有虞顺懋及主人江一平。他们都笑脸相迎，寒暄握手。我心中一怔，意识到这一席酒是不寻常了。

餐厅里摆着一桌酒席，酒过三巡后，江一平即开口发言。他说：“《文汇报》是我们老舅（指虞顺懋）和我一起开办的，宝礼负责经营，十分得法。铸成先生主持编辑，煞费苦心，办得有声有色。但是，前一时间，我因为事忙，没有管报馆的事，因此，有些言论，不符合党国的方针，引起各方误会。现在，《文汇报》销路很大，影响极广。不客气地说，《文汇报》的声光，比《大公报》还大了。我决定今后自己来管。今天‘立公’、吴市长、宣司令和公展先生都光临，希望多加指教。各位都知道，《文汇报》规模简陋，经济困难。我自己没有钱，敞开来说，请政府投资十亿，扩充设备，提高职工待遇，好好干起来，一定能为党国的宣传，发挥不可估计的作用。”

我一面听，一面心中盘算，这个袭击，来势真猛，显然，他们暗中已经商定了这笔肮脏交易，用着突然袭击的方式，想逼我当场屈服。好在我在重回《文汇报》时，就和严宝礼兄约定了两条：一、编辑、言论方针和编辑部的人事进退、调度，一切由我决定，经理部无权干涉；二是在报头下，刊出“总主笔：徐铸成”。后者，就是为了预防万一,万一报馆要改变态度，我就辞职，这六个字不见了，读者就会明白底细。此刻，要挡住他们的阴谋，首先要公开揭露那个流氓律师买空卖空、招摇撞骗的伎俩，然后毫不含糊地表示自己的态度，让他们死了这条心。

江讲完后，陈立夫也以为这笔交易要做成了。所以很表现了“谅解”的态度，接着开口说：“我们不怪《文汇报》，是我们对不起《文汇报》，这样对抗战宣传有功的报纸，房子也被人抢占了（指吴绍澍抢占四马路原《文汇报》馆址，办《正言报》），铸成先生是办报能手，道德文章，一向是钦佩的，今后还望多多为国家尽力。”接着，吴国桢、潘公展也简单说了几句帮腔的话，只有宣铁吾没有开口。

虞顺懋比较单纯，他以一口宁波腔说："阿拉这边，呒啥闲话好讲，宝礼哥不会讲话，请铸成兄谈谈吧。"

我就不客气地说："各位想必知道，《文汇报》是宝礼兄苦心经营的，顺懋兄不时在经济上大力支持，得以维持至今。"这样，我先把江一平撇开了。接着说："至于我，不客气地说：是个奶妈，《文汇报》是用我的墨汁喂大的。一平先生刚才谈的，当然是一句笑话。我曾再三和宝礼兄约定：不接受任何方面的津贴和政治性投资。各位都知道，我是《大公报》出身的，我之所以毅然脱离《大公报》，主要因为胡政之接受了二十万美金官价外汇（当时黑市美金一美元合'法币'二千元以上，官价只有二十元，给官价外汇，等于白送），我当然不会容忍《文汇报》比它更不干净。"

"《文汇报》所以有今日，主要是我们明辨是非、黑白，敢于说真话，受到广大读者的欢迎。作为一个新闻记者，决不许颠倒黑白，成心说瞎话。但是，因为不明真相，在某些记载上，无心的错误是难免的。因此，今天能会见各位有关当局，我很高兴，希望以后多供给我们一些真实消息，以减少这类错误，我们是很欢迎的。"

这一席话，使大家的脸色都尴尬起来了。没等终席，陈立夫首先站起来，说另有约会，吴国桢和潘公展跟着也一同告辞。独独宣铁吾留了下来；当江、虞、严等出去恭送陈等时，他跷起拇指对我说："佩服佩服。老实说，我本来以为你是共产党的。听了刚才一番话，才知你是血性爱国的好汉；今天这个场面，你能顶下来，真不容易。我宣铁吾对不起你，曾封了你们七天门；今后，你再怎么骂我，我要是再动手，不是人养的。”我说：“言重了，我只是凭良心办报而已。”以后，我们有一次“星期座谈”，好像谈的是物价问题，发一张请柬给他，他居然亲自来参加。

当然，他说这番话，并非真是同情我的态度，而是由于反动派内部的尖锐斗争，站在军统的立场，看到CC首脑们碰了一鼻子灰，感到高兴罢了。

在主人一脸沮丧中，我们离开江家。严宝礼兄说：“则中约我去谈几句话，我们一同弯到他家去坐坐好罢？”到了那里，严忙将刚才发生的一幕，约略对他谈了。吴失望地说：“铸成兄，你把事情看得太简单了。‘立公’这个人是很深沉的，就此善罢甘休么？你太单纯了。”我说：“出卖良心的事，我是断断不做的。以后有什么后果，我等着接受。”

我回到报馆，当时看到宦乡、陈虞孙，就拉在一边，把这一幕的经过，都给他们谈了。

过了约一星期，严说要回苏州去休息几天。又过了几天，他回来了，找我密谈说：“这次我是被则中拉到南京去的，他叫我事前不要告诉你。我也无可奈何，接受了他们的条件了。”我听了如轰雷贯耳，忙问是怎么回事？他说：“我到了南京后由吴铁城（当时国民党中央党部秘书长）的秘书张寿贤出面谈判。他们的条件是：一、由政府‘投资’二十亿元；二、他们派一个人来当副编辑主任。他们逼我立即决定，我来不及征得你的同意就答应了。”我严肃地说：“那就等于自杀。反正我没有签字，我还是照样办下去。”他急了，忙问如何善后。我说："这个退堂鼓好打，你写信给张寿贤，就说我不同意，决不承认这些条件。我看他们也没有办法，要威胁，也只会威胁我，不会威胁你的。"

又过了大约十天，张国淦约我和严去谈话，说陈布雷前一天到他家访问，拿出一张中央银行的空白支票，说："请你转交给徐、严两位，他们要多少钱，自己在支票上填罢。"张说："你知道我只是一个挂空名的董事长，做不了主，他们不会听我的话，好在你和铸成也是熟人（陈一直以张季鸾为老友，说我和王芸生是张的'传人'，时常表示'关心'，我和他认识和接触的经过，另文详谈），有事，你何妨直接找他。"

张还说："看来，他们对《文汇报》逼得很紧，一连来了三次（上两次的经过，我们向他报告过），你们要小心了。"自然，陈布雷并没有来找我，接踵而来的，是国民党反动派干脆把《文汇报》封了（勒令永远停刊）。在此前后，中共代表团被迫撤回延安，内战加剧，伪国大的锣鼓日益喧天。

这一幕"鸿门宴"及以后的几幕小戏，恰恰过去十年，铺天盖地的大字报，把我"刷"了出来，有一个该负责任的人"揭发"我（陈虞孙叫严"揭发"的，时我被迫离开《文汇报》，陈当总编辑），说我在解放前，曾三度企图出卖《文汇报》。我看到那天的报，气得发抖，写了一封信给邓拓，大意是说："在运动中，什么样的污水泼在我头上，我不在意，相信党总会搞清楚的。这件事，太颠倒黑白了。"接着，我简单地叙述当时的经过，最后说："请你按常理想一下，我出卖《文汇报》有什么好处？钱都落进别人的口袋；而我呢，当时我唯一的'财富'，就是'徐铸成'三个字，为什么要玷染它呢？即使最自私的人，会干这种蠢事么？"

那时，张国淦老先生正在科学院近代史研究所当特约研究员。大约过了三四天，《人民日报》上刊出一条广告，是张国淦启事，大意说："阅某日《文汇报》某某人对徐铸成的揭发深为骇异。当时我忝为《文汇报》董事长，据我所知，事实恰恰相反。"

张老先生此举，是否由于邓拓同志的访问，不得而知，因为我当时和事后从未和他见面，而且不久他就逝世，但这种挺身而出，仗义辩诬的精神，是令人可敬可感的。

特别是邓拓同志，试想，在运动正在狂风急浪的时候，在他自己主编的中央报刊上，登出这样一条广告，要具有多大的胆识，要甘冒多大的风险啊！

也许，这件事也是一个原因吧，不久他被斥为"文人办报，死人办报"，终于被迫离开了《人民日报》。后来，又写出了《燕山夜话》和同吴晗、廖沫沙同志合写《三家村札记》这些流芳百世的宏文。

在我，当时不仅对他个人满怀感激和敬意，而且更加相信中国共产党。只有这样的党，才能培育出这样挺然不拔的青松。

这里要加以说明的：在1957年"反右"狂飙中，我在京（正参加全国人大）看到那篇所谓揭发，气得浑身发抖，我对那时凭空泼来的满头污水，并不在意，相信共产党和历史，终会澄清是非，辨明真相。但这个“揭发”太颠倒是非、混淆黑白了。当时即函邓拓同志说明真实情况。

十年动乱刚过，我就私下写出这事的经过，原想留之子孙，以说明我的冤屈。十一届三中全会以后，雨过天晴，拨乱反正，我即据此写这篇《一次“鸿门宴”》，刊之1979年香港《文汇报》，后收入四川版《旧闻杂忆续篇》。

反动派三次收买的阴谋破产后，即企图扼杀《文汇报》《联合晚报》及《新民报》三家进步报纸。据解放后所见档案，从那年（1947年）3月以后，新闻界党（国民党）团（三青团）联席会议即讨论和决定，相机查封这三家报纸。等到和谈彻底破裂，逼走中共代表，片面召集国大，准备全面内战。他们已撕下民主的最后一层伪装，扼杀三家报纸，已如弓上弦、刀出鞘了！

拖延到5月，国内局势日益紧张，作为国民党经济、文化的心脏——上海，由于政治上的白色恐怖，经济上的恶性通货膨胀，物价飞腾，一日数变，激起工潮、学潮之不断发生，此起彼伏，如申九罢工、交大学潮，最后发生复旦大学学生被军警、特务搜捕事件。前去采访的我报记者麦少楣被特务围殴。翌日——5月25日《文汇报》《联合晚报》《新民报》三进步报纸被反动政府封闭。反对派并逮捕了麦少楣和《联合晚报》的记者姚芳藻等三人。经旬日营救，麦少楣终于经中央社记者陈香梅女士保释了出来（她们都信仰基督）。

被封前一天的《编者的话》，对市当局提出抗议和质询，是我和宦乡等商酌后执笔的。

过了一天，《大公报》刊出了一个短评，题为《请保障正当舆论》(听说是该报总编某君亲自执笔的),大意说:“三家报纸已被封闭了。今后希望政府切实保障正当舆论……”这是一支冷箭,射向手脚已被缚住的对手。很明显,它是影射这三家报纸是不正当的舆论。明白说,是“为匪张目”的报纸。这是《大公报》历史上罕见的卑鄙评论。我看了真是又伤心,又痛心。

第一个站出来抗议的是《密勒氏评论报》。它提出“中国今天只有两张真正的民间报,一张是中间偏左的《文汇报》,一张是中间偏右的《大公报》。应彼此扶持、支援,而不应冷眼旁观,更不应投井下石!”

第二个起来严正抗议的是《观察》的储安平先生。他以个人署名撰文说:“我和徐铸成先生是小同乡,但这人很傲气,《观察》请他当特约撰述人,连复信都不写。虽然如此,我还要说几句公道话,《大公报》的短评,乘人之危,落井下石,太违犯起码的新闻道德了!”

《文汇报》被封的翌日,我接到军统头目王新衡的一个电话,问:“你预备到香港去么?”我答以并无此项打算。他说:“你如仍住在上海,安全是没有问题的。”显然,他们是怕我去香港办报。

此外,宦乡、陈虞孙两兄也没有受到威胁;宝礼兄则每日仍按时到《文汇报》原址办公,他还留有一部分职员,办广告公司业务。我们三人,不时仍在圆明园路见面,交换意见。其余如孟秋江、马季良、柯灵、刘火子、唐海诸兄,则先后赴香港去了。另有些如程光锐、杨重野、李梦莲则已化装前往华北解放区。

过了几天,国民党已故元老叶楚伧先生之公子叶元兄忽来圆明园路访问,说他领有一《国民午报》的执照(一直未出版),愿与

《文汇报》同人合作，编辑方面，由《文汇报》旧人负责。严、宦诸兄均同意这样变相复刊的办法。商定总编辑人选，由朱云光兄出面，采访则请原《前线日报》之某先生负责。商定后，我还与叶元兄亲自去青浦朱家角，转乘小火轮驶过淀山湖直至吴县之周庄，在此水乡住一宿，“一请诸葛”，即承云光兄俞允。我们冒烈日回沪，此行正当盛夏，途中霖汗沾襟、骄阳当空，而过淀山湖时，则风景如画，彩虹贯空，此印象迄今犹留存脑际。

当我们正在紧张筹备、出版有日之际，某小报忽刊出一花边新闻，题为上海将出现新的民主报纸。新闻大意谓上海不久将出版一新的报纸，闻其编辑部实际负责人为有名的民主报人徐铸成氏云云。

当《国民午报》预定创刊的前一天，突接上海市政府通知：“《国民午报》着不准出版”。这个我们曾灌以心血的报纸，就这样胎死腹中了！

在《文汇报》刚被扼杀的次日，吴绍澍兄来家访问，备至安慰，然后说：“你这回可以帮我的忙，到《正言报》去主持笔政了？”我惨然地回答：“我好比新丧的孀妇，你就劝我改嫁，太不近人情了。”吴说：“虽然如此，你不要否认我来劝你的事，这样，三青团中人，就不会加害于你了。”小型报《铁报》曾载其事。郭根兄在北平看到这篇新闻，特写了一篇文章，介绍我这几年的经历，题为《记徐铸成——我所知道的一自由主义报人》，可以从旁了解我的一切，兹转录如下：

一

在报坛寂寞的今日，偶然翻起刚刚由上海寄来的《铁报》

（7月30日的），那上面赫然有这样一个标题《徐铸成封笔》，吸引着我的注意。我读了下去：

徐铸成昔为《大公报》台柱，所撰社论犀利无匹，其后忽与王芸生有所扞格，遂拂袖而去，《大公报》当局对徐乃啧有烦言，以是借题难之，要亦不为无因。溯抗战胜利之初，《大公报》筹备复刊，徐氏由渝莅沪，襄赞擘划，贡献殊多；及脱离《大公报》，乃专任《文汇报》总主笔；顾未久而《文汇报》乃以言论偏激，遭受停刊处分；徐氏心绪，遂复大恶。别报有延徐主持笔政者，徐辄婉辞，迄今犹无东山再起之讯。有询其未来出处者，徐氏答曰：笔已尘封，不欲专度剪刀糨糊生活矣。徐氏好唱曲，暇辄寄情管弦，以舒其胸郁勃焉。

这几句报道中尽管有不少的错误（例如关于徐氏脱离《大公报》的原因），但我于读罢后，不禁随着一声叹息，掩着报纸，陷在起伏的回忆的思潮中。

## 二

徐铸成三个字是随着《文汇报》三个字的起来而起来的。其实，他在报界已有将近二十年的历史，而且这长长的年月，一直是为了《大公报》而消磨了的。由最初的国闻通讯社的记者做起，而驻外特派员、而编辑主任、而总编辑。他这样在《大公报》的机构里按部就班地工作着，但他的名字并未在报纸上露过面，因之他一直是默默无闻的。

真像拜伦的故事一样："我一觉醒来，发觉我已是名闻天下了。"徐铸成三个字发了亮而是在《文汇报》创刊的时候。

"八一三"全面抗战爆发，以迄于沪国军撤守，上海各报一致停刊内迁，《大公报》亦分别撤往武汉和香港。是时舆论界有志之士，深觉上海犹有两租界可布置岗位，不可尽抛此“江东父老”于不顾。于是相约组织一新报社，并聘一英人做经理，挂起洋商招牌，以求生存。

这个新组织起来的报社就是《文汇报》。它是利用了《大公报》未能撤退的机器和地址以至于大部分人力而起家的。其实在事实上无异是《大公报》的别动队，而徐铸成就是奉命留沪主持《文汇报》笔政的。

上海民众当国军撤退舆论消沉的黑暗悲痛的时期，《文汇报》突于此时出刊，它大胆地说出民众所欲说的话，最要紧的是它发挥抗战要旨报道国军作战消息以及政府军政大计，使这个“孤岛”在精神上得到与大后方取得联系，真如大旱之后得甘霖，令人兴奋万状。尤其徐铸成所撰的社论成为沪人每日必读的文告，犀利热情，勇敢的笔锋给予黑暗中的沪人不可名状的鼓舞以至于安慰，于是徐铸成三字不胫而走，《文汇报》因之一纸风行，销数突过十万大关。

“文汇像是一颗彗星掠过黑暗的天空。”多少人在这么说着。

## 三

但随着国军作战不利，敌人与汉奸逐渐向这成为“孤岛”的两租界施展压力，尤其新闻界成了最显著的目标。威胁与利诱像一把剪刀的双锋向报人伸了过来。

《文汇报》因为是所有洋商报纸中最大的一个，而且它团结着最大多数的有志之士，遂自然而然成了黑暗势力最痛恨的一个目标。

《文汇报》被投过两次炸弹，整个营业部炸毁了，职员中一死数伤。但它屹立不动，继续努力。

总主笔的徐铸成收过两次骇人的礼物：一次是一只血淋淋的手臂，附上几句话：“若再写社论，有如此手！”一次是一篮馨香扑鼻的水果，仔细检查之下，每只果子都打了毒针。

在那个恐怖的时辰，沪上报人被暗杀的日有所闻，但除了极少数的降敌之外，大多数是抱着奋斗到底的决心，以后到了最坏的情况的时候，几家报馆编辑部的人员就全部留宿在编辑室内，有时一两个月足不外出。仅赖电话与家属亲朋通消息。

这一段抗战史上可歌可泣的史实，当时传到了大后方，就成为了夏衍先生新剧本《心防》的题材，我想每个中国的新闻记者都应该引以为骄傲的。

最可痛惜的是这个报人报国的时机未能弥留多久，汪逆精卫终于“组府还都”了，两租界当局都倒了过去，于是“洋商”招牌也挂不住了。所有支持抗战的大小报纸一律停闭，至此“孤岛”整个陆沉，也就结束了上海报人这段光荣奋斗的历史。

《文汇报》停刊较早，它是首先遭受了敌伪的分化阴谋的打击，敌伪在无计可施之时，就以大量的纸弹集中向《文汇报》的洋经理进攻，这个洋人毕竟不如中国人有骨气，中弹投降，于是《文汇报》所有编经两部职员在徐铸成领导之下，发表了一个义正词严的声明，明告社会此中内幕，并决心全体撤退，使伪《文汇报》也无从产生。

这是《文汇报》第一次的停刊。停刊后，徐铸成即赴香港，严经理却仍留上海，做着地下的文化工作，不久被捕，严刑不屈。当我于光复后踏进《文汇报》的会客室时，迎面就是挂着蒋主席颁给他们的奖状。

“文汇真像是彗星，一掠就不见了！”当时黑暗的孤岛，人人心里有着这样一个叹息。

## 四

《文汇报》的光荣促成了徐铸成的成功，他这番由沪转港，受到了张季鸾先生热烈的赞赏，立即把《大公报》香港版总编辑的大任托给了他，而且口口声声认为托付得人。其时当上海孤岛陆沉后，海外的香港在事实上成为了中国的文化活动的中心，各党各派，以及敌人汉奸都在这儿做着制造舆论的工作，《大公报》仍然以其持中的一贯立场周旋其间。这期间，徐铸成的笔完全是代表着报馆本身，是是非非都应当算在报馆的账上。

而作为他个人的表现，是在太平洋战争爆发，香港被围的期间。

日军攻占九龙后，香港弹丸之地立刻变成一个小小的孤丘，排炮和炸弹一齐向这海中孤悬的一点集中发射，全港陷入极度恐怖的深渊。报纸当然全部停刊了，人们在四处逃难和掩避。即以《大公报》而论，大部分员工都躲入地下室，整日整夜蛰伏一隅，饮食行厕都不敢走到地面之上，而徐氏独能镇定应付，以轻快的心情，率领着一小部分年轻的同人，仍然过着正常的生活日程。在炮火包围之下给大家说说笑笑，并且每日按时“说书”，他的记忆力特强，口才尤佳，他能把几部完完整整的弹词如《描金凤》《玉蜻蜓》以及《杨乃武与小白菜》

等等绘影绘形地讲出来，使人听了如醉如痴，把一切眼前的恐怖和危险都忘得干干净净。他每日经常地从山坡上的宿舍，冒着炮火到市区与新闻界取得联系，有两次曾经被对岸的日本炮手发现了当作目标，炮弹立刻在身边炸开来，幸而吉人天相平安无恙。

日军侵占香港后，环境的险恶要比炮火的威胁更为厉害。炮火是可以躲避的，而日本人的“访问”却是无法拒绝的，日本人首先要想把《大公报》“复刊”，把条件等等甚至薪水这样细微的节目都提了出来。

这确是一个大难，却也是一个人格的试验。

夜里，徐氏辗转反侧，终宵未曾合眼，在他的脑里在盘算这个不能不立即答复的问题。终于决定了：化装出走。

我终生忘不了那个凄风苦雨的早晨，一行四人：徐氏和金经理诚夫以及一个广东同事和我。四个化装的“粤籍”难民登上了开往广州的汽艇，四个人中三个人是既听不懂广州话更不会说一字一句，硬着头皮冲去。

我迄今犹在心中感谢那位珠江码头上的红衣女郎，她是一个翻译，凭她几句话，把我们从日本宪兵的留难中解救出来，她说：他们是多年在外的广东人，所以连本乡话都不会说了，现在因为皇军解放了他们的故乡，才赶了回来。

## 五

由广州而韶关而桂林。太平洋战争爆发后，可说除了地皮外，香港的一切全都移来桂林，于是这个一向闭塞的小城竟承继了香港遗产，而变为战时中国的文化城。

这个文化城的造成，建筑师应该说是由香港内移的文化人，而报人又是其中最重要的主力，那个时候，桂林新闻界的蓬蓬勃勃，虽不敢说是绝后，但确已是空前。领导群伦的是《大公报》，主持《大公报》桂版笔政的就是徐氏。

这里我要插几句题外话：一般认为《大公报》的成功，是由于胡政之先生的经营以及张季鸾与王芸生先生的文章，这固然是成功的因素，但并非全部。我觉得《大公报》的成功，大部在于中层干部的健全。以全国报馆来说，没有一家拥有像《大公报》那样素质高的中坚分子，无论是内勤与外勤。

然而遗憾的是：由于历史既久，无形中在上层之间有一种官僚主义的作风在养成，因此上中层之间隔膜愈趋愈深，两层之间鲜有谈话，更说不上什么感情的交流。于是中间分子全仗自己暗中摸索道路，走通走不通就全靠个人运气了。

但是在桂林馆由于徐氏个人性格的影响，上中以至下层之间竟打破了这种人为的墙壁，好像整一个报馆生活在一个大的厅堂里，上自经理总编辑，下至工厂的工人学徒都可自由自在地共同工作谈话以及玩耍。整一个报馆的空气，是那样地融洽无间。

桂林《大公报》是抗战中期比较最满人意的一张读物，崭新进步的作风，敢说敢言，是文化城的支柱，更重要的是维系着大东南半壁的人心。我觉着这个宝贵的收获主要就是靠着徐氏自由民主的作风以及他个人热情的吸引力。因为在他领导与维护之下，中层分子可以尽量发挥自己的能力。

我举几个记忆犹新的例子。

如火如荼的桂林报界向贪污宣战运动，自始至终是由《大公报》的内外勤领导进行着的。中间有关方面千方百计地威胁与恫吓，例如某当局曾数度亲临《大公报》，指名抓人，但都经徐氏抵挡过去。他说写那些文章的，就是他本人，如果要抓，就请抓他。

再如震动一时的子冈通讯，那都是些在重庆所不允许发表的，而每周寄到桂林来刊载。甚至渝馆曾几次关照不要登，但仍旧改一改登了出来。

就由这两个例子，就可以看出能维护干部，才能运用干部，从而才得精诚团结把事业发扬光大起来。

## 六

桂林陷落前的最后日子，也是《大公报》最伟大的时代。他的社论真是赛过几师雄兵，他的副刊成为真正人民的园地。但最后的时间终于来临了，一部分中坚干部虽曾要求徐氏领导他们组织一个《大公报》战地版，随着国军转战前线，决不撤退，但徐氏碍于社命，无从答应。坚持到了最后的最后，终于忍痛放弃了这个辛苦经营三载的精神堡垒，全体员工徒步南行，参加了有名的湘桂大撤退的民族苦难。

等到逃到大后方之后，才知道没有了桂林《大公报》，就没有了可看的报纸了！这是贵阳一家报纸所说的话。

再等到逃到了抗战大本营的重庆之后，像是从一场春梦里惊了醒来，桂林时代成了记忆中的好日子，让苦难的桂林人在秋雨连绵的云雾重庆，想念着，追思着。

那是个不能忘记的忧郁的时日。《大公报》各处的人马都退集到了这唯一剩下的最后据点——重庆馆，僧多粥少，于是不协调的老病大作，上中层之间的墙壁日益加厚，甚至上层之间也隔起许多夹板来。

在这许多的夹板之中，徐氏缄默起来。再听不到他的笑声，也再听不到他的议论。

## 七

“胜利”把他解放了，他奉社命飞沪恢复《大公报》沪版。同时《文汇报》诸董事亦集议恢复《文汇报》。这样，两张报纸都需要他主持，他在晚间是两处上班，但一人精力毕竟有限，所以《文汇报》在复刊之初显得没精打采，这颗重来的彗星并没有吸人的亮光。

于是等到王芸生氏来沪后，他就坚决辞掉了《大公报》，走出了他这二十年来的家园。对于徐氏脱离《大公报》，一时成为上海新闻界的新闻，曾有许多记者来访问他，在《人物杂志》上有这样一篇访问记，他说明他出走的原因：“《大公报》虽然是我的家，但我不能做主，有妨碍到报纸立场的话我不能说，不说又于心不安。我主持《文汇报》，可以说我应说的话，成于我，毁亦于我，可以心安。在抗战时间为了胜利第一，许多应说的话未能说，但是胜利以后，民主建国既然是大家所公认的，报纸应当反映民意，说话应当配合这个方向，没有理由再使我们不自由发言，总不能说裹着小脚就不向前走？”

徐氏一旦以全部精力用在《文汇报》，《文汇报》这个彗星立刻光芒万丈，销数扶摇直上，在极短的时间内，它的声音响彻了全中国。在扩版之初，徐氏就确定了《文汇报》的态度，他写着：“一张真正的民间报纸，立场应该是独立的，有一定的主张，勇于发表，明是非，辨黑白，决不是站在党派中间，看风色，探行情，随时伸缩说话的尺度，以乡愿的姿态，多方讨好，侥幸图存。”《文汇报》有此基本的立场，而中坚干部又都有这种共同的认识——即徐氏所说：明黑白，辨是非，面对真理，有所爱，有所憎。这就是促成《文汇报》起来的最重要因素。

在这里，我还想附带说几句插话。《文汇报》之所以成名已如上述，但如果没有经理严宝礼氏惊人的魄力，这张报纸根本就不能产生。严和徐的关系，说句笑话，真可说有些“管鲍遗风”。抗战数载，徐一人独自在后方工作，留在沪滨的家庭，便一直由严照料着，柴米无缺，安度过了长长的黑暗的岁月，所以后来徐决心脱离《大公报》，而“冒险”与严合作，这也未尝不是一个有力的因素。

## 八

然而这二度复活的《文汇报》，仍然是短命的。它夭折于抗战时期，又夭折于建国时期。好像命运注定它就是一颗彗星。生命只是一闪的。

《文汇报》停刊后，徐氏曾去南京活动过一番，但终于决定不复刊了。在那时期，《正言报》主持人以友谊深厚，曾力邀徐氏加入该报，徐氏以这样一句妙语作答：“我刚刚新丧，你就劝我改嫁，未免在人情上说不过去。”颇有寄沉痛于幽默之慨。

末了，我再抄一段徐氏对《人物杂志》记者所谈的话，以见其对目前中国新闻界的看法：

“目前新闻界发展到极可怕的时期：黑白颠倒。中国文人传统的精神：春秋之笔，董狐之笔，贬褒极严，史家认为真理所在，振笔直书，虽杀其父子兄弟，在所不顾。这种传统精神是可贵的！中国之有近代报业不过百年历史，虽然在内容上技术上还很落后，但近几十年来，的确有不少仁人志士如孙中山、梁启超、宋教仁、于右任、邵力子诸先生投身新闻界，奋如椽之笔，启迪民智，开创革命先河。《大公报》张季鸾先生曾经说过：‘平常待人和气，遇有大事虽六亲亦不认，决不袒护，决没有不敢说的话。’这次抗战，陷区报人很多与党派没有关系，然而都有奋斗精神，诛伐丑类，虽死不辞，前仆后继，大义凛然。胜利以后，报人或者由于生活所迫，或者由于言论受制，失去了这种传统精神。过去，有些报纸像鸵鸟一样，对有些事情避重就轻，但还没有指鹿为马，颠倒黑白，可是，现在却发展到对于血淋淋的事实都加以抹杀，反口噬人。这对于下一代青年记者养成不顾真理，歌颂暴力不以为耻，反以说谎为当然。这影响太大了！新闻界的遭遇，的确是空前未有的沉重，然而即使如此，也未必可以作为噤若寒蝉或颠倒黑白的理由！”

（8月16日于北平）

文中提到我曾于《文汇报》被封后去南京走了一趟的事，是怎么回事呢？原来，在被封约半月后，宝礼兄找我，说吴则中（严的朋友，曾当过陈果夫的秘书，前述《一次“鸿门宴”》中曾提及此人）说，“南京方面有意让《文汇报》复刊，你不妨去活动活动。”我说：“这也是绑架后企图迫令屈服，无条件，决不会让复刊。”宝礼说：“明知如此，你也该去一趟。则中说：‘《文汇报》如不去人，就说明与政府对抗到底，就将有下一步了。’”不得已有南京一行。车上，见到《新民报》的邓季惺，听说《联合晚报》的王纪华也去南京了。

到了南京，仍由邓友德兄接至其公馆下榻。果然，寒暄几句后，他就开门见山提出了复刊的条件：一、由政府资送宦乡出洋，政府只派一人参加《文汇报》任副编辑主任；二、政府加股若干亿，并派一会计主任。

我当即严词拒绝，说：“复刊应是无条件的；有条件决不复刊，再说《文汇报》由我负言论责任，所登文章，均经我亲自审过，有什么责任都由我一人负责。”

在南京住了一天，即关照办事处为我订次日的火车票。友德劝我去见布雷先生一面，并乘车陪我去。至则布雷先生未睡中觉，在客厅等候着。他开口说：“铸成兄，你已决定不谈复刊的事了？”我说：“你是报界前辈，设身处地，也不会作接受任何条件的复刊。”他说：“老兄今年几岁了？”“虚度四十一岁。”布雷先生说：“我们国民党人自己也有所不满。但国民党再腐败，二十年天下还能维持。二十年后，老兄的须眉也斑白了，就这样等下去么？”我说：“但愿天下太平，我愿做一个太平之民，闭门读书。”

当晚，我即回了上海，向严、宦、陈诸兄谈了此行的经过。

是年晚秋，值叔祖逸樵公八十大寿，我曾回宜兴家乡祝嘏，遇不少亲友及父老，对《文汇报》之封闭，咸对我安慰，并跷拇指说："宜兴有光，出了你这个硬骨头。"

在家乡逗留一周，略游故乡山水。

## 1948年　四十一岁

吴绍澍一再劝我赴南京及苏杭游览，我婉却之。我亦偶应其请，为《正言报》撰写小文。是时《正言报》之态度，亦讥弹时事，俨然国民党中一反对派别之报纸矣。

2月，绍澍又来电话，谓日内将有台湾之行，坚邀同往。我询其是公事还是私人招待？彼答纯为私人旅行，是应台糖公司经理沈镇潮之邀约。三日后，同坐中航机飞台，下榻台糖公司宿舍。

是时，台北尚少三层以上房屋。省政府大厦（原日治时总督府）巍然高耸。市区房屋，一般为二层日本式庭院，秩序井然。

曾赴北投试温泉，并游新竹、桃园。

暇时，赴《大公报》驻台北办事处看报，与吕德润、严庆澍两兄晤谈台湾近况。

2月29日上午，各报均出报甚迟。庆澍告我："因昨天为'二二八'一周年，工人均以怠工沉痛纪念殉难者。"

又我在台北期间，忽见报载许寿裳先生（时任台大文学院院长）被一学生闯入其家中刺死。庆澍则据确悉，系特务所为。

四天以后，又乘火车环岛至嘉义、台中、关子林等地游览，凭吊郑成功遗迹。关子林之温泉热度尤高，可以治各种风湿病及胃肠病。台湾每一温泉，均标出水质、成分及可治哪些疾病，盖均为日籍医生所调查。在台北参观台湾博物馆时，见南洋调查实物资料甚富，台湾调查尤细。见一古树横断面，按年轮标明年代，说明系几千年前之古树。日本人埋头研究之精神，殊令人钦佩，抑亦可见日本之南进，用心已积久矣。

我们还游台南及高雄。高雄气候尤闷热，仅着短衣，犹淋汗如洗，仿佛江南八月的酷暑。见海港形势颇宏壮。隔宿即折回南投，转登日月潭，雇小舟在此人工湖上荡漾半日，曾登一小岛，看高山族姑娘表演木桩舞。晚间，曾在旅舍赏月，清风徐来，至足怡人。

那时，一般旅舍尚为日式建筑，晚间悬一大帐，旅客咸席地同眠。绍澍兄对我说："明日将为我们游台之最后一天。我想作最后的恳请，你回沪以后，就到《正言报》主持笔政罢。"我说："现在，此室只有你我二人。我想问句心里话：据你估计，国民党统治还能维持多久？"他徐徐答道："我看，总还有五年吧。""我不这么乐观，至多两三年必垮台。即使是五年，现在也如一桌残席了，你何必拉一个不相干的朋友去凑热闹，抹桌子呢？"接着我反问："即使还有五年，那也一晃而过。五年后你将何以自处？想过这问题没有？"他喟然叹一口气说："我这样的人有什么办法！额角头上刻着国民党三个字，又被人称为五子登科的接收大员，人家会要我么？"

我说："我不是共产党，你是知道的。但这几年我交了不少进步朋友。据我所知，中共已明白宣告，不咎既往，只要赞成革命，谁都是欢迎的。"他说："胜利前我在上海主持地下工作时，曾与马夷初有联络，又曾多次支援过谭平山先生。史良是我上海法学院的同学。他们都可以为我搭线，可惜都到香港去了。"我说："只要你有此心愿，有机会我给你通通消息。"

第三天，仍由台北搭机返沪。上海那时仍是春寒料峭。那年我像过了两个盛夏。

回沪不几天，陈训悆兄忽找我，说刚从南京回来，布雷先生托致意，想请我参加《申报》，“潘公展让出总主笔兼职，请你继任。如同意，中央对《申报》的言论尺度可以放宽”。我谢乃兄的盛意，并断然说：“我是唱惯了麒派戏的人，要我改唱正宗谭派，是改不了了。”训悆本老友，只说：“我将此意函告家兄。”

3月初，忽马季良兄来寓访问，彼此次回沪，乃护送华岗同志过沪赴苏北、山东解放区者。他告我在港国民党已成立革命委员会，已在筹备出版一机关报。李任潮先生力邀我赴港主持。我说：“我不是国民党员，生平也从未办过机关报。李先生的盛意，只能心领了。”他说：“小K（潘汉年同志的别称）的意思，也认为你去最合适。”我说：“我要去办，就办《文汇报》，别的我不考虑。”第二天，约定与宝礼、宦乡、虞孙商谈。他们都同意我先去香港与李任潮见面。如愿合作，即共同出资，创办香港《文汇报》。商定后，宝兄即秘密托人订好飞机票。马季良以任务未毕，开了夏衍和张建良的在港地址，说可由建良及早见到潘汉年。

临行前夕，至安福路鹤园访绍澍兄，告以将有香港之行，询其所谈之事已否决定？他恳切请我务必向马叙伦、谭平山转达他转向的决心。

到港，下榻九龙饭店，即按址去访问张建良兄。汉年不轻易在公开场合露面，由建良从中联络。又去拜访夏衍先生，夏衍即请我在附近粤菜馆共餐。夏衍不吃鸡鸭及烹调之瓜类，我则忌食鱼腥及牛羊肉，点菜乃煞费苦心矣，亦谈助之资料也。夏衍告我，极欢迎《文汇报》来港出版，但色彩不宜太红。因港当局对进步刊物处处刁难，《华商报》（时夏衍先生主持）天天在风雨飘摇中。《文汇报》应准备顶上去。如态度也一如《华商报》，则恐有被一网打尽之虞。

翌日看到汉年先生，他对《文汇报》，亦与夏衍先生有同一看法，谈到与民革合作事，他说："任潮先生对你很推重。你的提议，他会同意。民革左翼有陈劭先、陈此生、梅龚彬三位，与他们合作好，事情可顺利进行。别人的意见，你就不必多管了。"

至半山罗便臣道访谒李任公。任公港寓仅两开间一幢三层楼，无花园空地，生平清俭简约可见，当在客厅接谈。任公闻余为报事专程来港，极表欢忭。我提出创刊香港《文汇报》，由双方各出十万元为开办费之计划，任公亦表完全赞同。他说："目前，办报之议尚在初步，因有陈维周（陈济棠胞兄）之子树渠颇有资财，他也署名参加民革；在荷李活道建有一楼四底之市房，并购置一架平版印刷机，愿租予报馆应用。现在，由你来负责创办《文汇报》，影响必甚大，我完全赞成。"任公即嘱秘书电邀陈劭先、陈此生、梅龚彬三人来谈。即留我共进午餐，得见其夫人及公子。

饭后，劭先、此生、龚彬先生先后到。劭先为桂林时旧识，此生、龚彬初见，均端庄有学者风。任公即详谈我之计划，当约定由我等四人全权筹备，我说明，此事基本商妥，我尚须于三五日内飞返上海，与宝礼兄共商筹备资金及员工、设备等问题。

时上海《文汇报》老同志孟秋江、唐海、刘火子、陈朗诸兄闻余抵港，咸约集于告罗斯他酒店，开酒会欢迎。闻《文汇报》有在香港出版之议，极为欢迎。火子、唐海、陈朗均在《新生晚报》工作，表示《文汇报》出版有期，即辞去新生职务，全力投入《文汇报》之筹备工作。

那时，香港《大公报》早于几个月前复刊，由胡政之先生亲自主持，费彝民兄任经理，编辑部骨干，则大部分为桂林版旧人。而使我骇异者，编辑态度一反《大公报》传统之“中立”立场，如称共军为“匪军”，中共为“匪党”（从国民党“清共”以来，季鸾先生始终坚持只称为“共军”或“残共”也），令人不胜怃然！

忽接彝民兄请柬，当晚即至金龙酒店赴宴。至则政之先生亲来参加。同席者有历樵、侠文、廷栋、陈凡、罗孚诸兄，皆同事多年之旧友。酒过三巡，政之先生笑谓：“铸成，欢迎你来港恢复《文汇报》，大家热闹些。”我说：“此来仅为访友。办报，谈何容易。胡先生清楚《文汇报》底子薄弱。要在香港办一报馆，哪有此力量？”盖我知胡先生已注意《文汇报》创刊消息，故作此试探。我因计划全无把握，非故作狡狯也。

政之先生并谓：“我已恢复当年创业时精神，每晚亲自审阅稿件，撰写社评，上下山均步行。”我说：“这种精神，殊使晚辈钦敬和效法。但上下山还是叫一辆的士好，不服老但应珍惜身体，戋戋车费何足计。”胡先生哈哈大笑，说：“我要锻炼身体。”是日尽欢而散。

我由秋江兄引导，遍访沈衡山、郭沫若、章伯钧等民主人士。他们闻《文汇报》有来港出版计划，咸热烈鼓励。当晤及谭平山及马夷初先生时，即以绍澍有倾向民主之意告知。他们闻讯，说这是好事，决将此意转告中共方面，并希望我回沪后继续向绍澍多做工作。

盖那时还不了解政治上的一套步骤，故此事未先向汉年先生说明，而绍澍亦托先向谭、马两先生代达其意也。

在港接洽事大体已告一段落，即订购中航机票返沪。

抵沪即投身紧急筹备。资金，宝礼兄在港存有一万港元；虞顺懋闻李任公参加（彼在1928年之际，即与任公换有兰谱），乃欣然愿出大部股金。工人均由上海调去，排字房设备亦由上海运去。经理部职员大部在当地聘用；编辑部人员除已在港者外，一般少由上海带去，以节旅费开支。大体商议就绪，即与宝兄分头准备。我还和宦乡兄商定，请其赴港，名义为经理，实际在编辑部共同负责，如此，有利外界观感，宦兄然之。

与绍澍约定见面，告以“搭线”事已代为奔走。绍兄极感激。我进而发问：“将来如对方问及，绍澍有何项实力？上海易手之际，可发挥什么作用？我将何以答对？”绍澍兄谓：“我有两个极相知朋友，担任沪郊旅长，届时可以起义。”我深记之。他又说：“我与招商局总理徐学禹为至交，曾披沥胸臆，彼对现状亦深感不满。明午我约其便饭，介绍与兄一谈如何？”我答应之。翌日，我们约在四川南路一僻静之西餐馆见面。我自我介绍，为一无党派之报人，一切为爱国出发。徐学禹先生连声说：“久仰，久仰。”然后他坦然说：“要我公开转向，其势办不到，也于事无补。有一消极办法，到必要时，我可将招商船只，尽量调往香港。如此，可利于下一步骤。”我与徐君为初交，未便深谈下去，且我也未负任何使命也。谈至此，即握手道别。

正当我准备再次赴港之际，某小报忽刊登一花边新闻，大意说“徐铸成是有名的民主报人，当局闻其近曾赴港，已密切注意其行动，并已通知机场、码头，一经发现，相机扣留”云云，该小报本有当局背景。看此一新闻，显有威胁口气。我乃打电话给绍澍，请其化名代购一机票；并请其届时驾车送我登机。蒙欣然照办。

3月底如时抵港，仍住九龙饭店，是时马季良兄早已返港（彼曾回苏州原籍，清理其祖产），乃相偕访张建良兄，请其转告小K（汉年），并访陈劭老，请即转告任公，已顺利返港及在沪筹备经过。陈劭老与宋云彬兄合租一三层楼面，地近海边不远。劭老好客，陈夫人善治江西菜。自是常约我去便餐。邻室之云彬兄亦桂林时好友，每次必举杯来与我对饮。彼对《文汇报》出版，亦极为赞成，欣然愿助以一臂。

我与劭老及季良，先就人事上做一初步部署，以便向任公报告，并急于向港政府申请登记。内定董事长为李任公（登记时用别名），董事为蔡贤初（廷锴）、虞顺懋、严宝礼、徐铸成。另设一社务委员会，劭老为主任，我为副主任，委员为严宝礼、陈此生、梅龚彬、马季良。并定我为总主笔，马季良为总编辑，柯灵（时在香港永华电影公司任编剧）为副总编辑。严宝礼为总经理，宦乡为经理。并由我出面登记，为督印人。

初步安排好后，即过海至罗便臣道，向任公请示。任公细看名单，连声说：很妥当，当即定局。

有英人杰克，向在上海工部局任职，为宝礼兄好友，我也见过几次。在我与克明龃龉时，杰克颇不直克明所为。是时，他已调港在港府任职，我乃写一申请书，托其代递，并请其从旁多催促，以便登记早日发下，杰克欣然领命，为此，我曾几次请其共餐。

陈树渠在荷李活道的房子，极为狭小，每层不过八十平方米，坐落在一条斜坡山径的旁边；二楼以上，另有侧门出入。印报机器尤为老式，已在底层安装好。我估计，每小时至多可印出报纸四五千张。我和马季良兄及已到港的发行科主任戚家柱议定一大体规划；底层除机器外，只有一小间作发行科用。二楼为编辑经理部统用，基本上前半间作编辑部，后半间归经理部用。三楼为排字房，四楼则作为工人宿舍，好在《文汇报》馆址一向局促，在香港这寸金地，更是“螺蛳壳做道场”了。

有阮维扬者，原在上海开康元玩具公司，是时在港营金银股票业，兼开小印刷公司（专印商品包装纸及广告纸），与宝礼兄为熟友。我来港以前，宝兄即一再嘱托，凡经理部用人，可请阮维扬介绍。我乃前往访问，当承介绍其侄阮大成君，谓其交游广阔，市面熟悉，招揽广告无问题；又介绍徐既仁君，说人极灵活可靠，我乃试用阮为广告科主任，所用广告员亦由其介绍。徐既仁为庶务主任。

登记证5月底即已发下，应积极筹备创刊，而宝礼兄来函，上海事繁，一时不能来港。宦乡兄处亦表示上海一时不能脱身。我以一书生兼管经理部事务，真不胜狼狈。后宝礼兄介绍丁君匋来当副经理，他看到《文汇报》经济困难，每不愿为我分挑重担。

当时经济确甚困难；宝礼兄处拨来之一万元，我已订好三十吨白报纸。任公处只拨来几千元。盖民革初成立，即有钱者认股亦仅在纸上。高佬蔡（蔡廷锴贤初先生）交股三千元，尚有一附带条件——介绍一位会计主任。初期《文汇报》之会计主任唐小姐，办事极认真负责，即贤初先生所介绍。任公对《文汇报》十分支持。他看到认股者迟迟不交款。乃托人向黄旭初说项，将其桂林的住宅出售，得港币一万元，率先交股。即使如此，民革应交之股款十万元，到《文汇报》创办已三五月，只交来不足三万元。至上海《文汇报》之十万元，我也只收到现金二三万元。所以，在筹创之日起，我即天天如过大年三十夜，因职工之生活——开门七件事，必须维持，而机器之“粮食”白报纸及油墨等等，尤常感捉襟见肘。综我在《文汇报》负责阅十月（4月底开始筹备，9月初创刊，翌年2月底离港北上）中，在经济上投入最大者，首推龙云先生。由李一平先生出面，向龙在港之萧先生及公子龙绳祖先后收交股款不下五万元。其次为詹励吾先生，彼为余鸿翔兄之同乡好友，经鸿翔介绍，在《文汇报》经济最困难时，一次即加股两万元。我离港后，励吾又与张稚琴兄合作做生意，挹补《文汇报》，详尽我已不知。至后来介绍张稚琴兄来任总经理，带来股款五万元，则我已离港，未曾经手。总之，在我负责香港《文汇报》之阅十月中，在经济上支持《文汇报》最有力者，厥为龙志舟将军。对《文汇报》济急解困，每遇“断炊”之际，必得一平先生及萧先生奉龙将军之命，及时接济。香港《文汇报》不致饿死在摇篮里，龙先生支持最多，其次为詹励吾兄及梅文鼎先生（由梅龚彬兄专程赴澳门，募来一万港币济急），此皆余即没世亦感激不忘者。愿《文汇报》之后来者，永远勿忘在筚路蓝缕时曾给予大力支援之“恩人”。

在筹备之初，我和马季良兄及唐海、陈朗（已脱离《新生晚报》）及胡星原（原《联合晚报》记者，已约定参加《文汇报》）、戚家柱等即迁居荷李活道二楼，白天紧张筹备，入夜即席地而卧。他们为优待我及季良，匀出两张桌子，让我们铺席而卧。每晚必冲凉，二楼前有一水喉，高度不及膝，每晚轮流曲身就水喉冲凉。是时室内灯火必关闭，免“有伤风化”也。及今回忆，此中苦境，别有一番风味也。

编辑部人员，陆续补齐。由沪调来者有梅朵、陈钦源；前者编《彩色版》，后者编《笔会》。金慎夫任编辑主任，杨培新主编经济版，已在中国银行工作的王思曙则任经济新闻记者。此外，米谷任美术编辑，任嘉尧佐黄立文编各地新闻，姚芳藻等任记者。此外，由各方推荐延请者有公刘、石方禹、唐君放等，均年轻而有才气。杨卓之原为上海《文汇报》写东北通讯，颇博得读者好评，是时在港，入馆任国际版编辑。人员虽少，可称济济多才。蒋文杰由宦乡兄介绍入馆，亦编国际新闻。外勤主任改由唐海担任，孟秋江则任审报科主任。

周刊各版，仍请郭沫若先生主持。他与侯外庐先生主编哲学周刊；茅盾先生主编文学周刊；宋云彬兄主编青年周刊；千家驹兄主编经济周刊；翦伯赞先生主编历史周刊；孙起孟先生主编教育周刊。阵容之整齐，可称一时无两。郭老还特别热心，主持一座谈会，并发表演说，希望发扬《文汇报》特色，在港岛提高学术质量。茅公正在创作《清明前后》，我征求其同意，先在新闻版连载。

香港《文汇报》于是年9月5日创刊。社论最初由我及陈此生两人执笔；我一周约写四篇。以后陆续延请加入撰写者，有千家驹、吴茂生、胡绳、狄超白、金仲华诸先生。每日必有几篇短评（编者的话），皆由我执笔，赶评每天所新发生之问题，紧扣时间性，发表看法及意见，颇受读者欢迎。我那时白天为经理部操劳，晚上写作及审稿、撰写，工作恒至晨曦初上，每天平均只能入睡四五个小时。我座位背后，为报馆之保险柜。每至精神不继，两眼昏昏时，辄靠保险柜之柄打一个盹（我常说是“换电”），然后又精神振作，继续执笔。回忆我在新闻界服务六十年中，这一段为最辛苦劳累之时期。时我正在壮年（四十有一），同事强半为青年，有一股朝气鼓励我前进。如以后为编辑部租赁之云咸街宿舍，仅一大一小两室，小室由我及季良兄下榻，其余十余位单身青年均挤住一大房间，排列床铺如沙甸鱼，而天已大明，尚谈笑不肯入睡。

《文汇报》创刊后，瞬即受到知识界、工人、学生之热烈欢迎，发行由一万余突破至两万五千（当时《大公报》一万三，《华商报》一万余）。因为陈树渠这架“老牛破车”的印报机，无力印出这么多报纸，我乃商之《新生晚报》的黎蒙先生。黎氏原为太平洋大战前香港《珠江日报》的社长，为人和蔼、开明，与我及金仲华均为好友（1942 年起曾任《广西日报》社长），《新生晚报》的编辑部主持人梁宽兄与我更为老友。我一经提出请代印的要求，立蒙应允，且所索的代印费，十分公道（当时《华商报》与《文汇报》，被港英政府认为危险报纸，无人敢接这笔生意），黎蒙兄的慷慨帮助，解决了我一大问题。从此，三分之二以上的报纸（两万份）即请《新生晚报》代印。

但是，一波刚平，一波又起。经理部在报馆创刊之顷，宝礼兄曾来港主持三五天，旋即回归上海，由副经理丁君匋代理日常工作。严走后不到一周的一个昧爽，我刚回宿舍。倦极倒头便睡，发行科长戚家柱忽来将我叫醒，“快起来，白报纸要断档了”。我漫应之：“那你快雇车到九龙仓去提取好了。”他发急答应称：“丁君匋不告而别回上海去了，临行把押有几十吨纸的栈单交押给别人了。”我听了大为惊异，马季良也惊醒起身，愿为我分忧。

回到报馆，看到丁坐的办公桌玻璃板下，压了一张便条，潦草地写着几行字：“铸成先生：弟有事须赶速回沪，不及辞别。所经手向世界书局移用之二千元，已将栈单交其作抵，请即往赎取。”显然，他是看到《文汇报》经济困难，维持不长，怕塌下来压伤他的头，因此，抢先溜了，还撒了一泡烂污。

怎么收拾呢？马季良兄愿和我分头设法去四处奔走。我在朋友朱旭华处以大一分的利息（如无力偿还，每元每月交息一角）借到一千五百元，季良也借来约千元。这样，把丁的借款本息都偿清了，赎回了栈单，得以解决机器的“粮食”问题。

丁的目光短浅常怀危惧问题，我也早有所觉察，曾开诚布公和他谈过两次话。我说：“天塌下来，有我顶住，不会压到你身上。《文汇报》朋友很多，而且读者如此热烈拥护，决不会听任我们有困难不伸手。再说，我们今天在困难中做些好事，人民是不会亏待我们的。”想不到他还是想不通，拍拍屁股就一声不响走了！

第二天，我宣布杨培新兄调经理部，任副经理。我仍兼掌总经理，主要负责筹款。我规定一个制度，收入即解银行，留少数零星开支。银行支票，必须盖报社图章及我个人私章；报社图章由副经理保存，银行空白支票则由会计主任唐小姐保存。

从《文汇报》创刊后不久，国内战局有急转直下之势。东北最先发动围攻锦州。守军范汉杰部全军覆没。从此开始围攻长春孤军之计划，并聚歼沈阳开出之廖耀湘部十余万。继辽沈之后，大军又入关开始平津战役。同时，在徐州、蚌埠附近，亦展开有名之淮海战役。国民党军到处损兵折将，呈土崩山倒之势。军事失利，影响经济及人心之维持。推行金圆券，搜索民、商之黄金、外币，物价一刻数涨，更加速南京政府之土崩瓦解。

在此之时，《文汇报》消息灵通，评论则客观分析形势，指出发展之必然趋势。如围困长春守军时，中央社曾发出电讯，谓守城将士，表示坚与城共存亡，主将且发出致“校长”电，表示“来生再见”。中立各报咸大为宣传。我写《编者的话》，指出其必然结果是放下武器。又如金圆券刚发行时，香港各当地报纸虽不信大陆经济会根本好转之宣传，而大多相信通货膨胀可稳定一个时期。我报独从根本上判定不能消减危机。我连日写《编者的话》，指出金圆券寿命多不过三个月。读者咸信服我报信息准确，判断有预见。

当时，我报在上海秘密设有记者站，由钦本立兄负责，我并按时直接汇款作经费。他组织了不少专家，为我们撰稿，浦熙修即其一。她在宁被捕，经营救出狱后，即移居上海。期间不断为香港《文汇报》撰稿。此为浦熙修与《文汇报》发生关系之开端。

李一平先生是我经常见面的熟朋友，和他同住一幢大楼的居停黄居素先生也常会面谈酌。黄先生是国民党的元老，曾佐廖仲恺先生推行三大政策。30年代以后，即不问政事，息影香岛半山幽静一角，而和我谈国内外政局，则了如指掌，殆有心人也。

我几乎每周必过海两三次，走访郭老、茅盾、翦伯赞、侯外庐诸先生，征询对《文汇报》意见，有时陈劭老留饭，大都是外庐先生留饮白酒，侯夫人并亲调山西面食款待。有一次，侯夫人说：“你们《文汇报》，几乎常常引起我们家的矛盾。”我愕然不解所以。外庐先生莞尔笑道：“她是给你开玩笑。我们一家人，清早起来，都抢着先看《文汇报》。她是夸奖你的《文汇报》办得好。”这也可见当时香港知识界一般的评议。

到是年12月初，马季良兄忽向我提出辞职，谓将赴美办报，然后赴巴黎与陈安娜女士结婚。我说：“现在全国解放已指日可待，同事们都准备‘青春结伴好还乡’，你怎么忽思离国远去？”他苦笑道：“我自有不能回国的原因。”他曾有一次谈到他与江青的关系，说重庆和谈前，江青曾到重庆治牙，“忽打电话约我一晤，当即婉言拒绝。”我以为这段公案，早已“一了百了”了，何必还有顾虑？恳切坚留。第二天看到小K。他说：“马季良要走，你就不必坚留了。”几十年后，我才恍然钦佩季良的先见之明。

后来，全馆职工举行宴会，为季良饯别。并特请照相馆摄影留念。

我一直珍藏这张照片。但到了十年动乱“破四旧”打、砸、抄前夕，和其他三张珍藏的照片偷偷地焚毁了。一张是黎秀石赠我的密苏里舰受降典礼现场摄影；一张是毛泽东、蒋介石两先生在重庆见面的摄影；一张为东北军调时林彪与杜聿明合影。这些照片，都留下历史的镜头。我怕被红卫兵抄见，指为“别有用心”，罪加一等，因之清出付之一炬了。这是后话。

是年底，香港党组织已秘密开始送民主人士北上。第一批出发者为李任潮、沈衡山、郭沫若、彭泽民诸先生。当时香港政府十分不友好，而台湾海峡又不平静，他们出走极守秘。汉年先生告诉我，并嘱早日做好北上准备。所以李、白两将军请黄季宽来港企图与任公联系，季宽到港后即四处打听任公下落，我只得推说一无所闻。

# 第四章　民主报人（1949—1957年）

## 1949年　四十二岁

1月的一天晚上，我正伏案凝神写社论，即将完篇的时候，忽接到一平先生的电话："你能出来一次么？有一位你的好朋友，从远道来港，急想会见你。"声音这么喜悦，我已意识到是什么人来港了。问清了地址，答应半小时后即赶到。于是挂上电话，写完了社论，对金慎夫兄关照："我出去有一个半小时。要闻版上半部，望留给我约两千字的位置，我回来再截稿。"同事们纷纷问我发生什么新闻，要你自己去跑？我微笑地说："暂时保密，我回来你们就知道了。"说毕，马上下山，叫了一辆的士（出租汽车），立即驶向浅水湾道。

到了快临海滨，按门牌号码找到一幢相当宽旷的别墅，叫开铁门，走过一道小径，看到一幢房子，一平先生已陪着一位五十多岁的老人，在阶下迎候了。

我知道必是龙志舟先生，向前寒暄。龙先生也连声说："久仰。"一平先生插话说："龙先生晚饭前才到了香港，急于想会见你，催我向你打了电话。"

我忙问这次龙先生脱离虎口、冒险来港的经过。龙先生简单叙述如下：

“我从重庆被移住南京后，继续被严密幽禁。住的房子四周，特务密布，对面还造了一幢高楼，以便窥看我院中的一切。我每次出外，总有两辆汽车尾跟着。一般朋友，也都不敢来看我。前两个月，有一个旧部来访我。他说，有个朋友在陈纳德的空运部队工作；我们乃秘商如何出走计划。经过一段时期磋商，决定具体细节。今晨8时，两个美国人驾车来访。客厅窗帷敞开，一个部下扮作我的模样，和一个美国人交谈。另一人则在内室赶速为我化装成西人状。然后相偕登车，直开出寓所。门岗见是美国人车子，当然未加拦阻。车子直驶机场，已有一架飞机开动发动机。我登机后，飞机即开动，直向南驶。下午1时许抵白云机场，小车即直驶至珠江内早已停泊之专轮，傍晚即安然抵港。”龙先生还笑着说：“此刻南京方面，可能还在监视这幢房子啊！”我说：“美国是蒋先生的朋友。由此可见‘有钱可使鬼推磨’呀！”龙先生亦粲然。

我一看手表，已过12时半。道声珍重，即告别龙、李二先生。

回到报馆，即奋笔疾书这一传奇式新闻，连大字标题，恰恰是两千字位置。当我写出第一张时，编辑部同事连忙围看，“原来是这么特大的新闻！”大家几乎叫出声了。

果然，第二天报纸印出，全港沸腾，报纸不断重印。

这确是一条全世界震动的独家新闻，而我是“得来全不费功夫”，是送上门来的。

不久，李任公在港决定的继任总经理张稚琴兄即来馆就任，我肩上的担子减轻了好多。那时，小K已通知我，第三批北上的日期在迩，早做好准备（第二批于1月底出发，有马夷初、茅盾、侯外庐、翦伯赞等先生）。

陈劭先先生找我商量，问："老兄走后，哪一位接任总主笔？"我说："我推荐金仲华兄，他是办报的长才。"劭老说："很好，很恰当。但是，他也可能快要走的。他走后，由谁接替呢？"我说："那就考虑刘思慕兄。""那也很好。万一刘思慕也要北上呢？""莫迺群兄也可继任。"劭老又说："以后再由谁继任呢？"我笑着说："我倒像诸葛亮安排后事了。"相与大笑。

陈劭老是任公留下主持民革事务的，暂时不会离港，以后我离港，劭老就先后请这几位接替。等莫迺群也北上后，陈劭老也走了。由张稚琴兄请孙师毅来任总主笔。

2月初，在上海的友人郑振铎、叶圣陶诸兄已纷纷来港，知北上之期近矣。

约10日晚，余饯宴郑、叶及陈叔通、包达三诸先生，同席有云彬、傅彬然等好友。

20日，得小K通知，嘱做好准备，日内即秘密乘轮北上。

稚琴兄及报馆同事，先后饯别。27日傍晚，即携大小两皮箱，出发至海滨一小旅社——东山饭店等候。旋知当晚不开船，即开一房间住宿。时已易"唐装"（中式短裤褂），盖负责船上接待工作之吴全衡女士（胡绳兄之夫人）通知：所乘轮为挂外旗之专轮"华中号"，系货轮，不载别客。开船前，均易唐装，扮作船上执事。其次，应清查行李，重要物品均先交由专人保管，以免海关人员识破。

晚饭后无事，忽忆口袋尚有几十元港币，乃至附近德辅道金店，购一戒指纪念。

28日晨登轮。“华中号”吨位不大，二千吨上下。见同船者除上述叶、郑、陈、宋、傅诸先生外，有柳亚子、马寅初、包达三、张絅伯、张志让、邓裕志、曹禺、沈体兰、刘尊棋、王芸生、赵超构及柳、叶两夫人并曹禺夫人方瑞，另有包小姐启亚、郑小姐小箴。连同接待人员共二十余人，见面均已易唐装，我及芸生、超构、尊棋等均扮为船员，叶先生等暂作记账员。叔通、寅初诸老，则为年迈之商人。我等相顾哑然。

9时半，海关人员来检查，翻看颇细，忽在马寅老手提箱里，检出一照片，乃寅老抗战前与朋友之合影，当然大都西装楚楚，或袍褂俨然。海关人员指为搭有重要客人，扣船不放。经再三交涉，大概暗中塞予港币几十元，始盖印签字，算是“验讫”。

起锚时，已过午矣。

船水面有两层，上层为餐厅、起居间及甲板，下层有少数官舱，由亚子夫妇、叶先生及师母、曹禺夫妇及包、张、叔通诸老所住。其余全住房舱，我与尊棋兄同室。

因船小，过台湾海峡时颠簸殊甚，晚间且将窗子封闭，以免灯光外漏，防万一有人偷袭也。

叶、郑、云彬诸先生每餐必杯酌，预购白兰地一打，我则毫无准备，陪饮揩油而已。相与每餐尽一瓶为止。亚子先生早年诗酒风流，是时已少沾唇，每喜谓我等为“四大酒仙”，郑、包两小姐亟附和之。

亚子先生又知我及王、刘、赵诸兄为报人。翌晨即各赋一绝为赠，赠余诗有“更有一事心最喜，次公已有后来人”。盖吾师沈颖若先生字次公，乃亚老同乡总角好友，南社最早之发起人也。在

60年代，亚子诗选中此诗已被刊落。近年徐文烈昆仲见访，承惠赠亚子诗集，则已补全矣。

海行估计约有七八日。为减少旅途寂寞，由全衡女士发起，每隔一日晚餐后，即杯茶举行晚会，各显所能，举座轰然，极为热烈。近阅亚子先生遗作北行日记《前途真喜向光明》，3月2日的日记写道：

> 上午，作诗和圣陶。下午雀战。黄昏开晚会，陈叔老讲古，述民元议和秘史、英帝国主义者代表朱尔典操纵甚烈，闻所未闻也。邓女士唱民歌及昆曲，郑小姐和包小姐唱西洋歌。云彬、圣陶唱昆曲。徐铸成讲豆皮笑话，有趣之至。王芸生讲宋子文，完全洋奴态度，荒唐不成体统了。十一时睡。

这很可反映船上生活丰富、欢乐之一般气氛。叶圣陶先生近年也出版同类的日记，谈到我在轮上晚会上曾高唱京剧。我记得曾唱《洪羊洞》及《打渔杀家》两折，我自感当年嗓子高扬有韵味。至亚老提到我曾讲豆皮笑话，使他老人家深感有趣之至。我回想再三，想不出这笑话的内容，可见老年人的记忆力日益衰退了。我当时也曾记有日记，而未详记此琐事，再难“对证古本”了。

华中轮驶至东海及黄海南部时，风浪平静，天朗气清，我常在甲板上找叔老、亚老、包达老等谈往，叔老年事最高（当时他七十四岁，我今年已年过八十有一，超过叔老当年了），而极健谈，他絮絮谈青年时坐大车（铁路未修）入京，及晋京后拜客故事。达老则详谈他早年与蒋介石先生交往详情。亚老大都谈南社创立及初期过程。有时，我也找马寅老谈天，他说起他幼年多病，后长期坚持爬山及冷水浴。并说，他家乡嵊县多匪，因此，在上海住旅舍，履历总填绍兴。这些有历史资料的宝贵琐闻，都已分记于拙著《旧闻杂忆》正、续、补三编中，兹不赘。

我们从上船后，只知船昼夜向北行驶，不知将在何码头登陆（在港时，闻第一批在南朝鲜登岸，辗转到沈阳）？也不知何日可到埠？

3 月 5 日上午，轮忽驶进烟台。下午始靠近码头。迎接者仅军分区贾参谋长等少数人。在贸易公司欢迎，即分送来客散居离市区有二三公里之旧外国人之别墅。我与尊棋、芸生、超构合住一幢。

市面如此冷落，空气如此紧张，盖因重庆号起义后，国民党飞机到处侦察；该舰适于前一日驶进烟台港，故烟台日夜警报，飞机频频来袭，所以空气如此严峻也。

3 月 6 日，中共华东局秘书长郭子化先生及宣传部副部长匡亚明先生专程从青州赶来迎迓。正式欢宴，席设合记贸易公司，菜肴丰盛，佐以烟台美酒，宾主尽欢。郭子化先生时年近半百，大家都尊称为“郭老”，为人和蔼，闻在淮海战役中，我方动员野战军及民兵、民工近百万，后方供应、组织，郭老曾负重要责任。

下午，赴市区巡礼。烟台相当繁庶，各行业中，以孟家（即在北京开瑞蚨祥绸缎业之孟家富商）财力最大，不仅绸布业，钱庄、南货等均在经营范围。

至书铺，看到东北出版之《毛泽东选集》，红布面，一厚册，如见异品，即购买一本，暇时详读，如获至宝。后在北京六国饭店受招待时，承馈赠皮面精印一册。嗣后，则成立毛选编委会，所陆续出版之《毛泽东选集》，“文革”中出版的红宝书，则视同“圣经”矣。改动词句甚至内容，已积渐成风。

晚，参加烟台党政军民“欢迎来烟民主人士大会”，宾主代表讲话外，演平剧，有《四杰村》《群英会》等，演员年轻而极有功夫。盖烟台一带，平剧素有根蒂，旧北京剧界，一向视烟台为畏途也。

7日下午，全部移往莱阳西部农村（后改为莱西县），分居于贫雇农家中，为策防空安全也。我与傅彬然兄同住一室，榻傍窗。入晚油灯昏黄，爬虫悉索。而彬然易睡，睡则鼾声大作，至纸窗发出簌簌声。余每至深晚，蒙被后始能安睡四五个小时。

8日，晨起，见农家屋檐上挂满山芋片干，屋上则晒苞米；农民告余，彼等全年均以此为食粮，一年难得吃一次面粉。

与村干部谈话，干部取出所窖藏之莱阳梨，皮色已发黑，削而食之，则甜嫩无比。

下午参观乡妇女大会。晚，出席欢迎晚会，全是民间新创造改编之花鼓及新平剧，如《公平交易》《努力生产、支援前线》（均平剧）。

连日所见、所闻，意识到我们已由旧世界、旧时代开始走进一新天地、新社会矣。

9日，由莱阳出发，傍午开车，晚抵潍坊市，当晚驻军报告潍坊解放经过。

10日，傍晚，改乘胶济铁路专车赴青州。盖制空权仍操之国民党军，解放区活动，恒至下午5时后开始也。8时抵青州（益都）为华东局及华东军区所在地。

11日，下午3时，参加华东局招待茶会，由宣传部长舒同主持。会后演平剧，计有《失空斩》《御碑亭》《芦花荡》等，皆旧戏也。

12日，参观解放军官团，实即俘虏团也。所关者，武官少将以上，文官厅长或国民党省市主委以上。大门悬有一联，系沈阳外围所俘之廖耀湘所作："早解放，迟解放，迟早要解放，迟解放不如早解放。"下联已记不清了。

团占地甚大，我们由舒同引导前往。至则被"解放"者列队欢迎。我们则站立对面。先由舒同一一介绍双方姓名。团员为首者为前山东省主席王耀武（济南战役被俘），其次为廖耀湘、陈金城（潍坊被俘）、牟中珩（集团军司令）等。

六年前，我在桂林工作时，与王耀武曾见过两三面。那时，他驻防湘西常德一带。他在桂林建干路建有一幢相当阔气的公馆，以便不时回桂度假。他和《大公报》桂馆副经理王文彬熟识。有一次，文彬告我："王耀武想见见你，后天特在其公馆宴请。"届时，我与诚夫、李侠文、马廷栋、黎秀石等赴约。室内外陈设和那天宴会的丰盛，在那时的桂林，都属罕见。最有趣的，主人曾不断问我们："照外国规矩，此时应酌什么酒？照国际惯例，此时是否应递上手巾？"可以说，主人很谦虚，"每事问"。也可见那时他已有雄心，抗战胜利后升任方面大员了（那时，他已是蒋的王牌军之一，1945年奉派接收山东，被任山东省主席兼绥靖区司令，直至济南围城被俘）。

这次我去"军官团"时，身着一件旧棉袍。他大概俯首未加注意。等到舒同依次介绍到我时，他抬头注视，并对我微笑点头。舒同在旁看得清楚，轻声问我："你和王耀武认识？""是的，六年前在桂林交往过。""那好，等一会儿参观他们宿舍时，你找他个别谈谈，了解他目前的思想情况。"会晤后，柳亚老对他们"训话"，劝他们"回头是岸"。

以后，我们鱼贯参观他们的宿舍。一般是一室一个大炕，团员们排列睡在炕头，被枕清洁、温厚，整齐叠好。室内有桌椅，供休息、学习。只有王耀武单独一间，有衣橱及桌椅。我和他略致寒暄后，问他生活习惯否？有无不舒畅的感觉？他颇为感动地答道："从我被俘到入团以来，他们从没有对我们责骂或侮辱，只是劝导我们好好学习。像我这样地位的共产党，要被我们捉住了，早没有命了。现在，人家如此对待我们，自己心中只有愧感。你问我生活是否吃得消？像我们这类人，过去饭来张口，衣来伸手，寸草不拈的人，现在要自己劳动，自己铺床、洗衣，自己扫地，自己去打饭，当然不习惯。但细细想想，人生的目的是什么？只为了剥削别人的劳动，自己享福么？想到这些，心地坦然，安心学习了。"

后来，我把和王谈话的经过，告诉舒同先生，舒同笑着说："他的思想倒开始通了。"在闲谈中，舒同先生还告诉我，王耀武在济南攻破前潜逃过青州，被解放军识破因而被俘的经过，真像一篇传奇式小说一样。详情已写成《一个真实的传奇故事》，收入拙著《旧闻杂忆续编》。

13日下午，解放军以卡车装战俘杜聿明来，头上包白布，被俘时企图以砖击头部自杀未成，伤尚未愈。带来时尚戴脚镣手铐，因他尚图反抗，故未送入解放军官团也。彼下车后，坐在凳上，柳亚老、张䌹老责问甚严，讯以为何在淮海战役中施放毒气？他说是奉命放的。问以为何杀害杜斌丞烈士？他说，斌丞是他疏房叔侄，还教过他书；被捕后他曾竭力营救云云。

看华东局布告，当时华东局书记本为黎玉，久未视事，由康生代理，亦留延安未到任。

晚饭时，舒同、彭康、袁仲贤、刘兴一、许世友等出面为我等饯行。宴毕，即登胶济铁路专车西行。翌晨6时即到济南，市长姚仲明、市委书记刘顺元来迎迓。晤老友恽逸群兄及鲁平等，同游大明湖、千佛山等名胜。晚饭后，即上火车北行。到桑梓店，铁轨未修复，改乘汽车行。陈、马、柳、包及圣陶夫妇乘小车，余均乘大客车。司机迷路，柳先生车前导而遭颠覆，幸柳老无恙。柳夫人略伤腕，有随行医生包扎，车仍缓慢北行。所过地名，盖皆《阅微草堂笔记》中所习见者。彬然好睡，我及云彬常恐其碰顶，屡叫醒之，醒则谓："不是我要睡，是它不让我醒。""它"者盖指困极之瞌睡虫也。今彬然墓木已拱，云彬亦早做古人。当时车中神态，尚宛然也。

15日清晨抵德州，住招待所，中午起身，出外巡礼，则市容尚整齐。有德石铁路通石家庄，日军占领时所建。我在20年代居北平时，即闻建筑沧石铁路之议，始终未实现。日军侵占时为运兵便利，建此德石铁路。可见华北虽为我旧游之地，已历经沧桑，面目非昔可比。当晚仍乘汽车，摸索彻夜，黎明始抵沧州。休息，乘火车北行。邓颖超大姐及杨之华大姐、徐冰先生由石家庄专程赶来迎迓，即同车赴津，翌日（3月18日）清晨抵北京，被招待至六国饭店二楼居住，我与尊棋兄仍同室。

第二天起，第一、二批来平代表（他们都住北京饭店）及原住北平的民主人士纷纷来访，吴晗兄时负责各高校联络工作，来访尤频。来访之老先生中，有1930年即在并熟识之李锡九先生、符定一先生，还有北大、清华等名教授好多位。

我过去在北京入学及工作达五六年，向以“老北京”自居，到京以后，急想出去观光变乱多年、饱经忧患的北平面貌。曾单独或与云彬等老友（云彬前此从未到过北京）出外巡礼，曾去过前门外及琉璃厂、香炉营等旧栖之地，见胡同中脏乱、残破之状，远甚往昔。也曾偕友游览天桥、天坛。天坛时大部由解放军驻守，仅游祈年殿等一部分。

我们到平没有几天，南京和谈代表张治中、邵力子、章士钊等即到平，亦住六国饭店，他们住在三楼，他们中有不少是我的熟人，常在楼梯口或餐厅相遇，互道寒暄。

有一天，原宛平县长（“七七”时）王冷斋在其公馆宴请，同座有章士钊行严先生及其秘书潘伯鹰先生。伯鹰为旧识，《大公报》新记复刊不久，《小公园》首次刊出连载小说，即伯鹰以“凫公”为笔名所写之《人海微澜》，当时他还在唐山交大读书。

那天，王冷斋自己烹调几色拿手的菜肴，并出其窖藏多年的精装花雕，热情款宴，并出其所珍藏的几十柄古扇，请行严先生鉴别真赝，我于此道为外行，旁观而已。

又一天饭后，我至珠市口散步，见开明戏院方演日场京剧，主演者为杜近云、近芳姊妹，名甚生疏，即购票入场，见池座有六七成上座。大轴杜近芳演《三堂会审》，扮相、嗓音、韵味均属上乘，意外满意。过几天，到北京饭店“串门”。李任公问我：“到北平后出去游玩否？”我即以看杜近芳戏所得印象相告。任公说：“你究竟是老北京，可以到处玩玩。我来平已匝月，一天到晚闷在饭店里，很无聊，你有机会带我出去玩玩好么？”我说：“那好办，我看有好的剧目，一起去观赏一番。”蔡廷锴将军在座，忙说：“你请任公，不要忘掉我。”

翌日，我在大栅栏厚德福豫菜馆订下一席便酌，并购订了开明的包厢票，请任公、高佬蔡及劭先、龚彬与吕方子诸先生吃饭后，即转赴开明观剧。大家看得很满意。

第二天碰到负责接待我们的人，对我直埋怨说：“徐先生，你给我们开的玩笑太大了。你知道，任公这样一个人物，去馆子和戏院，要布置多少人暗中保护？目前北平城多么不平静，要出点漏子怎么交代！”的确，我前几天就听过报告，说反动派潜伏特务多么猖獗，连中南海内前不久都曾发现反动传单。想到这里，我真懊悔自己的孟浪。

一天下午，吴晗兄来看我，说：“母校好多年没回去了吧？明晨，我已约好章汉夫兄，同车去清华玩一天。”

第二天清晨，吴晗即来接，并同往章汉夫处迎接，一同风驰电掣地到清华园。阔别二十多年，母校的面目依然，多了几幢科学馆、宿舍楼等建筑，幸喜敌占期及内战期未遭破坏。

先由校委员会三位负责人周培源、钱伟长、冯友兰接待至会议厅。他们分别告诉我们学校的近况，随后即引导参观了主要建筑。

11时顷，吴晗即带我们去北院教授宿舍潘光旦先生住宅，看到费孝通等老友毕集，盖一切均由吴晗预为布置者也。

光旦夫人极好客，端出亲制之江南风味小菜。光旦先生跛一足，而兴致甚豪，出其特备之绍兴酒，频频举杯劝饮，直至2时许，主客酒醺饭饱，乃向主人道谢，仍与吴、章同车回城，已日近西山矣。

到平不久，即应邀列席正在进行之全国民主妇代会，由蔡畅大姐主持，邓颖超大姐报告工作。上午未竣，下午继续报告，直至4时许始毕。初次经历了解放区会议之漫长。

我还请假赴天津一次。因接香港张稚琴兄来电，将偕詹励吾兄携来一批钢缆，预备在解放区出售，以所得利润补贴香港《文汇报》亏损，盼到津先为接洽。到津后，住利顺德饭店。曾赴《进步日报》(《大公报》改组的）访秋江及徐盈、赵恩源诸老友，并蒙李清方、李树藩诸友招待至中原公司小游，看到市区有不少处成了瓦砾堆，因此可知天津解放时破坏之烈也。

承徐盈兄介绍旧津馆同事林墨农（时改营商）接洽，等稚琴、励吾来后，与之谈洽价格，未能成交。在津约逗留一周，即相偕回京。

到京即向李任公报告经过，他即与当时华北人民政府负责人董老（必武）联络。翌日，得董老电约，偕稚琴前往拜访。董老了解详情后，即嘱姚依林先生办理此事，并关照说："这批电缆，由我们全部收购下来。不要讲价还价，他们要多少，就给多少，他们是为维持香港《文汇报》而筹划经费啊！"

这件事就算告一段落了。据稚琴当时告我，这笔生意获得利润约两万港元，足可维持香港《文汇报》两个多月。

那时，和谈已宣告破裂。记得黄绍竑、朱蕴山两先生曾专机飞宁，对李德邻先生作最后劝告。蕴山先生回京后对我谈及，在宁看到李德邻处处受掣，曾劝其把背靠到北方来。但可能因对美尚存幻想，他还是飞回广西去了。

接着是发动渡江之战，百万雄师下江南，攻下了南京。

我们于5月初得到随军南下的允诺。行前，周副主席曾在居仁堂设宴为我们饯行，同席有芸生、杨刚、李纯青诸兄。席间，周公谈到“西安事变”，风趣地说张汉卿是窦尔墩送天霸，却被黄天霸押关迄今。又说到《大公报》，说张季鸾、胡政之两位先生的确为中国新闻界培养出不少人才。周公还含笑对我说：“铸成同志，你不也是《大公报》出身的么？”

南下同行者有俞寰澄老先生、季方先生、邵力子先生夫人傅学文女士、芸生、杨刚、纯青、超构诸兄和我及詹励吾兄，还有钱辛波兄，一行二十余人。路局特挂了两辆软卧为专车，历两日夜开到淮河，时淮河铁桥尚在修复中，乃摆渡至蚌埠休息。

翌日清晨七时即出发，改乘大汽车行，颠簸殊烈，盖公路尚未及修复，虽备历旅行之苦，却意外游览了不少古迹。如凤阳之皇觉寺，相传为朱元璋幼年出家之地，但寺宇并不宏壮，庭园亦芜乱无可观。又如滁县，在醉翁亭买茶休憩。该地以欧阳公《醉翁亭记》得名，而环滁之山，光秃不高，真闻名不如见面矣。

一路崎岖，至午夜12时许始到浦口，则大江漆黑，路灯不明，有军管会办事人员执手电、提灯引导，乘小轮过江。盖南京解放不久，正常秩序当未恢复也。

到军管会，主任刘伯承将军及副主任宋任穷先生及后来被尊为“一贯正确”之柯庆施书记，咸出客厅欢迎。饭后，即送至国际俱乐部招待所下榻。

第二天报纸刊出新闻，谓“民主人士俞寰澄、徐铸成等由平抵宁”。而有很多报纸，则改以余名置之俞老之上。盖过去有一长时间内，《文汇报》与南京新闻界及广大读者有血肉感情也。

第二天，中央大学学生会即邀我至大礼堂与全校师生见面，我的讲题为《解放区见闻》，略述我的所感所闻。

连日游历石头城各名胜，并与石西民兄及新闻界旧友饮酒于夫子庙某酒店。时我面对诸友，轰饮甚豪，酒后见长桌上空瓶成排，俨如排列之手榴弹。

在宁约勾留一周，即转至丹阳等待上海解放。我离京前，估计将在无锡停留（时无锡、苏州等地均已解放）。王昆仑先生并写介绍信，邀我抵锡后寄寓其鼋头渚之山庄。

丹阳素为沪宁路上最偏僻之小县，车站距市区又远。我们被招待住在城外一小旅馆，陈设一如下关之普通客栈，我们喜称为丹阳之国际饭店。由京南下之苏延宾等下榻其间，过了两天，潘汉年、金仲华诸兄亦来到。潘已任命为上海市副市长，在丹筹备接管工作也。

某日，我偕芸生、超构入城散步，企图觅一消遣地方，见一书场，有王少堂说《水浒》，说来绘影绘声。未终场即离去，因陈毅将军邀往谈话。至则谈话已开始，陈将军谈及过江前一切准备细节，又谈及解放军由两路将会师吴淞口，将切断美舰出海口子，美军可能及时从上海撤退，我们也准备打一场恶战，日内即将见分晓云云。

5月23日晚，三野总部传出消息，美舰果已撤出黄浦江，解放大军已进入上海市区，苏州河南部已获解放。当时潘汉年及接管人员连夜乘车赶往上海。我等则迟一日于24日深夜出发。到南翔站，路局消息，谓路轨尚未修复（实则已修好，未恢复行车耳）。乃雇一三轮车，缓缓踏入市区，一路所见，被拆毁之民房尚有余火，道路时为沟沟坑坑及断电线所阻。迄日落西山，始到愚园路家中。

当晚，宝礼兄设宴洗尘，仍在南京路新雅酒店，则见对门新新公司所悬之大标语，已有“解放全中国，活捉蒋介石”字样矣，前后相距不过四年，而形势变化如此之速，诚可慨也。

闻宝兄已做复刊准备，由虞孙兄推荐，任娄立斋兄为总编辑，即将复刊。

新创刊之《解放日报》，则由长江及恽逸群兄为主持，接管《申报》而出版，闻原《新闻报》房屋、设备，则将由金仲华兄接管，创刊《新闻日报》。小型报归并成两家，一为唐大郎之《亦报》，一为陈蝶衣之《大报》。

上海在解放初期，努力安定人心、治理战后疮痍、恢复生产各方面，在陈毅市长、潘汉年副市长主持下，井井有条，进展甚速，可以说是解放三十年中的黄金时代。所有当时的成就，书刊史籍已有不少实录，不必再缕述。

我当时心情也无比开朗。

我的长儿白仑时在苏州东吴附中读高中，上海解放之际，苏沪交通未复，他与二三同学青年，徒步跋涉回到上海。次晨随大队解放军参加解放入城式，曾身登机动车，与大军握手交友。从那天起，他必于黎明从愚园路家中步行至枫林桥中山医院为伤病员送药、讲故事，历匝月不懈。次、幼儿福仑、复仑，在位育初中读书。兄弟三人均于是参加青年团，且任小干部，一家欢乐前进。

《文汇报》原有地下党员近二十名，解放后复刊，仅剩一候补党员郑心永。党政工团共同奋发，保持并发展报纸特色，以取得读者之信任。无奈解放后一些套套，每使人瞠目束手。举例言之。在长沙解放之日，我们已在无线电中收到确讯，而翌日刊出，即被指为抢新闻，是资产阶级办报作风，因新华社尚未正式公告也。再如《论人民民主专政》发布之日。要闻编辑郑心永按所列问题，做分题以醒眉目，亦被指为离经叛道。如此重要文件，只能做经典郑重排版，安可自由处理！总之，老区方式，苏联套套，只能老实学习，不问宣传效果，此为当时必经之“改革”。

因此，我对社论也艰以执笔，因数十年记者经验，从不惯于人云亦云，思想未通即先歌颂，每以此为苦。老友李平心兄谅我苦心，辄陪我熬夜，我舒纸半日，尚未能下笔，辄请平心代劳。总计复刊一二年屈指可数之社论，以平心所撰者为多。

幸是时市委宣传部长夏衍先生、副部长姚溱先生，最能体谅老知识分子心态，遇事推心置腹、披沥交谈。宝礼兄经营有困难，亦尽力帮助，所以我们都心情舒畅。时我被任为《文汇报》管理委员会主任兼总主笔，郭根兄为总编辑，宝礼兄为管委会副主任兼总经理，葛克信、刘文华同为副经理。

9月初，赴京参加第一届全国政治协商会议大会（新中国即由此会产生）。我每天有日记，兹转录于下，以见当时气氛及《文汇报》境况。

九月四日　星期日

中午，宝礼兄在家为余饯行，被邀作陪者有克信、虞孙、柯灵、郭根诸兄，谈报馆今后计划；盖自上海解放，报纸复刊以后，对新的办报方法，时不能适应，销数远不如《解放日报》及《新闻日报》《大公报》。近月稍好，发行已超过二万六千矣。

下午三时动身，先至百老汇大楼（后改名上海大厦）。五时，由百老汇直接驱车至北站旁门登专车。六时五十分开车。我与仲华、芸生、超构同车，深晚二时半抵宁。

九月五日　星期一

晨八时许过蚌埠。下午四时过徐州。此段因军情需要，紧急赶修通车，而路基甚差，故车行甚慢。

沿途所见，农村情况尚好，车站大半修复。人民似亦感安居乐业，较四个月前南下所见，另一番景象矣。

九月六日　星期二

清晨五时过德州，下车购西瓜一个，与三兄分食。瓜约重二十斤，甚甘洌。正午过津。二时一刻抵京，全程行四十四小时，交通之改进，殊足惊人。大约再过些时候，可以恢复战前三十六小时之速度矣。

在车站迎接者，有徐冰、黄任老、杨卫玉、俞寰澄诸先生。下车后，即赴东四一条休息，该处原为外国人设立之华文学校，现将改为招待所。此次来京参加之文化、科技、教育、妇女代表，均住宿于此。晚《大公报》（驻京大员孟秋江等）在萃华楼宴请。

九月七日　星期三

十时半，往教科书编委会访叶圣陶、宋云彬诸兄。下午，赴北京饭店，分访劭先、龚彬、（萨）空了诸兄。三时开全体筹备会，即在饭店大厅。周恩来先生报告筹备经过，主要为下列四项：一、草拟共同纲领；二、代表产生经过；三、草拟人民政协组织法；四、草拟人民政府组织法。均将提大会讨论。又说：国家名称，本来有提“中华民主共和国”“中华民主主义人民共和国”者，现决定用“中华人民共和国”，年号为公历，国旗、国徽、国歌均经筹备小组拟有初步意见，提请大会讨论决定。

会后，会晤诸友好，计有任公、此生、（翦）伯赞、（侯）外庐、（周）建人、（林）砺儒、丁瓒、（沈）志远、（章）伯钧、（傅）彬然、茅盾、振铎以及孙起孟、（乔）冠华、尊棋、宦乡、（徐）迈进诸兄。

开大会代表共四百余人。年龄最长者萨镇冰（九十二岁），其次为张元济、司徒美堂、周善培，均八十五以上。最小者二十二岁，为学生代表。周公说：这可说是“四世同堂”。特邀代表中，有孙夫人、程潜、傅作义、张治中、邵力子、吴奇伟及梅兰芳、程砚秋、周信芳等。

九月八日　星期四

下午一时半，与超构同游北海。旋访尊棋未晤。晚与芸生同往长安戏院看京剧。今日殆为最清闲之一日矣。今晚月色皎洁，车过天安门，见广场大树均已拔去，大概准备扩建广场，以为政府成立开庆祝大会之用也。

九月九日　星期五

今天开始小组讨论。我所参加之小组（都是各方混合编组），在市军管会举行。到二十九人，罗瑞卿（华北公安部长）为主席。孙起孟为我介绍，罗一一握手致意。今日讨论共同纲领，历十二小时，午、晚餐均在北京饭店吃。晚十时许，始与（吴）觉农兄同车返华文学校。

九月十日　星期六

晨九时始起身。分馆邵尚文君来访，谈在华北各地推销事。唐海来电话，知其已抵京，协助浦（熙修）采访，现寄住《光明日报》社内。

午后，熙修来，同往灯市口朝阳胡同三号看房子，有大小八间，拟赁作驻北平办事处用。给浦六万元，作为筹备急用，余由沪汇来。

九月十一日　星期日

接宝礼兄及郭根函。知报已升至二万八千，甚慰。午后，访侯外庐兄，谈甚久。又访李任公，未遇。与其秘书李乙尊兄（即程砚秋之高足李世济之父）畅谈。今天骤冷，俨然深秋光景矣。

九月十二日　星期一

乘电车至宣武门，旋步行经西河沿、香炉营、大沟沿直至琉璃厂。此一带为余旧游之地，二十年代中曾在此公寓寄宿，学习、工作历三四年。公寓房子还在。匆匆二十年过去，占余过去岁月之小半。购《梨园史料》一部及影印之《越缦堂日记》（正、续编）。为宣纸精装。

九月十三日　星期二

晚云彬兄请饮酒，所住宿舍，与圣陶等一道，为周佛海之旧寓。同席有圣陶、彬然、振铎诸兄。此数兄气质极相近，正直不阿，洁身自爱，殆知识分子中接受优良传统，甚有修养者。余与宋、叶、郑三兄，都喜饮。二月间，由港同船北上，每饭必尽白兰地一樽，同行者赐以“四大酒仙”之称。

吕方子（集义）兄约看李桂云之梆子戏《蝴蝶杯》。此戏幼年在家乡看过，印象仿佛如昨。二十年前，曾在太原看过南路梆子《藏舟》一折，亦甚好。李为今河北梆子祭酒，音调、做工均为上乘，扮相亦富丽，看上去不过四十岁，闻洪深极赏之，大量购票约同仁往欣赏。

九月十四日　星期三

西直门外新建之苏联展览馆落成，今日正式开幕，柬全体代表参加。建筑完全苏联式，除哈尔滨外，此殆国内最大之苏式建筑。二次大战后，苏实行新的五年计划，成就斐然，尤注意保婴事业。从产品中，看到他们的进步。我在留言簿上写了“我们应坚决向这个方向前进”。

下午，赴北京饭店开座谈会，谈共同纲领，因连日在讨论中，多对共同纲领中不提社会主义，有疑问。因此，今天由周副主席解释，说毛主席一再说，社会主义是遥远将来的事，今天应集中力量于新民主主义建设，发展包括民族资本主义在内的四种经济成分。如过早写出社会主义，易在国内外引起误会。会后，在振铎兄房内坐谈多时，后又晤曹禺夫妇，都是今春同船由港到京之好友。

访熙修，谈今后工作部署。又访问同乡沙彦楷先生，彼为民社党革新派参加大会代表之一。又看到孟秋江。

九月十五日　星期四

终日下雨。故宫招待代表参观，余未往，在寓所写了三封信并一短稿。下午，游西单商场及琉璃厂，旋至东安市场，在五芳斋就餐，独酌黄酒半斤。在古玩摊，购蜜蜡烟嘴等数件。晚，代表证发下。乘车赴宣外校场头条，访徐凌霄前辈，欢宴至夜深始归。

九月十六日　星期五

任嘉尧由沪来，闻报已涨过三万六，甚喜。吴绍澍兄来访，晚同往吉祥戏院看戏。

九月十七日　星期六

新闻工作代表小组开会，讨论政府组织法及政协组织法两草案。同组共十四人，计胡乔木、陈克寒、邓拓、张磐石、徐迈进、恽逸群、金仲华、邵宗汉、杨刚、刘尊棋、王芸生、赵超构、储安平及余。今天由乔木任主席。从上午八时开始，直至下午四时始毕。

晚，在中南海怀仁堂举行京剧晚会。会场已修饰一新。此处在李宗仁时代，曾为行营大会议室，现经扩展修建，有座位四百余席，恰敷代表数。列席及旁听则坐后面休息室内。后面的草坪，不远处可见一楼，即当年曹锟被冯玉祥囚禁之延庆楼。

今晚演出节目，为程砚秋之《红拂传》，李少春与袁世海之

《野猪林》，均极精彩，我坐第三排。

今天筹备会开全体会，结束筹备工作。大会将于二十一日开幕。闻为防空，大会拟于每天晚上举行。

九月十八日　星期日

吴绍澍兄约同往访问李任潮先生于其东总布胡同新寓所。经余介绍，任公对绍澍备至慰问。晚北平市府、华北人民政府等二十余单位，欢宴全体政协代表。地点在北京饭店大厅，由董必武、聂荣臻等致欢迎词。郭沫若代表来宾致答词。今日恰为九月十八日，郭特提出十八年前往事，前后对照，说明胜利来之不易。今日之会的确甚有意义。饭后，与宋云彬兄同至侯外庐处畅谈，至十时许始归。近因大会举行在即，闻北平特务活动甚猖獗，偏僻胡同多次出现反动传单。故警备甚严，尤其东四至东单、崇文门一带，党派首脑大部安排住在这区域，警戒尤森严。

九月二十日　星期二

晨九时，与超构兄同游雍和宫及孔庙、国子监。此数处，二十年代余曾屡来游览，超构则为初次。雍和宫实无可观。国子监西廊有石碑一二百块，大字全文刻《四书》《五经》，字极工整挺秀。下午一时，余单独至南新华街师大母校参观。二十余年来，变化不大，仅添了一两幢建筑，余一切仍旧观。晚新闻小组开会，杨刚报告各小组联络代表开会情况。大会决定明天开幕，预定开七次大会，月底前必结束。又谓，大会期间，希望各代表特别警惕，注意安全。

九月二十一日　星期三

人民政协全体大会，今天下午七时四十分在中南海怀仁堂隆重开幕，在华文学校居住之代表（除在京有家的代表及久住北京饭店的代表外，全住在华文），六时半出发前往，在怀仁堂大门外签到。会场布置庄严，主席台中悬中山先生及毛主席像。上有新通过的国徽。代表席每三人有一扩音器，以便当场发言。先由筹委会秘书长周恩来报告大会筹备经过，即通过主席团名单，共八十九人，林伯渠当选为秘书长。毛泽东、刘少奇、周恩来、朱德、宋庆龄、张澜、李济深等登主席台。朱德任执行主席，宣布大会开幕，毛主席致开幕词，最令人感动的一段话是：我们的民族从此列入爱好和平、自由的世界大家庭的行列，以勇敢而勤劳的姿态工作着，创造自己的文明和幸福，同时也促进世界的和平与幸福。我们的民族再也不是被人侮辱的民族。我们宣布中华人民共和国的成立，我们从此站起来了！几乎每句话都博得全场掌声。接着，刘少奇、宋庆龄、何香凝、张澜等讲话。至深夜十二时许闭会。今日大会开幕时，忽雷电交加，大雨如注。散会时步出，已满天星斗矣。

代表之一杨杰将军，十九日在港被特务暗杀。秘书长宣布此事，全场静默致哀。

九月二十二日　星期四

接宝礼兄函，报已涨过四万。中午，在大栅栏厚德福菜馆宴在京及来京同仁，到有熙修、唐海、嘉尧等。三时开二次大会，由林伯渠（祖涵）、谭平山、董必武、周恩来分别报告国旗、国徽、国歌及各文件在筹备小组中审议经过。七时散会，代表多回招待所晚饭，我独赴东安市场便餐，旋至吉祥戏院看小翠花之《坐楼杀惜》，真是难得的好戏。

九月二十三日　星期五

上午九时，赴六国饭店，开小组会，商讨国旗、国都、国徽、年号等问题。关于国都，主张设北平，恢复北京名称。年号用公历，均无异议。国旗图样应征者二千九百余件，经小组选出三十五件交大会选择。一般意见，大都倾向第三号、第四号。第三号全红地，在上角黄星，红地三分之一处有一黄带（象征黄河）。第四号为三分之二红地，上面三分之一为黄地，左角缀以红星。盖红色代表革命，黄色象征和平，红星则为中共领导。余亦赞成第四号，以其简单、庄重、美丽，而又无须说明也。余不赞成一般所称黄色为代表黄种及黄河文化之说，因我国有很多少数民族，有些并非黄种，更多的与黄河并无关系。国旗应有普遍代表性，不宜有大民族主义的表现。

下午三时，开第三次全体会。主席为马寅初、张奚若、李德全、陈云、乌兰夫（云泽），有李济深等十二人各代表本单位发表演说。其中，以刘伯承、粟裕、傅作义、梁希的发言，最受欢迎。刘、粟代表二野、三野向大会保证，短期内肃清西南、华南残敌，解放台湾，完全统一。傅甫由绥远归来；他说，蒋最近还有电给傅，说傅今天的处境，仿佛当年他在“西安事变”时，望勿以一念之差，后悔莫及。傅并报告绥远和平解放经过，全场热烈鼓掌。傅发言的最后，还说今后将以将功折罪的心情，为新中国的建设尽力。梁为自然科学工作者首席代表，以朴质之态度，表示自然科学工作者全心全意为人民服务之决心。六时许散会，晚饭后赴东安市场购红筷、茶叶及点心，父亲来谕所嘱也。十时前返招待所。马路游行队伍不断，红旗招展，锣鼓声此起彼伏，且有一路打腰鼓、扭秧歌者，可见北平各界正在热烈准备庆祝矣。

九月二十四日　星期六

下午无会，寄报馆信附稿。十时，游隆福寺，荒芜益甚，旧货摊则不少，皮大衣甚多，价亦不贵。闻庙会每月初九至十四日举行。忆二十三年前我初到北京时，舅氏曾携游，爱护备至，今则墓木已拱矣，旋至附近的烟台馆"灶温"小食。

下午三时，开第四次大会，发言者有各单位、各方面代表二十二人，少精彩者。休息时，新疆代表献旗，并向毛主席献民族袍及民族帽，空气十分热烈。晚饭，加菜饮酒，并在礼堂放映苏联电影，余未看毕。看护来量血压，余为85/118毫米水银柱，甚正常，盖来京后，无工作烦心，眠食俱好，健康显有进步。

九月二十五日　星期日

上午无会，与艾思奇、陈鹤琴、茅以升诸兄同游天坛。大家对回音壁最有兴趣，又陈列之乐器等，布置较半年前大有改进。我带有照相机，摄影多张。

三时，开五次会，有二十个代表发言，最使全场惊奇者，吴奇伟发言末，举手高呼"中国国民党万岁！"盖原拟喊"中国共产党万岁！"因过去习惯，脱口而出也。此"精彩"录音，定不能编入广播矣。晚，与芸生兄同赴吉祥戏院看戏。陈少霖之《捉放曹》，学余派，无韵味，平平而已。荀慧生之《香罗带》，亦不见精彩。芸生谓不堪入目，旋即偕归。荀年近花甲，艳妆娇态，极不自然，然嗓音甜脆，唱腔亦有特色。

看到二十二日、二十三日本报，开幕日专电均当天登出，而《大公报》《解放日报》则未见，可见熙修之努力和工作深有经验。余亦先有布置，嘱把握时间。又二十二日社论，想为平心兄执笔。大意都按我信中开列的几点。比其他各报有内容，有新意。数月以来，我写文章很少，主要是不善于人云亦云、照搬照抄，写时下的标语口号式文章，而对有些新问题，确无深入研究。回沪后，当多多学习，多研究，多读书，俾能多写些有益于国家、人民的文章。天气近日略寒，有深秋气息，早晚要穿夹大衣了。闻上海前些时候温度高达摄氏三十六度，热得学校临时放假，南北气候悬殊如此！

九月二十六日　星期一

中午，约陆诒、陆续、唐海至前门外都一处便饭，因今天大会休会，可自由活动也。饭后，游劝业场球房，打乒乓球一小时。复至中国旅行社访绍澍兄，同到中山公园打网球和羽毛球。他极喜运动，一九三三年我与他在汉口结识，即由比赛乒乓而起。……六时半，雨兄约在厚德福吃饭，毕后至开明看戏，大轴为小翠花、裘盛戎之《战宛城》，不可多得之好戏也。归已十二时，洗澡，翻阅文件，上床已二时矣。

苏联宣布已能制造原子弹。此牌推出，英美殊感狼狈，而双方力量接近平衡，或反与维持世界和平有利欤？今天过天安门，见广场正大事翻修，正中竖起二十多丈高的大旗杆，门楼粉刷一新。闻人民政府下月一日宣布成立，二日将在天安门开庆祝大会，检阅军队，此盖划时代之大典。闻此广场可容纳十六万人，殆空前之大广场也。

九月二十七日　星期二

上午，（黄）苗子、郁风来访，郁应孙师毅（时任港《文汇报》总主笔）之约，来京任特约记者，当代为介绍政协新闻处。下午二时，开第六次大会。新闻单位代表先一时到场，交换意见。大会通过国都设北平，恢复北京名称，纪元用公元，国歌暂以田汉之《义勇军进行曲》代用，国旗为五星红旗，原说明为“上角一黄色大星，旁绕小星”。有一代表当场发言，“小星”二字有别解，最好另换释文。周恩来时任执行主席，对此大称许，说明可否笼统改为“上角有五黄色星”，大家鼓掌。今天有二十四位代表发言，又通过六项议案，故至晚九时散会，归寓已十时许矣。一九二八年北京改北平，余在，刚做记者不久，今日又改称北京，余参加决定，可谓有始有终。二十一年变迁，回顾有沧桑之感。

九月二十八日　星期三

今日大会休会，写寄家书，并函报馆。下午，新闻代表小组开会，酝酿全国委员会及政府委员会委员名单，余未往参加。二时，赴联合书店访经理邵尚文未遇，因该书店拟包销《文汇报》（京津地区）。至办事处，已粉刷一新，家具则尚未购置。熙修拟雇两信差、一厨师、一女佣，另聘一记者、一文书，征余意见，当嘱全权办理，并请物色记者人选。又至旅行社访雨生兄，同至劝业场球房，打乒乓一小时，居然尚能应付招架，雨兄则凌厉胜昔矣。后同至清香园沐浴（杨梅竹斜街），亦旧游之地（民初鲁迅曾常来沐浴）。浴后，车至西四，饭于砂锅居。饭后至西单长安戏院看杜近云、近芳戏。二人均能唱能做，惜配角太差耳。

九月二十九日　星期四

上午，开小组会，初次讨论大会宣言，余未发表意见。下午三时大会，通过共同纲领及政府选举法。并通过以大会名义致电联合国，否认国民党政府的代表权。五时半休会，为开幕以来最短之会。

与管文蔚兄同车至六国饭店，在其房间内畅谈两小时许。他是我无锡三师同班同学，全班只四十余人，钱俊瑞亦同班，彼此都二十多年不见矣。忆一九二五年孙中山先生逝世时，恽代英曾来校演讲。……据文蔚说，他那时已入党。抗战时，管任新四军支队司令员。余在后方时，见国民党关于新四军问题的文件，每以陈毅、管文蔚并称。文蔚性爽直，又是老同学，故谈话极坦率。他说大会甚成功，可以庆慰，但等名单发表以后，中下级干部见有些国民党人士及保守人员亦参加，颇有反感，要好好解释。前此，已有“早革命不如迟革命，迟革命不如不革命，不革命不如反革命”之牢骚。又说及苏南近况（时管任苏南行署主任），说苏南、苏北两行署，本为暂时性质，最近可能合并，仍恢复江苏省建制。……又谈同学时往事及所闻学校师生情况，九时许始辞出。十一时半即就寝，此为此次来平最早的一次。

今天与（储）安平兄谈话，他说《观察》即将复刊，领导上大力支持，但恐群众思想难捉摸，如何办好，毫无把握。他又说，近月曾至东北旅行，写了旅行记二十五万字，材料甚新，特别注重人事制度及工作效率。胡乔木看了极赞赏，力促早日付梓。他又说，他出发前及回来后，都与领导同志商谈，反复请教云云。甚矣，做事之难，《文汇报》之被歧视，殆即由予之不善应付欤？余如遇事诺诺，唯唯听命，《文汇报》亦不会有今日。以本性难移，要我俯首就范，盲目听从指挥，宁死亦不甘也。

又闻吴景超近来研究马列主义甚有成果，在清华教这门课，联系实际，甚受学生欢迎。闻党内有人谓其以假马列骗人。周恩来独排众议，说吴能研究马列主义，一可喜；研究有心得而公开讲，二可喜；讲而能得听众热烈欢迎，三可喜。吾人应奖励之，可派人旁听，研究其如何讲得好，向他学习。如偶有不全面或歪曲处，亦应考察其原因，帮助其学习和改进。总之，不应主观，自以为老革命，抹煞别人的进步。旨哉言乎！

九月三十日　星期五

接父亲谕，知家中老幼均好。又接仑儿函，对未能考取公立大学，甚为懊悔，自恨平时学习不用功，当刻苦努力，明年必考上清华云。姑志之，以观后效。他已赴杭入之江大学矣。上午，至王府井大街理发，因明日开国大典，个人亦应有新面目也。又至东安市场及隆福寺庙会购物数件，皆父亲嘱购者。

下午，政协最后一次全体会议，通过大会宣言，并选举毛泽东为中央人民政府主席，朱德、刘少奇、宋庆龄、李济深、张澜、高岗六人为副主席（在大会酝酿名单时，副主席原只定五人，后有人提出，副主席中无一为北方人，乃加推高岗）。周恩来等五十六人为委员。又选出毛泽东等一百七十余人为政协全国常务委员会委员。宣布毛主席当选时，全场欢声雷动。此次政协之社会科学工作者代表，陈伯达居首席，陈绍禹反在其下。甚矣，余对共产党历史之少了解也！六时闭幕前，全体乘车至天安门广场南端为人民英雄纪念碑奠基。毛主席首先破土，全体均执镐动土，纪念三十年来并远溯辛亥革命以来之英雄，仪式庄严。当代表下车时，年高八十四岁之司徒美堂甫下车，同车之人急关门，将老人一指夹入，幸老人戴有一白金戒，未受重创，否则将发生一惨事了。仪式后，仍回怀仁堂，举行闭幕礼，朱德致闭幕词。计大会共举行八次，历时十天。

会后，在北京饭店聚餐，代表们纷纷碰杯，并多向毛、周、刘等敬酒者。十时，兴尽而归。

十月一日　星期六

今日为国人最兴奋之一日，亦为余最难忘的一天，中华人民共和国今日开国，中央人民政府今天成立。天安门广场挤满人群，红旗似海，殆为我国历史上空前之盛况也。下午二时，余与代表们乘车鱼贯赴会场，街上已悬满五星红旗。至天安门，由后门绕至天安门城楼，举目看到东西长安街及户部街、西皮市等处，皆挤满群众队伍，估计共有二十万人参加。三时，大会开始，毛主席等就位，鸣礼炮一百二十响，毛主席亲自升旗，用电动。闻此装置，由技术人员连夜装好者。旋毛主席宣布中华人民共和国正式成立，并大声高呼“中国人民从此站起来了！”全场一片欢腾，余亦感极泪下。毛主席宣读第一号公告：任命林伯渠为中央人民政府秘书长，周恩来为政务院总理，沈钧儒为最高人民法院院长，罗荣桓为最高人民检察院检察长，毛泽东为军事委员会主席，朱德为人民解放军总司令。

四时，开始检阅式，极隆重。参加者约有步兵一师，骑兵一师，炮兵一师，机械化部队一师，另有飞机十四架，掠空而过，此为余首次看到人民空军。炮兵、机械化部队，均为美式装备，盖全为战场缴获者。

检阅前，先由北京部队司令员聂荣臻登台向朱总司令报告部队列队完毕，然后与朱同登车前往检阅。半小时后，总司令返天安门城楼，公开检阅开始。每一部队经过天安门时，向台上行注目礼，高喊“中国共产党万岁！”“毛主席万岁！”呼声响彻云霄。军队过后，继之为各界群众队伍，检阅共历三小时。

余与郭春涛兄并倚城楼观此盛况，回忆二十一年前国民党军“底定”京津，亦在天安门举行庆祝大会，群众不过数千人，政分会主任张继任主席，吴稚晖代表中央致词，忆有“你不好，打倒你，我来干，不要来而不干”之精语。时春涛为二集团军政治部主任，代表冯玉祥发言。余当时初当新闻记者，亲自参加采访。余提及此旧事，春涛谓亦记忆犹新。问有何感想？春涛沉吟有顷，说：“如蒋不如此倒行逆施，今日亦当为主角欤？”余则谓历史人物，往往如此：拼命抓权，排除异己，最后两手空空，成为孤家寡人，殆即所谓历史的辩证法欤？

今日有不少苏联来宾参加开国大典。一部分是专家，闻是来协助我各项建设的；一部分为来参加世界和平大会分会成立典礼的，今晨甫抵京，内有名作家法捷耶夫及《俄罗斯问题》的作者西蒙诺夫等。

晚间，抽暇为报赶写一通讯。

李筱垣（书城）先生，为二十年前旧相识。今日在天安门城楼重叙，谈及当年蒋阎内战，颇似一短剧。他神采奕奕，不似六十八岁老人。盖平日净心寡欲，又喜研小乘，每日晨夜必打坐一小时，数十年如一日。在湖北耆老中，李、孔（庚）齐名，孔则每喜摆老革命资格，使酒骂座，人品之高逸亦远不如筱垣先生。闻孔尚在武昌闲居。

十月二日　星期日

上午九时，赴怀仁堂参加全国保卫世界和平成立大会，到会者约八百人，除苏代表团外，尚有意共代表斯伯诺，朝鲜代表亦赶到，会场空气相当热烈。宋庆龄当选名誉会长。民主人士中，统称李任潮、沈衡山、郭沫若三先生为"李沈郭"，盖与苏联生物学家李森科音近也。午后，去联合书店小坐，知本报在京发行工作已展开，零售日销三百余份。又去旅行社访吴绍澍兄，同至劝业场打乒乓一小时。

十月三日　星期一

上午，新闻工作者筹备会举行常委会，决定七日开大会。……下午二时，续开保卫和平大会，朱总司令在讲话中，宣布苏联已承认中华人民共和国，全场欢呼。……

晚，至西单长安戏院看程砚秋的《锁麟囊》，票价二千五（旧币），比一般贵一倍，而座无虚席，可见其号召力。剧情平平，只看程一人表演。身段虽已臃肿，水袖功夫极好，嗓音依然低回婉转，高低裕如。在四大名旦中，只有他保持原来的唱功，闻程平时喜欢豪饮，沦陷时归田学圃，似已无意再登台，能使嗓音不败，可称奇迹。

十月四日　星期二

晚参加怀仁堂晚会。有谭富英的《定军山》，梅兰芳之《宇宙锋》。梅的做工、扮相，依然当年，嗓音稍差，幸王幼卿胡琴托得好。闻晚会由齐燕铭提调，齐是京戏行家，故点的两出，都是谭、梅的杰作。

十月五日　星期三

下午三时，中苏友好协会总会成立，在怀仁堂开会，余准时往参加，刘少奇当选会长，他和苏联代表发言都很重要。……大会还选举宋庆龄、吴玉章等为副会长，至晚十时才散会。会场共挂四像，中为孙中山及列宁，两旁为毛主席、斯大林，亦值得注意也。

十月六日　星期四

今日为中秋节，下午，大雨滂沱，前门一带积水三四寸。晚饭，宴于泰丰楼，甫入座，更大雨如倾盆，又去中旅社闲谈一小时许，十时半雇车返东四，则又一轮皓魄，万里晴空。车过天安门广场，抬头观赏，当空无丝毫云雾。招待所送来月饼二、鸭梨四，以便客中度节。……回顾这一年内，祖国的变化真大。今天，能在北京参加开国盛典，并在此度中秋佳节。祝愿五亿同胞，从此脱离苦海，年年欢度团圆节，共庆太平、自由、幸福，共庆国家日益富强康盛！

十月七日　星期五

全国新闻工作者协会筹备会开第二次全体会，在华文礼堂举行。……初步决定明年一月在京开成立会。……下午二时，与浦熙修、唐海、陆续等在办事处商谈今后工作重点。晚，胡乔木约余与仲华、逸群诸兄，谈上海新闻工作诸问题，十二时顷，才休息。

十月八日　星期六

六时半即起，仅睡五小时许。八时，乘车赴香山，参加新华社主办的新闻训练班开学典礼。同往者，除（邵）宗汉、仲华、芸生等外，有老友陈铭德、邓季惺伉俪及熙修、徐盈、陆慧年等同志。陈翰伯兄主持教务。

余曾先后在北京住过几年，只在一九二八年因采访蒋、冯、阎、李（宗仁）等谒陵新闻，到过一次香山，匆匆而过。今天会后，重游碧云寺，中山先生衣冠冢仍在。五塔建筑、雕刻均极精好。旁有钓鱼台，一泓清水，小径曲折，甚似苏州虎丘，而幽静过之，殊为游赏胜地。徐盈兄对北京掌故极熟悉，同游讲解，更增兴趣。三时许返。五时，新闻界代表同至同生照相馆合影纪念，并将刊之政协纪念册，又分别摄单人相。后与超构同至南长街铭德兄处便宴。铭德、季惺深感能力无从发挥，他们对北京"新民"尤感不满。饭后，至东安市场吉祥戏院，看白云生、韩世昌主演的《奇双会》，他们都在二十年代即闻名，今虽迟暮，唱做功夫尚在。最后大轴，为尚和玉客串《四平山》。他当年与杨小楼齐名，并为武生行祭酒。闻今年已七十七岁，风烛残年，工架仍极好，殊为难得。十一时半散戏，天街如洗，皓月在天，而夜凉如水，月色比南方殊皎洁，气候也比南方早冷得多。

十月九日　星期日

……晚六时许，赴羊尾巴胡同静远处（解放前，潘静远曾任《文汇报》特约记者），应其尊人之邀宴，同席有凌霄、一士、勉甫诸叔及同乡周健臣等。酒酣，由国事谈到京剧。凌霄对此极内行，坚决反对改革，十时半始归。熙修电话，谓报馆有电给余，报纸已涨过六万，同仁咸甚兴奋云。

十月十日　星期一

今日本为双十节。昨日林伯渠秘书长发表谈话，大意谓辛亥革命成果，早被袁世凯破坏，双十节可以悬旗，但不应再以国庆节纪念。新的国庆节将由政府另作决定。昨日政协全国委员会开会时，马叙伦提议，请以十月一日为国庆节，全场通过，向中央人民政府委员会建议。故京中今日无任何纪念活动，人民亦未悬旗。……今日捷报，韶关、衡阳、耒阳等处都已解放。据外电推测，解放军至多十日即可攻入广州。毛主席向有关方面表示，解放军预定本月十八日开入广州云。

十月十二日　星期三

……昨日下午，曾与劭老、（吕）方子同至东总布胡同李公馆，与李任公谈港馆事，因稚琴来电，一再表示辞职，方子劝我去港调处；任公也附和其说，劭老先生则谓，我在上海事重要，而港馆情况已清楚（港馆编辑部一部分人员与稚琴不合作），不必我亲自去。此老处处从大处着想，令人敬佩。晚在吉祥戏院看戏，主要是看萧长华的戏。今天他连演三出：《普球山》《打面缸》《会稽会》，无一不佳，且滑稽中带隽永，不流俗气，实为当今丑行之祭酒。他已年逾七十，舞台生活，已屈指可数。余此次来京，看了不少京戏，认为最难得者，不在梅、程、荀等，而在萧及尚和玉，两人均已年逾古稀，老辈典型，令人有“看一回少一回”之感。

十月十三日　星期四

一再延期，今日终于成行。……早晨，交交际处行李二件，由火车托运，自带随身小件二。饭后开车，余与仲华同坐一车厢。晚饭过沧州，饭后，与逸群、仲华等略谈，十时即睡。

十月十四日　星期五

清晨起身，车停济南站。逸群兄在山东、苏北解放区工作多年。谈及当时艰苦作战及转移情况，又谈及今春我等过济南入京时重逢的情景。下午，与仲华等打桥牌消遣。晚抵徐州，十时许休息。

十月十五日　星期六

晨九时抵沪，宝礼兄及新闻界友人多人在车站迎接，旋即乘车回家。

从这些日记看来，解放之初，民主生活是相当充分的；各界上层人士，都热烈拥护党的领导，而决心于自我改造主观世界。他们的私人生活是自由、舒畅的。可惜好景不长；不久便因胜而骄，一连写出批《清宫秘史》、批武训、批俞平伯、批胡适等宏文，旗角开始向左飘转。等到第一个五年计划胜利完成，国民经济由好转开始大幅发展，三大改造完成，即开始不断搞政治运动，忘了“社会主义还是遥远将来的事”的英明预断，即想扬起“三面红旗”，短期内即想搞共产主义，“毕其功于一役”。康生、江青、林彪之流，乃投其所好，干他们反革命之阴谋，国家几陷于浩劫不复。重温开国之初这一段历史，不禁重有所感。

## 1950年　四十三岁

年初，报馆为努力充实版面，争取读者欢迎，决定约请梅兰芳先生写回忆录，总结其过去四十年之舞台生涯。我和柯灵、黄裳特在国际饭店十四楼中餐部（京菜）宴请梅先生，另一重要贵宾为冯幼伟（耿光）先生。梅先生从出科起，即受幼伟先生的赞赏、扶助，数十年如一日，梅先生也尊之如恩师，举凡出码头演剧，新戏之构思一上演，必先征得冯先生之赞允。此外被邀作陪者，为梅先生之秘书许姬传先生及其介弟源来先生。我做主人，柯灵、黄裳及宝礼兄都参加。席间，我先谈我们的设想，为了梅先生之艺术成就，应予发扬；希望及时将其前进过程及心得体会陆续写出，必将使后来者有所师承，大大推动京剧之发展。幼伟先生看我们是出于对梅先生的尊重，首先表示首肯、赞同；梅先生亦愿以全力从事，以后不论是否在演出期间，每天抽出一定时间，将其经历及体会回忆出来，向许姬传先生漫谈，姬传记录下来后，即寄上海，由许源来及黄裳整理成篇，陆续交《文汇报》发表。

一切商定后，我还乘便问梅先生："我看了你二十多年的戏，看到你每次演出，《霸王别姬》似最受观众热爱，而每在一地登台，'打炮'必先唱《女起解》，就你自己说，究以哪一出最为拿手杰作？"梅先生微笑答道："你这问题提得很好。《霸王别姬》所以上座率特别高，因为这戏是我和杨大叔（小楼）合作唱红的。我们的艺术功力匹敌，又合作紧凑；特别是杨大叔的霸王，功架好，嗓子高亮，俨然有霸王叱咤风云的气概，故一唱而红，有时观众要求连演几场。《苏三起解》，因苏三穿红衣红裙登场，戏院图吉利，'打炮'总要我演此戏。至于我自己，用力最多，并反复推敲、研究迄今犹在琢磨的一出戏是《宇宙锋》。我不敢说是拿手戏，总之，这出戏每次演出，自己也感到沉醉。所以，每到一地，其他戏目都由提调安排，我只要求必排一出《宇宙锋》。"他笑着说："别的戏是我为观众演的，这出却是为我自己唱的，每演必感到艺术的享受。"此后不久，梅先生的《舞台生活四十年》即在《文汇报》连载，受到广大读者特别是文艺工作者广泛的欢迎。

同时，我们的《笔会》副刊上，还连载名作家师陀的长篇创作。

我们本来计划搞三大连载，听说张治中先生的《和谈回忆录》已经杀青，他也当面向浦熙修答应交给《文汇报》发表。后来他大概看看风色不对，一直不肯把稿子交出。这样，三大连载的计划就无法全部实现了。

当时，《文汇报》销数总在十万份左右徘徊。要说，十万份中间，没有一份是公费订阅或组织订阅的，读者都自掏腰包，十万份也不算少了，怎奈当时广告收入奇少，定价又受限制，而白报纸的供应也不充分（解放初期，白报纸主要还靠进口），因此，业务一直没有起色。

是年春，中央召开新闻工作会议，我和仲华兄等前往参加，由新成立的新闻总署（署长为胡乔木，副署长为范长江等）和中共中央宣传部共同召集。会议的主题，是围绕“联系实际”“联系群众”“开展批评与自我批评”这三个问题，作为办好人民报纸的基本方针，反复讨论。从此提出报纸要反对刊载社会新闻，不得发表抒发个人感情及黄色、迷信的报道和作品；反对“资产阶级办报思想”，报纸宣传要为党的当前政策服务；新闻“宁可慢些”，但要“真实”。总之，一大套苏联模式的清规戒律确定下来了。会议共进行了一个多星期，给我印象最深的有下列数事：一是请陈伯达（当时兼中宣部副部长掌握理论宣传）来向全体作报告。陈一口闽南话，无人听懂，后请来翻译（本国人演讲用翻译，在我，可称闻所未闻），也不是纯粹的国语，我也只懂三四成。二是在全体露天谈话之际，忽有一群女同志走过，主席说是江青“驾”到，请其演讲。她再三说“不敢”，说“我是来向大家学习来了！”不管她后来如何，当时的态度，看来是相当谦虚的，仪表也落落大方。三是我们（我和仲华及少数同志）去中南海党中央参观，看到一位老同志正在埋头下棋。长江兄忙走上去介绍：“朱老总，给您介绍几位上海新闻界的同志！”朱老总忙放下棋子，取下老花眼镜，和我们一一握手。慈祥的态度，迄今犹留在脑海。

有一天，乔木和我单独谈话，说团中央准备创刊一报纸，介绍我去联系。过天，我到了团中央，廖承志先生和荣高棠先生与我谈话，表示愿与《文汇报》合作。我希望能保留“文汇”名称，报名或称《青年文汇报》，商谈未做结论。我回沪后不久，听说已吸收开明书店一部分人员参加，筹备创办《中国青年报》了。

在京时又去拜访李任公，他说张稚琴与编辑部一部分人员矛盾加深，张辞意坚决，嘱我早日赴港一行，加以调处。

6月，美国侵朝战争爆发。

7月，张稚琴兄亲来上海敦促，宝礼兄亦以沪馆白报纸困难，希望我赴港便中购订白报纸。经领导同意，我乃于7月中随同稚琴赴香港。

当时，香港已筑起“围墙”，禁内地人任意出入，因时间仓促，来不及办入境手续，稚琴与我在穗逗留三天，拜访广东省统战部部长饶彰风及杜守素诸先生后，即相偕赴深圳。稚琴觅得一门径，雇一小船，绕道进入香港。黎明出发，午后二时许始到元朗。稚琴大概花了不少“买路钱”，到元朗时，囊中只剩下数元港币，而两人饥肠辘辘，乃在路旁小店各吃了一盘炒粉，即乘公共车入市。过海后，步行至德辅道牛乳公司，要了一盘冷食及面包等。稚琴口袋中只剩两毫，乃急打电话给副经理余鸿翔兄，速来付账解困。

一年半前我离港时很神秘，这次匆匆回来，又极富神奇色彩。可发一笑。

下榻于中环的思豪酒店。那是一间有名的老店，设备古色古香，房间却相当宽大。稚琴和鸿翔兄照顾我的生活十分周到，每餐必陪我到附近的餐馆进餐。那时，我还善饮，饭前，必尽白兰地两杯。后来，他们在常去的外江馆里存有一瓶白兰地，供我随时取饮。

孙师毅已辞职，由聂绀弩兄继任香港《文汇报》总主笔，刘火子兄任编辑主任。一度由冯英子来任总编辑，旋即拂袖而去。聂、冯均在抗战期间任职桂林《力报》，与稚琴同事。当时负责指导香港宣传工作的为张铁生。我为了调处《文汇报》内部关系，曾与编辑部老同事两度交换意见。

聂绀弩兄长于文学，而不善于领导编辑工作。每天，他写了一篇《编者的话》后，即百事不管。我和他在桂林时相熟，这次我到港后，倾谈十分投机，又同为酒友，我的房间有两张铺，绀弩即每晚来此投宿，暇辄披襟畅谈。

老友成舍我兄尚旅居香港，曾来旅舍过访，李秋生兄亦晤及。并曾与张公权（嘉璈）见面。闻在大陆解放之初，彼与杜月笙等对在港之进步文化事业，曾出力协助。有一天，巧与曹亮及梁淑德伉俪相值，互道寒暄，曹亮兄忽提及吴鼎昌，问我是否有意访晤，探其是否愿意返回大陆？我讶问："他已列名战犯，尚能容其回大陆吗？"曹答："他如能回去，对祖国建设，还可尽力的。"我正在踌躇之际，一日清晨，路过雪厂街花店，见门前有不少新扎花圈，俯首看其最大者，则飘带赫然为"达诠吾兄千古""弟吴铁城敬拜挽"。因此知风云一时之金融界人物——《大公报》开创三巨头之一已于前一天逝世矣，为之怃然。

孙师毅兄在影剧界熟人很多，特在九龙为我举行盛大的歌舞酒会，盛意殷殷可感。

在港逗留一月余，由稚琴兄帮助，订好白报纸百余吨，即束装返沪。

## 1951年　四十四岁

3月中，参加中国人民第一次赴朝慰问团。总团廖承志为团长，田汉、陈沂为副团长，总工会之李颉伯任秘书长，下有华北、中南、华东、西北等各分团，包括各界代表人士。华东分团（称第三分团）由陈巳生任团长，王若望为秘书长，余为团委。3月中旬由沪出发，先至天津集中，3月20日专车赴沈阳。此次慰问，来回共约两月，余曾记有日记，兹摘录如下：

三月二十日

下午五时离渤海大楼招待所，由天津东站登车。余与丁聪等同车厢。车五时三刻开行。这一段路有二十二年没走了。前年本有机会到东北参观（储安平兄就是那次去的），为着急于南下等待上海解放，故未参加。

在餐车中，和田汉、李敷仁等谈话。廖承志找我谈，仍为团报（时《中国青年报》尚在筹备中）与《文汇报》合作事。晚十一时睡。

三月二十一日

一夜睡得很好，醒来已过锦州。车于正午十二时半到沈阳，一路烟囱如林，与二十二年前大不相同了。全团住东北大旅社，颇为舒适，招待也极周到。在车站晤及王坪兄（在《东北日报》任记者）。

三月二十二日

东北局、东北人民政府、东北军区联合招待宴。餐后，看《森林之曲》。是我生平第一次看到这样场面的歌剧，晚十二时始归。

三月二十三日

下午与钦本立、唐海（分别代表《解放日报》《文汇报》）随团采访赴朝慰问新闻。同行者，尚有《大公报》之潘际坰，《新闻日报》之胡星原。两兄同访《东北日报》之张沛（编辑主任）及王坪，谈甚久。《东北日报》并设宴款待。

三月二十四日

清晨洗澡。晚与李玉轩先生（三分团副团长，江苏省代表）闲谈。今天打第二次斑疹伤寒预防针，颇有反应。

各同志的演讲稿审查了四分之三（总团规定，三分团的稿子，均由我审），还有第二组的稿子，准备一两天内审毕。

三月二十五日

早晨七时起身，买了些饼干吃吃，花了东北币三万元，这是我到沈后第一次花钱。七时至九时，赶看《暴风骤雨》，已看了全书的十分之一。

十时，听梁兴初军长报告。他已离前线二十天，回沈系治病。讲词甚长，大约谓今天比五个月前，形势已大不同。五个月前，美、李军已占领朝鲜土地百分之九十，鸭绿江已受到美军威胁，边境时遭炮击。人民志愿军跨过鸭绿江作战五个月零三天以来，已解放朝鲜国土的三分之二，消灭了美帝、李伪军共十三万人以上。志愿军胜利的获得，除祖国政府之正确领导外，主要靠四亿七千五百万全国人民之热烈支援。经过四次战役，证明美帝的确不过是一只纸老虎，我们完全能够战胜它。……

三月二十六日

东北军区后勤部长来作报告，大体介绍朝鲜之风俗人情，以及政治制度。中央政府下，有道（相当于我们的省）、郡（县）、面（乡）、里（村）共五级。中央除劳动党外，尚有民主党（主要成员为民族工商业者及知识分子）。乡间住房较小，席地眠、食，有“房小炕大、桌小碗大、袄小裤大、车小轮大”之概括语，盖志愿军所观察而总结之语也。又谓朝鲜人民之厨房不喜外人进去，这些风俗，盼慰问团入朝后牢牢记住云。

下午，赴北陵陆军医院慰问伤员，共住有志愿军伤员二十余位，朝鲜人民军伤员九位。至六时半始返东北大旅社。

三月二十七日

上午八时起身，出外洗衣、早餐，并去三联书店看书，想买土改材料未得。盖东北土改早已完成也。十时回招待所，听各组典型报告。首先报告者为全国劳模赵国有，其次为武汉市家庭妇女钟梦月，接着是陕西文化界之李敷仁等。下午，参加总团宣传会议。

三月二十八日

与丁雪松同志（新华社驻平壤记者站主任）共同检查各分团

慰问信，计有中南区一万五千封，西南近千封，华东八千封，西北亦逾千封，直属约八百封，另有赞扬志愿军功绩之曲艺材料八十四件。这几天任务堆得很多，检查稿件工作主要由军区梁部长、黄药眠及我负责。晚，抽暇偕本立、唐海两兄出外吃面。

三月二十九日

今天起得很早，赶上吃早餐，下午开分团团委会，陈巳生团长传达总团团委会内容，谓高岗主席意见：心理准备越强，警惕性越高，危险性就越小云云。

决定入朝后，我和陈巳生团长及学生代表周明调至总团，参加在平壤及其附近之慰问。晚看《在新事物面前》话剧，甚满意。此戏思想性极高，对领导工作颇有启发。

三月三十日

拟参观北陵故宫，至则该馆休息，乃在馆子午餐。

三月三十一日

参加总团及直属分团会议，李颉伯秘书长作了入朝后安排，分为三个小组活动。我及赵国有、陈巳生、许宝骙、田方、朱继圣等八人为第一组。第二组有雷洁琼、吴组缃、丁聪、蓝马等。第三组有叶丁易、浦熙修等。到朝讲话“我们是毛主席派来的慰问团”，只能对志愿军那么说；对朝鲜人民军，则应说“我们是中国人民派来的代表”。

四月一日

今天，换上志愿军军服。棉大衣既肥而大，晚间可当被盖。全国币制统一，今天起，东北普遍使用人民币了。上午，到馆子吃饭及饮咖啡，已一律收用人民币。可见东北人民政府效率之高。

四月二日

写寄家信及给仑儿信。今天整天无节目，听说要重新编组，因此小组也无活动。中午，在马尼拉饭店吃饭，和本立、唐海等四位谈如何搜集材料及写作计划；谭文瑞刚从朝回国，详谈朝鲜最近情况。

四月三日

重新编组决定，每组一车，坐二十一人（连警卫人员、乘务员），余在中排第四座。同组有赵国有、扎哈洛夫（新疆代表）、陈巳生、雷洁琼、向达、吴组缃、许宝骙等。

四月四日

上午十时，按新编组全团集合，同往慰劳空军。看到新中国人民空军的英姿，大家非常高兴。

四月五日

下午，旧三分团照相留念。

晚七时，列队至车站。乘专车南行。深夜过本溪，即熄灯防空。

四月六日

上午到安东，到了抗美援朝前沿了，安东曾为辽东省省会，现有人口三十万。住辽东饭店。下午和傍晚，两次至鸭绿江边巡礼。江水暗绿，宽阔仿佛黄浦江。晚与王坪、田方等兄打五百分。

四月七日

与熙修等往访第五大队。归途忽警报声大作，急躲入路旁人家，时炸弹、高射炮声大作。警报停后，急回旅社。闻今日敌机在安东投下数弹，炸中一大楼，死十余人。下午，赴镇江山防空。该地为辽东风景胜地，樱花盛开时游人如织。六时归寓，终宵有警报四次，不胜其扰。

四月八日

上午五时半起，早饭即吃干饭、大块肉，实生平所初历。饭后，仍全团开赴镇江山防空。闻昨日空袭，鸭绿江大桥有微损，我团的行期可能要推迟。

四月九日

晨起大雾，未防空，下午四时半出发，原定过江后朝鲜方面举行欢迎仪式，但抵鸭绿江桥时，又逢警报，且桥抢修未竣，乃全团开回旅社。深晚十时半再出发，过大桥时，有一段需下车步行。过新义州后，忽信号弹大作，车乃熄灯急行，可见汉奸特务之猖狂。

四月十日

清晨三时许到宿营地，司机急将车辆隐蔽，找到一民房借宿，一夜颠簸，疲困极矣。请朝鲜房主阿妈尼代煮粥充饥，此地为宣川郡深川面仁豆里鹿山部落（相当我国的自然村）桂万熙家。此一部落共有六十多家，四百余口，已参军的有四十余人。据谈美军去年曾侵占该部落一天，即逢中国人民志愿军入朝，把他们赶跑了。下午六时半动身，边行车，边防空，十二时到达安州，在雨中摸索前进，翻过一小山，才至宿营地。此种苦况，是使我初步体验志愿军生活之艰苦矣。

四月十二日

到达平壤，住万景台。此地为金日成将军之故乡，设有遗属子弟军事学校。校舍甚宽大，学员已疏散，总团即寄住这里。

以上的日记，很繁杂，不再多引。总之，从到平壤那一天起，每晚出发，赴志愿军及朝鲜人民军各部队慰问，与战士谈话，还有同去的文工团如名演员侯宝林等的演出。当时我空军力量微弱，制空权尽握之敌人，所以白天不能活动，每晚出发，几乎必经过平壤。平壤已成一片瓦砾堆。漆黑中经过，今晚看到的残垣和烧焦的零星房屋，第二夜经过，也许就一点也找不着了。因为美机还天天向这废墟轰炸。

最难忘的有以下三件事。一是金日成将军的接见。大约在 4 月底的一个晚上，月亮透吐出一牙微光。我们总团选出了约十五个代表性较强的人士，由廖团长、田汉、陈沂副团长及秘书长李颉伯率领，去到一个不辨东西南北的山坳里，被领到一座不起眼的房子里，和朝方领导人朴总理、南日和妇女领袖人物朴正爱等在一张长桌前围坐，桌上摆着水果和各色冷食，并有鲜花。坐定后，金日成将军笑脸出迎，一一握手。金将军年轻体壮，说着一口很纯正的中国话。致了简短的欢迎词后，廖承志团长致答词，代表中国人民向金将军致敬。以后边饮酒边谈，各代表纷纷走到金将军面前干杯致敬，金将军含笑问长问短。如赵国有代表中国工人、刘清扬代表中国妇女、田汉代表中国文艺界等等，我也代表中国新闻界向金将军祝酒。席上红烛高烧，觥筹交错，洋溢着中朝两兄弟之邦的友谊。有一位代表王一知女士，听说是周保中将军的爱人，当日寇侵占东北时，周保中曾与金将军比肩作战。王一知亦在军中，在黑山白水间共同战斗。金将军深念旧情，频频与王女士举杯共祝胜利（会后，还接王一知至其行馆畅谈多日）。那晚，我也热情如沸，饮酒尽量，饱餐了一顿。老实说，我自入朝以后，难得吃一顿饱饭。当日朝鲜万分艰苦，白天不能举火；朝鲜同志招待甚热情，但每顿只能是冷饭、片鱼、干菜，为了优待，冷饭里还拌以牛油。我从小不吃鱼腥及牛羊肉，对此，只能勉强吞下半碗冷饭。同室的朱继圣代表（天津仁立毛织品公司总经理）很关心我的健康，特地将其携带之多种维生素丸给我服用，说“你这样长久营养不足，如何得了！”朱老关心之殷殷，迄今感念。

另一次是去慰问朝鲜人民军某师。该师大部将领及中下级军官，都曾参加过中国人民解放军，在抗日战争和解放战争中英勇战斗，为中国的自由、解放立过功。美李侵朝战争爆发后，应召回国作战，曾打到釜山，并在清川江狙击敌人，掩护友邻部队安全后撤，立下大功，被金日成将军授予近卫师的光荣称号。他们都一口纯熟的中国话，接待我们如多年老友。伙房特包中国式水饺欢迎我们，兄弟热情之洋溢，往往令人感激涕下，不由“热泪盈眶”。自然，在那一天慰问活动中，我是饱餐了两顿。

还有一次是朝鲜企业界人士招待我们的工商界代表。陈巳生、朱继圣先生约我一同去参加。地点在东平壤的仅余的一所房子里，时间自然是深夜，席上点了蜡烛，用厚厚的纸防了空。中朝同行友人畅叙兄弟情谊，吃地道的朝鲜菜，其腊肉、米糕、菠菜尤有特别风味。

这次慰问，中南分团负责平壤以南的地区，最为艰苦危险。在慰问中，曾牺牲了几位代表及文工团员，天津闻名的相声演员常宝霆（艺名“小蘑菇”）即其中之一。至于在慰问中跋山涉水而受伤流血者更难以数计。自那一次访问以后，全国发起抗美援朝捐机献金运动，人民空军初展雄姿，大批击落敌机，争取了部分制空权，志愿军又发明了坑道战术，战场的形势，就日益改观了。

我们在朝鲜和战士一起度过“五一”节。5月8日，离平壤回到安东，仍在辽东大旅社休息。各分团也于8、9两日陆续回国。

我到安东后，即发一电致上海宣传部姚溱同志，报告华东分团的全部人员，无一伤亡，都已平安回国。

在安东休息后，脱下军装，整队回到沈阳。旋即全队到北京，向中央汇报情况。记得我们新闻界的代表和随行记者向新闻总署汇报时，我曾谈到志愿军于战争之余，深感生活单调，并引军中普遍流行的“白日修身养性，夜晚奋勇杀敌”两句话作证。范长江听了十分注意，立即发动全国捐献书报运动，向志愿军源源供应精神食粮。

在京留两日，即全团开到天津整休，共商如何向全国人民传达计划，并发起“抗美援朝捐机献金”运动。

到津后，分居各招待所，我住的睦南道招待所，原为北洋军阀吴俊陞儿子的别墅，他曾在这里与朱启钤的第七女公子结婚。我所下榻的一间房，正是他们的香巢。书桌上大理石台灯，尚镌有“某某兄及某女士结婚纪念”“弟朱光沐拜贺”字样。记得我创办香港《文汇报》时，中航机频频出事，有一架飞机触山头坠毁于附近小岛，罹难者中有冯有真兄，也有这两位吴公子夫妇。飞机坠毁时，有一小匣装有珠宝，散落荒岛各处，闻即吴公子夫妇遗物。港府当时曾在荒岛戒严，以便捡取这些金饰、珠宝。

住了三天，又搬到利顺德饭店。盖总团下榻于此，集中便于商讨各种善后事宜。

黄敬市长为欢迎慰问团，特举行盛大酒会。会上，我认识了30年代曾名噪上海的俞姗女士（为黄敬的姑母，当年曾主演洪深导演的名剧《少奶奶的扇子》)。也在会上见到老朋友吴砚农（时为天津市委书记)、邵红叶（时为《天津日报》副总编辑），畅叙了多年阔别之情。

天津为我旧游之地。我曾抽空赴劝业场听了白云鹏两次大鼓（与白齐名之“鼓王”刘宝全已物故），一段是《黛玉焚稿》，低沉、委婉处，韵味不减当年。

老朋友请客，吃了不少馆子。当时最有名的为“周家食堂”，为我宜兴同乡周鉴澄先生（即1949年在京与凌霄、一士诸叔同席者）所开。周先生曾长期为京官，精于烹调，乃以其晚年，开设此小馆以飨同好。我同本立及唐海兄去吃了一次。后周鉴澄先生特亲制家乡拿手好菜，专门款宴我一次。天津市副市长周叔弢先生亦与鉴澄先生相熟，特烦其选制精肴，款宴我及其他友人。这三次宴会，都使我极满意，深感“天下无余味矣”。因为其中有不少家乡菜，颇慰我的乡思。

回到上海后，即忙于传达，差不多一天几场；有时，不仅来不及写讲稿，连提纲也预想不周全。比如，有一次上海人民广播电台邀我去广播，事前也只来得及写好一个大纲。第二天，我经过人民广场，恰巧广场的高音喇叭里播放我报告的录音，一连几次“这个，这个”，使我无限内疚。

经华东分团决定，我和王若望兄负责苏南地区的传达，要深入到乡镇，尽可能广泛地使人人能听到人民志愿军的英勇事迹和捐献飞机的迫切性。当时苏南、苏北还分设行署管理。苏南行署设在无锡，区委书记陈丕显，行署主任为我的老同学管文蔚。根据行署安排，先在无锡召集各县市宣传负责干部大会听传达，回各自的县向县区干部传达并布置群众大会的召开。我和王若望先去无锡，在各县市干部大会上做了传达，然后回上海休息数日，即带其他几位代表，去各县市深入宣传。那时我已和王若望分工，他因上海总工会事务繁忙（任总工会文教部长），只能抽出几天的时间，在松江、金山一角传达。其余苏南各县，由我主持传达。我们先仍回无锡，在大广场开了一次有二千余群众参加的大会，主要由我做传达报告，然后分赴各区乡。据无锡市政协主席钱孙卿先生（名基厚，他和我的老师钱基博子泉先生是孪生兄弟，不仅外貌相似，连语调、神态亦难分辨）告我，各方对我报告的反应，认为生动而有感情，举的例子极有典型性和说服力。管文蔚兄也说，群众已全面鼓动起来，积极行动起来，支援志愿军，抗美援朝、保家卫国运动已初步在无锡掀起高潮。

在无锡传达毕后，一行七八人，由苏南统战部蒋部长陪同，先至苏州市，然后到苏属各县、镇，如常熟、太仓、支塘等处传达。有两件事可记：一为在苏州传达，群众大会在王废基体育场举行，听众人山人海，约达四十万人，而且一直到散会，秩序井然。这是我生平初次参加这样大规模的大会。二是各县市机关首长，真是无微不至地关心我们的生活，记得在常熟时，席上有一盘血糯八宝饭，色、香、味都惹人食欲。翌晨随行医生来检查，我瞒过了已稍有腹泻的事实，怕蒋部长阻我贪食这红如玫瑰的血糯八宝饭。

足迹遍苏州区各县后，又到无锡、常州区，如江阴、溧阳、宜兴各县，溧阳为我家乡邻县，但我此前从未涉足。这次除城区外，还到戴埠等地传达，曾到一山区小镇，传达毕，带去的放映队放映电影。当放出马队奔驰时，群众纷纷后退，小孩喊道："马来了，快跑！"有些老人、小孩，还走到屏幕后想看剧中人物的活动。于此，可见他们中大多未看过电影。后来，中央文化部门，大力发展农村流动放映队，我于此深感有迫切的需要。

在我家乡宜兴，也逗留了一周，除在城区体育场做了一次传达（住在我儿时认为天堂的瀛园）。又到和桥、丁蜀、张渚等地传达。时正当炎夏，吃到有名的溧阳"枕头瓜"，还在宜兴的和桥镇吃到用井水"镇"凉的三白瓜（白皮、白瓤、白籽），香甜脆口，如品玉露琼浆，实为消暑之奇品。

我生为江南人，有此机会踏遍江南的山山水水，大城小镇，实感万幸。

苏南传达任务完成后，回到上海，各机关、学校还纷纷要我去演讲。我并先后写了几篇关于访朝的报告。后来，与钦本立、唐海、浦熙修所写的通讯，合编成《朝鲜纪行》出版。

不久，抗美援朝华东总分会成立，沈志远兄任宣传部长，我为副部长，罗竹风兄任宣传部秘书。总会秘书长为王力（时任华东军政委员会秘书），他后来在十年动乱中红极一时，与戚本禹、关锋齐名，成为江青、陈伯达手下的一名打手。但他在上海时，口才、文才都值得称道，使人有“卿本佳人，奈何从贼”之叹。

## 1952年　四十五岁

除偶出演讲、酬应外，潜心办好报纸。但报纸发行总无大起色，跟不上《解放》《新闻》等报。我也很少写文章，有无可奈何之感。

## 1953年　四十六岁

报纸奉命转向以中小学教师及高中学生为主要对象，由教育局长戴白韬及青年团市委之孙轶青、陈向明诸同志参加编委会。学习苏联为主要任务。外勤科调整为教育（高等学校）、中小教育、一般新闻等几个小组，号召学习“凯洛夫教育法”，我义应带头，亦刻苦钻研。

当时“三反”“五反”运动不断展开，每一“战役”都事先有具体部署，我奉命参加旁听，自然也要写些遵命的社论和长短文章。

## 1954年　四十七岁

是年召开第一届全国人民代表大会。我幸当选为代表，与刘思慕兄均由广东产生。9月1日，赴京参加第一次大会，仍在怀仁堂举行，隆重制定中华人民共和国第一部宪法，并选举毛泽东为国家主席，刘少奇为人大常委会委员长，周恩来为国务院总理。

广东小组，由古大存为组长，朱光、张文、陈汝棠为副组长。代表中如雷洁琼、蔡楚生、黄药眠、黄琪翔等均为熟人，民主空气和1949年开国时之政协差不多，代表的心情则十分舒畅。

《文汇报》改为四开两张。一部分刊登中小学教师业务指导材料。有一版专门登载时事综合介绍，我大约每周写一篇时事性文章，并在报“眼”里几乎每期必写几百字短评。内容不时为塔斯社引用，拍发专电。

这次全国人民代表大会前后情况及第一部宪法审议、产生过程，我也每日有日记。兹摘录如下：

八月二十三日　星期一

接上海市委统战部转来广东省政府及省选举委员会电，通知我已当选为全国人民代表，盼在九月四日前到京报到，领取当选通知书，并与广东小组联系。

报馆全体职工，贴出红纸喜报。

闻今年国庆，将有十一个国家领袖来华参加盛典。

八月二十四日　星期二

市选举委员会通知，入京前先将国务院条例及五个法案予以讨论，以便开会前做好准备。

八月二十五日　星期三

市选举委员会邀集上海在各省市选出之全国人大代表开会，有江庸、李步新、梅兰芳、巴金、舒新城、赵丹、谢雪红、赵超构、刘思慕及我共二十余人。吴克坚（华东军政委员会统战部长）报告代表入京日期大约在下月一日左右。又通知从明日起，每日下午三时开会讨论宪法草案及五个法案。共推江庸老先生为小组组长。

八月二十六日　星期四

下午三时，赴政协开讨论会，先逐条讨论宪法草案。五时半始散。晚八时，陈（毅）市长晚宴欢迎英工党代表团。余与张春桥同桌，来宾有四个英国记者，各人观点及态度均不同，其中《工人日报》记者最进步，也善于辞令。路透社记者则不大发言。

八月二十七日　星期五

下午仍讨论。邓裕志由京回沪，也赶来参加。

八月二十八日　星期六

下午讨论法院及检察院条例。晚，民盟小组在聚丰园饯别。

八月二十九日　星期日

下午三时偕嘉稑赴新华影院看新摄之《梁山伯与祝英台》。

八月三十日　星期一

今日政协讨论完毕，市府办公厅通知，所有在沪代表，均于一日下午一时许专车赴京。父亲忽患病，即延医诊治。

八月三十一日　星期二

父亲已退热，大慰。上午七时半，赴大光明影院听陈市长报告四中全会精神。下午开编委会。晚社委、编委在知味观为我饯行，十时返。

九月一日　星期三

十二时许上车站。一时四十二分开车。至镇江以上，水势仍甚大，车在堤上缓缓行驶，四周杨柳仅露枝头。天甚热，车内温度达华氏九十七度，无法安眠，与杨东莼、思慕等打扑克。至晚一时许，轮渡过江，车从浦口开出，始略有凉意。

九月二日　星期四

气候转凉，晨六时过蚌埠，水势亦大。十时过徐州，始不见洪水踪迹。上下午各小睡一小时。与夏衍、荣毅仁等打扑克五百分。与东莼等谈到十一时。

九月三日　星期五

三时许即起，洗脸毕，车已到天津。上午七时二十分抵京。华东及中南代表住华北招待所。我与思慕同房，二六六号。下午赴北京饭店报到，领得当选证书，代表证则以照片未齐，缓日发下。写信给二儿福仑，约其星期天来聚晤，因星期日前布置有会议。北京社会主义改造进度甚速，闻同仁堂、萃华楼、全聚德等均已公私合营矣。

与管文蔚兄晤谈。

九月四日　星期六

六时起身，因昨晚初睡时被厚翻覆不能成眠。幸带有薄被，换后即得安睡。上午，写家书及致编委会信。饭后，与云彬、思慕同至故宫参观古画，看到《韩熙载夜宴图》及《清明上河图》等精品。故宫正修缮中。晚赴和平宾馆看电影。曾赴办事处，晤熙修及潘际坰等。返招待所已十一时矣。

九月五日　星期日

一上午等福儿来，未来；盖未收到我的信。下午二时半，赴北京饭店开全体会，由林伯渠秘书长报告筹备经过及大会注意事项。齐燕铭做补充。三时半，广东小组在北河沿工商联开会。

九月六日　星期一

八时许，广东小组讨论宪法草案。下午五时半，乘电车赴全聚德吃烤鸭，熙修、吴闻、谢蔚明、际坰、梅朵做东，并请超构作陪。熙修转来黎澍兄一信，仍盼熙修参加旅行杂志工作。接福儿来信，准下星期日来。福儿一九五〇年响应号召，十五岁即参军（参干），三年多未有音信。

九月七日　星期二

上下午都参加小组会，讨论宪草。会后绕骑河楼妞妞房一带踯躅，盖当年投考北大时，曾寄寓妞妞房公寓也。北京天气转冷，有深秋气息。晚十时返招待所，见月光皎洁，渐近中秋矣。《十二把椅子》看毕。

九月八日　星期三

早饭后赴云彬房略谈，知浙江组尚在讨论宪草。广东组已讨论完毕了。闻叶圣陶、吕叔湘等连日从文法修辞上修改宪草，今日可毕。上午，小组又分几个小小组，漫谈全国人民代表大会组织法。同组有曾生、林平（尹林平）、邓文钊、思慕等。下午三时，广东小组会，讨论宪草最后两章。谭平山第一次参加，身体很衰弱，由二人搀扶。中央人物中，闻李任公最近也中过风，已治愈。柳亚老则中风已失明，嘴也歪了。晚，与周谷城兄同至北海公园赏月，在五龙亭近月光下泡茶，每人千元，先购票。后思慕亦来，仅加开水钱五百。瓜子每包售千元。旧风气已革除矣。遇陈其尤、黄鼎臣等致公党领导人。据陈其尤谈，今天宪法起草委员会整日开会，已将宪草及立法案修改通过，交大会审议。

九月九日　星期四

上午，各小组酝酿讨论人大组织法、国务院组织法两个草案，由我逐条宣读讨论，古大存组长亦来参加。下午小组会，讨论两法案完毕。

午饭前，因买皮鞋带，步行出西什库夹道，绕西四大街至缸瓦市石化桥附近，在一山东小馆吃鸡半只、白酒二两、炸酱面四两，共八千五百元。饭毕即回招待所。大会已发来文件多种，并发全体代表名录。晚，看曹禺《明朗的天》，是他解放后发表的第一部剧本。

九月十日　星期五

一夜大雨，今晨又万里晴空。北京的秋天，真是秋高气爽。下午，民盟在和平宾馆欢宴各地盟员代表。张澜主席及沈钧儒、章伯钧、罗隆基、史良、高崇民几位副主席都参加。遇邵宗汉、千家驹、华罗庚、萨空了诸兄。

七时半，统战部报告高饶事件。后赴实验剧场看李亿兰之《张羽煮海》，广东小组所招待也。十一时半毕，乘大车回招待所。伤风未愈。

九月十一日　星期六

复儿来信，知父亲旧病又发，甚为焦念。在来京火车上，遗失衬衫一件。今天由华东统战部同志洗好送来，今日社会风气之好，真令人骄傲。今天为中秋节，晚聚餐加酒菜。我与吴梅生、裔式娟、陆阿狗、余顺馀等劳模代表同桌，共度佳节。晚七时，大会招待在北京剧场看《钢铁运输兵》话剧。回招待所，又每人发月饼二、梨一、苹果二、葡萄一串，真周到极矣。

九月十二日　星期日

福儿于八时许来。分开了三年零十个月，几乎已认识不出了；他身体很健壮，服装甚整齐，他是骑自行车来的。在寓所略谈，即同往中山公园品茗一小时许。他对祖父母及母亲很关心，也关心哥哥、弟弟。他说，初参军时，帮助老百姓劳动，有些吃不消；经过长期锻炼，身体好多了。茶后，同至公园后部柏树林散步；又至天安门广场，见烈士纪念塔已矗立，在加紧修建中。同至西单全聚德吃烤鸭，吃了半只，叫啤酒一升，共五万余元。在灯市口《文汇报》办事处休息两小时，因他要在七时前赶回，乃在王府井西餐馆吃了些冰淇淋、汽水、三明治、点心等。又赴照相馆摄影。回到招待所休息半小时，吃些葡萄。六时十分，送福儿出大门，约他下周再来。晚饭后，与云彬、邓文钊同至北海赏月。在五龙亭畔泡茶一壶。见月光洒满全湖，湖色清澈，微风不波。今夜特别热，有初夏之意。办事处送来羊毛毯一条，可以解决睡的问题了。

九月十三日　星期一

上午九时，与云彬同至北京饭店访友，先至（陈）此生房，小坐。（杨）东莼不在，后访莫乃群。陈、莫均为广西省府副主席。又在何遂房坐半小时。何老健谈，多谈民初轶事。又访包达老，不遇。在管文蔚房间小坐，他的房间最好，有两套间。

下午，龚之方来，三时许，赴办事处校正宪法草案稿寄报馆，作为预排特刊之准备。至东安市场，购《四十年的愿望》及《未开垦的处女地》各一本。晚饭后，代表同至长安戏院看马连良之《群英会》加《借东风》，做工敷衍，唱亦一无可取，且不卖力。

九月十四日　星期二

大会明日就要开幕。今天发来座位名单，单位及个人均按第一字笔画为序，广字（那时尚无简体字）笔画多，排在最后面，我的座位是二十七排二十三号（共有三十五排），所以也不算太后。毛主席的位置在三排边上，盖便于登主席台也。

上午九时，广东小组在北京饭店三楼开会，由古大存组长传达大会议程及代表资格审查委员会人选，征求意见。又谈到大会秘书长邓小平提出常委可否兼政府职务问题。小组讨论热烈，一致认为常委责任重大，应全面看问题，以不兼政府职务为宜。

招待无微不至。从本星期起，每晚特约两三个戏院，任代表择一看戏，早一天通知秘书处。今晚，我看中国评剧院之《志愿军的未婚妻》。晚六时，师大教授陈先生，约我及谷城、思慕在后门湖南馆小酌。后沿什刹海步行，绿荫夹道，风景甚佳。八时返招待所，取票后，坐小汽车到大众戏院看戏，已演至第二幕矣。剧由夏青主演，唱做都逊于新凤霞。归时月色正明，天热，洗澡后入睡。

九月十五日　星期三

天气仍热。上午十时，广东小组在工商联开临时会议，由叶剑英传达昨日中央政府委员会临时会议，最后对宪草作两项修改：一为序言第三段，改成“通过中华人民共和国宪法”。一为总纲第三条，根据西藏代表意见，去掉“对宗教信仰的改革”字样。毛主席在会上指示，宪草已容纳全国意见，今天已是比较完整的了，当然，不可能是天衣无缝的，天衣无缝的东西，本来是没有的云。十一时半回招待所。午后未睡。二时一刻乘汽车动身，车临时故障，换车至怀仁堂，已二时三刻。三时，毛主席入场，全场掌声雷动。

毛、朱、刘、周及宋（庆龄）、李（济深）、张（澜）、林（伯渠)、董(必武)各位登上主席台。毛主席宣布全国人民代表大会第一次会议开幕，并作了简短的讲话，生动而有力。毛主席甚健康，脸色比前红润，声音洪亮，真全国人民之福。

大会先通过毛主席等九十七人为主席团，旋即宣布休息三十分钟，主席团开会。

四时，大会重开。毛主席、叶剑英等任执行主席。今日会议，始终由毛主席主持。通过议事日程后，刘少奇作宪法草案的报告，全文三万多字。

今日会议甚隆重，外国使节均参加旁听。

代表总数为一千二百二十六人，报到一千二百一十一人，仅十五人请假。很多老先生因病未参加，但柳亚老、齐白石仍由人搀扶参加，郭沫若昨日腿发病，仍策杖到会。

在休息时，见到李任公、章乃器、陈劭先、宦乡等。宦兄新任驻英代办，说正在等签证，日内出国。

七时二十分散会，我与超构同乘愈之车到国际俱乐部会餐。有芸生、(邵)宗汉、(李)纯青、(黄)洛峰等到，商新闻界对台广播事，要我和芸生、超构广播。十时，仍由愈之以车送回招待所。

九月十六日　星期四

上午，小组讨论少奇同志报告第一段，对辛亥革命的功绩估价问题展开热烈讨论。下午大会，由宋庆龄、陈毅、赖若愚等为执行主席，通过提案审查委员会名单后，开始大会讨论。今日发言者，有林伯渠、李济深、王崇伦、张澜、郝建秀等三十人，这次大会发言的特点，是结合实际，开展批评。一般评价，以陈明仁、陈荫南、杨石先最为精彩。

休息时晤及林砺儒（时为教育部副部长），谈教育部与《文汇报》合作事，尚未作最后决定。又晤胡绳，胖得不认识了。又晤龚彬、安平等。七时半散会。晚饭后，赴长安戏院看中国京剧团演《雁荡山》《秋江》《黑旋风》等折子戏。其中《秋江》为第一次看到，叶盛章、黄玉华之表演绝佳。

今日刮风，天气转凉矣。晚着毛背心。

九月十七日　星期五

今天上午小组会，下午三时大会。发言者有班禅、彭真、黄炎培、老舍、贺龙等二十余人。黄继光烈士母亲邓芝芳代表发言受全场热烈鼓掌。

《四十年的愿望》看完，实在不见精彩。晚，在长安看吴素秋演《红娘》，与夏衍、潘梓年、云彬坐在一起。

福儿来信，出差山东，本星期天不能来看我。

九月十八日　星期六

上午，小组继续讨论刘少奇报告，楚生、洁琼、药眠等均请假，到者仅半数左右。连续举行三天小组讨论者，仅广东一组。内蒙古自治区送来牛五十头，羊二百头，因此各招待所每餐必有牛羊肉，对我无异为一个威胁。

下午大会，发言者有吴玉章、叶剑英等三十一人，丁玲的诗朗诵最为精彩，袁雪芬的发言亦有感情。

晚参加大会举行的晚会，地点仍在长安，由李少春、袁世海演

《野猪林》，比一九四九年政协时演出有新改进。在戏院遇伍黎（赴朝文工团团长），说他们来京参加会演。据伍黎谈，上海天气也相当热，宁、镇间水势已退多矣。

九月十九日　星期日

昨晚通知，今晨继续开小组会，由朱光报告明天通过宪法办法，旋休会。十时赴办事处，适中国青年出版社李庚等正与熙修谈旅行杂志问题。

十二时赴前门外全聚德，应振铎邀宴。同席有巴金、（冯）宾符、仲华、空了及冯沅君、朱君允、方令孺，饮酒颇多，菜也很好。此次入京，已吃过四次烤鸭子了，以此次最为满意。三时，与仲华同赴王大人胡同中国新闻社，开理事会。除在京理事外，还有印尼、缅甸、马来亚等地归侨参加。初晤陈翰笙、王纪元诸兄。王大人胡同盖了不少新房子，多为侨办用，何香凝先生住宅也在内。八时半，坐宗汉、高天的车回招待所，我和福儿合摄的照片已送来。写寄家书，附照片。十时半睡，一周以来，甚少如此早休息也。

九月二十日　星期一

今天是中国人民大喜的日子，第一部人民的宪法将诞生了！仑儿来信，说我参加决定中国历史进程的两个大会——开国的政协和第一次全国人大，是莫大的光荣。我也深有此光荣感。上午小组讨论投票办法后，赴办事处小坐，在蓬莱春吃水饺三十个。回招待所后，即刮脸、整容，换新衣服。大家都兴奋得不想午睡了。见郝建秀在理发室理发。广东代表都理发换上新装。二时即赴怀仁堂。

今天由周总理任执行主席，先宣布实到人数为一二一二人，今天报到代表为一一九七人。其中上海有一人不到，军队代表有七人不到，可见解放台湾任务之紧。

宪法先由秘书处（人民电台同志担任）朗读全文。四时许，发出通过票，粉红色，以汉、蒙、藏、维吾尔四种文字印好。四时四十分开始投票。我于四时四十五分投入庄严的一票。

核对票数无误。六时开票结果，全体通过，无一反对，无一弃权。全场热烈鼓掌，欢呼“毛主席万岁”“中华人民共和国万岁”约长二十分钟。休息后，又讨论通过全国人代会组织法。会议于七时结束。

今晚，招待看《刘巧儿》，由新凤霞主演。我因写对台广播稿，未去看。又今天读夏衍所写《考验》，甚好。

在会场找杨廷宝教授，因接仑儿信，杨先生是南工老师。见面略谈后，原来他就住在华北招待所二五五号，距我室很近。据仑儿来信，杨教授为国内建筑学权威，与梁思成齐名。

晚饭后，即闻窗外锣鼓声不绝。盖宪法通过消息传出，群众纷纷游行庆祝。从走廊窗口外望，见西什库后库已为群众队伍拥塞，红旗在电灯光下飘飘闪耀。

九月二十一日　星期二

上午未开会。八时许赴办事处，吴闻、宦邦显都在，宦系送其兄赴英，我留他在京多住几日，为办事处帮忙。二时许，乘罗隆基便车赴怀仁堂，因今天要照全体相。三时开始照相。站在毛主席后面者为常香玉。据说，她闻知河南代表适在中排后，十五分钟前，她即在此等候。毛主席入座时，还和她握手。三时半开会，郭沫若扶杖任执行主席。今天，通过了《国务院组织法》等四个法案，并宣读了朝鲜和阿尔巴尼亚贺电。六时不到散会，这是散会最早的一次。晚饭后，与云彬兄同乘电车至西单。沿途游行队伍相接，车辆通过困难；乃改乘三轮循宣武门城根出前门，在鲜鱼口迎春书场听相声大会。十时半早出，在大栅栏一妙堂吃冰淇淋、酸梅汤等。复步至正阳门，天空探照灯光交织，盖为国庆庆祝预演也。

今日在会场，晤刘导生等。

九月二十二日　星期三

今日因周总理报告尚未整理完毕，大会休会一天。整日无事。上午九时，与云彬、思慕、(舒)新城同乘小汽车到故宫文华殿，参观“祖国自然资源展览会”，有三部分，调查颇详细。参观一遍，等于上一大课。

饭后午睡片刻，陈其瑗来访，上下古今，谈了三个钟头。六时顷，步行至德内大街，吃炸酱面四两，仅三千一百元。旋乘车至东交民巷，看将建成之新侨饭店。在台基厂乘电车到北京剧场，看话剧《龙须沟》，比电影好得多。看毕回招待所，已近十二时矣。

北京开始刮风，气候也转凉。盖时令已届秋分，北京的秋高气爽时候已结束了。招待所给每人发羊毛毯一条。对代表生活之照顾，真可谓无微不至。

九月二十三日　星期四

上午不开会，到云彬房间谈，见马夷初(叙伦)以所书横屏并复云彬一函，盖有留作纪念之意焉。

下午三时，继续开大会。朱德、林伯渠、林枫、乌兰夫等任执行主席。首由周总理作政治报告。报告约两万字，其要点：一、宣布国营、合作社经营及公私合营工业产值已占总产值的百分之七十以上；二、对印度为和平而努力表示赞扬并提出对世界和平问题的五项基本原则。总理报告后，陈云、郭沫若、邓子恢发言，系补充报告性质。程潜发言，则为一般讨论性的，他提出了党与非党团结，中央与地方等有关问题的两项批评。

九月二十四日　星期五

北方天气干燥。我到北京二十余日，仅下过一场雨。温度也比南方变换快，近日天气就已寒冷，这两天非着毛衣不可了。因呢制服仅带一套，想尽可能着布衣，留呢制服国庆日着也。

八时，赴办事处，将社论稿寄报社。下午三时继续开会，黄炎培、傅作义、柳亚子等任执行主席。今天发言共二十人，以李德全、傅作义发言最精彩。这次大会发言有一特点，大多能联系实际，做批评与自我批评；尤其这几天各部长发言，说明五年来工作有成绩，同时指出缺点。当然，有些批评是抽象的，不着边际；有些自我批评流于形式。但此种风气的转变，实为国家继续前进之一大关键。散会前发主席团协商国家负责人名单：朱德为副主席，刘少奇为人大常委会委员长，宋庆龄、林伯渠、李济深、郭沫若、陈叔通等均为副委员长。国务院副总理有陈云、林彪、彭德怀、邓小平、邓子恢、陈毅、乌兰夫等。各部部长不兼人大常委。散会后，搭阳翰笙、钱昌照便车赴和大（原意大利使馆）开会，成立中国新闻界联谊会，采用聚餐形式，由廖承志主持，发言极风趣。推定邓拓为主席，金仲华等为副主席。会中，与田方、陈翰伯等晤谈。

九月二十五日　星期六

今天赶了三个会，十分紧张。盖大会必须在二十八日闭幕，以便安排国庆及接待外宾任务。而关于名单之协商，总理报告之讨论，以及还有五十余人报告发言，必须在两天内，以大会、小会赶完也。九时，在工商联开小组会，由朱光传达政府负责人候选名单。此名单经中共中央慎重考虑，提出与各民主党派负责人协商，又经大会主席团通过。毛主席、朱德副主席及少奇同志任人大常委会委员长，均在意料中。宋、李、张（澜）、郭等任副委员长，大家也无意外。出乎估计者，一是副总理均是党员。周总理说明，今后任务重大，每一副总理要各专一门，而这些同志久经锻炼，甚有才干也。二是国防委员人数达九十六人，党外人士达三十人。郑洞国、鹿钟麟等都任委员。总理说明，我国之国防委员会，性质与苏联及美国的均不同，目的为集思广益建设现代化国防并为解放台湾起好的作用。郑洞国介于起义及被俘虏之间，但近年有进步。鹿钟麟过去和我们有摩擦亦有联系，近年在天津做居民委员会工作，任组长，甚为积极。他们对国防建设都可能起作用。经此说明，大家思想恍然，一致同意，并保证表决时赞成。

下午三时，继续开大会，由陈叔通、龙云、竺可桢等任主席。发言者有罗荣桓、马叙伦、章伯钧、茅以升、蒋南翔等二十人。张闻天预定发言，临时未发，盖为迎接苏联贵宾也。

区梦觉代表为我邻座。据她统计，夫妻同为代表者有十二对。

晚八时半，继续开小组会，讨论总理报告。讨论最热烈者为中西医结合问题。十时半开会。归途遇豪雨，为此次入京以来所未见。外甥媳来电话，大姐约我及福儿明天去吃馄饨。但福儿究竟来否未定，因婉谢之。

九月二十六日　星期日

今天临时加班开大会，因等候福儿来，怕他白跑一趟，而电话又不通，乃请思慕带去请假单。而福儿竟未来，可能又出差了。今天是星期日，隔壁四十中学聚集了好多少先队员，均手执绿色或红色纸花，列队操练，盖准备国庆游行也。闻天安门昨晚已有部队进行游行演习。

下午三时，参加大会，有李书城等十七人发言。发言完毕，对周总理报告举手表决，一致通过。

接父亲手谕，知福体已痊愈，甚慰，当晚写复禀。十二时睡。

九月二十七日　星期一

上午小组会，传达今天大会注意事项。下午三时开大会。今天又是一大高潮，因今天要选举主席、副主席及其他政府领导人选也。大家整容，刷衣帽，并提早乘车赴怀仁堂。今天到会代表一千二百一十人，比通过宪法那一天还多，一向请病假的林彪、徐向前将军也到了。执行主席多至十人，刘少奇、朱德、林彪、彭真、刘伯承均登台。林彪年仅四十六岁，头已秃了，极现苍老。

刘少奇同志为执行主席，宣布第一项议程为选举国家主席及副主席。清点人数后即发票，票长约七寸，宽四寸，上写汉、蒙、藏、维四种文字。投票后，即继续选举常委会正副委员长、秘书长及常务委员。五时许，选举揭晓。当刘少奇同志宣布毛主席已以一千二百一十票全票当选时，全场鼓掌欢呼达二十分钟，我的手也红肿了，口也喊干了。朱总司令也以满票当选副主席，全场掌声也经久不息。

清点常委会选票时，忽少了一票，虽刘少奇宣布选举为有效，众咸诧异。到七时左右，始查出有一票夹在中间：因常委名单长，票约长二尺，有一票数时未叠好也。

毛主席当场提名周恩来为国务院总理。同时即进行最高人民法院院长、最高检察院检察长选举，与国务院总理同时表决。票分红、绿、白三色。七时许投票毕，清点票数无误。主席宣布休会。今天开会历四小时，未休息，甚为紧张。今天罗马尼亚等国代表团参加大会旁听，代表热烈鼓掌欢迎。

当离怀仁堂返招待所途中，沿途已有庆祝毛主席当选之游行队伍。我们的车经过时，群众报以热烈掌声。九时半，重到怀仁堂。由陈云担任执行主席，宣布选举结果，刘少奇当选常委会委员长，宋庆龄等当选副委员长。周恩来当选总理，董必武当选最高人民法院院长，张鼎丞当选最高人民检察院检察长。掌声不绝，十时许休会。归途绕经天安门，群众已略散去。十二时前回招待所休息。

### 九月二十八日　星期二

今天为大会最后一天，上午未出去。下午二时一刻乘车出发，到怀仁堂开会。今天到会贵宾有波兰人民领袖贝鲁特，朝鲜人民领袖金日成。金元帅比三年前在平壤见到时更为健壮。

三时半开会。毛、刘、周、朱、宋（庆龄）、李（济深）、张（澜）、郭（沫若）、黄（炎培）、陈（叔通）登主席台。代表又向毛主席欢呼历十余分钟。毛主席亲自主持会议。首由周总理提出国务院名单，刘少奇代毛主席提国防委员会名单，全场一致通过。后又通过法案委员会、预算委员会、民族事务委员会名单。最后毛主席宣布：第一届全国人民代表大会第一次会议已胜利完成了自己的任务，完毕了整个议程，会议胜利闭幕。全场又热烈鼓掌历十分钟，四时乘车返招待所。

六时，赴北京饭店，参加大会会餐。先在仲华房内与夏衍、钱端升、邵宗汉等闲谈。六时一刻入座，共一百二十余桌，我坐八十五桌，同席均广东代表。菜大都为冷盆，仅一热菜、一汤、一点心。毛主席六时半入席，奏《东方红》。宴会中，约定不离桌敬酒。代表们如邓芝芳、郝建秀等仍举杯向毛主席敬酒。并有王昆、郭兰英、周小燕等唱歌。

宴会开始时，毛主席起立简短发言："祝各位代表的健康，为着我们各方面的进步，为着我们进一步团结起来进行我们的社会主义建设，大家干一杯。"宴会将终时，毛主席又起立说："最后，大家再干一杯。"于是，毛主席首先离座，各首长也纷纷离去。

宴会中最令人感动的，是达赖和班禅双双起立，同时向毛主席敬酒。这象征西藏内部及与全国各民族之紧密团结。

在大会期间，我几乎天天看到达赖与班禅，同行同休息。开始还有些拘谨，后来一天比一天活泼，都穿了新皮靴。毕竟他们还是青年呀，班禅十七，戴了眼镜；达赖十九，个子高一些。

八时，赴怀仁堂看戏，有常香玉的《断桥》，做得很细腻，比越剧的表情和形象更好。第二出为程砚秋之《三击掌》，唱得很卖力，唱腔和嗓子实在好；穿了宫装，身段也不算难看。第三出周信芳之《打严嵩》，周的嗓子比前好多了。加以配角很整齐：袁世海的严嵩，孙盛武的门官，江世玉之小生，更加强戏剧气氛。最后一出为梅兰芳之《贵妃醉酒》，唱得很认真，可惜卧鱼身段毕竟不如年轻时了。最难得的，萧长华配高力士，姜妙香的裴力士，可称牡丹绿叶，一时无两。十二时许唱毕。我初在原座位看，后移至十六七排西藏代表的位子，清楚多了。

九月二十九日　星期三

上午民盟总部开座谈会。因广东小组预定今日照全体合影，乃先到北京饭店。摄影毕，与黄药眠同车至太平胡同民盟总部。参加者有史良、曾昭抡、千家驹、沈志远、宋云彬等二十余人。午饭后，步行至办事处，路经王府井大街，见北京大剧场正在加工兴建。在办事处，看到连日上海本报，内容相当充实。仑儿来信，盼我经过南京时与他见见面，又报告了他和陶陶（朱益陶）恋爱经过。

四时许，理发。因连日疲劳，理发时几乎全在沉睡中。理发浴身，为准备参加天安门国庆大会。昨天已接到首都庆祝国庆筹备会的请柬，我在二台观礼。晚，北京市委、市府在怀仁堂举行京剧晚会，我因连日欠睡，未去。据去的同志回来说，剧目有谭富英的《二进宫》、李少春的《三岔口》、马连良的《四进士》，相当精彩。

晚饭后，林平来房间闲谈香港旧事，直至十时，医生来检查，我的血压九十——一百四十，下压略偏高，当注意饮食，少吃脂肪。柳无垢与思慕一起晚饭后，乘三轮回家，途经景山翻车，跌伤眼睛，急送北京医院。仲华闻讯，急来问讯，而思慕已去北京医院矣。乃与我谈及，他明天即回沪，将出国参加世界和平大会及新闻工作者国际协会，为期约两月。

九月三十日　星期四

九时许，与云彬同至琉璃厂荣宝斋看木刻水印画，几可乱真。余购齐白石、任伯年画各一幅，连锦裱及框共十四万余元。云彬亦购十九万元。出门经杨梅竹斜街步行至前门，在都一处对酌，吃三角及烧卖，共二万五千元。十二时半回招待所，休息一小时。三时半，中央人民广播电台派孙同志来录音。试听之下，有一二处不甚清晰，其他尚好。报载，苏联政府代表团已于昨日抵京，包括赫鲁晓夫、布尔加宁、米高扬、什维尔尼克等多人。刘少奇、周恩来、彭德怀等均往机场迎接。今晚提前于五时半晚餐，六时半即乘车赴怀仁堂参加中央人民政府举行的国庆五周年庆祝大会。到会者除新的国家首长、全国人大代表、全国政协代表以外，还有十一个兄弟国家的政府代表团，以及各国来我国参加国庆的来宾共两千余人。大会由刘少奇主持，周总理作报告，赫鲁晓夫、贝鲁特、金日成等十一国代表团长讲话。赫鲁晓夫讲话极为有力，明确指出：中苏盟谊决不容许帝国主义挑衅战争，否则一定要自遭毁灭。他引用了好几句中国古谚语来说明，颇为恰当。周总理的报告和赫鲁晓夫讲话，必将引起国际的震动。其他外宾的讲话，都在首尾讲了一段，其余均由翻译直接译出，以节省时间。

今天的大会，又是一次历史性的。五十多国的代表，尤其是民主社会主义阵营各国的大集会，在远东还是空前的。

十月一日　星期五

今天是我们伟大的国庆。六时半即起，七时早餐，吃干饭，在我又是破天荒的事。八时开车，经景山前街、北池子、东华门至劳动人民文化宫下车。然后步行至天安门登西二台观礼。看台系新筑，有休息室、厕所等，极为干净。休息室内备有茶、烟、汽水等。东台大部为外宾，西台为人民代表。政府首长及人大常委则登天安门城楼，各国政府代表团亦登天安门。

十时，盛典开始，彭真市长宣布开会，国防部长彭德怀首先检阅部队，由华北军区司令员杨成武引导。检阅毕，彭部长宣读对部队讲话，后游行开始。

先头为部队，比五年前整齐雄伟得多，一式都是新式武装；武器如重坦克、“斯大林风琴”（喀秋莎）。飞机亦有各种类型，飞掠天安门上空而过者，有七八十架。

部队检阅毕，群众队伍陆续列队受检。首为工人大军，约有一二十万。学生队伍最多，继之为文艺队伍与体育队伍，非常整齐，充分显示我们的团结和壮大。

今天参加检阅的飞机，一部分可能为自己制造；因为在前天报上，已宣布我国自制的飞机已陆续出厂了，性能很好。又今天报载，鞍山第三座自动化炼铁炉已参加生产，祖国建设真是一日千里啊！

今天游行有三个特点：（一）领袖像中增加了陈云同志，成为毛、刘、周、朱、陈五个领袖；（二）国际领袖中，未掌握政权之兄弟党不列入；（三）不举行向领袖献花。今天参加游行的群众约达六十万人，但到十时即如时完毕，可见组织工作大有进步。工人学生队伍都着一色制服，各手执鲜花（每一方队一种颜色），甚为美观。

车子出文化宫，甚为麻烦，三时开车，四时才到招待所。四时午餐，备有加菜和酒，相当丰富。饭后呼呼睡了一大觉，直到六时半云彬来才把我叫醒。吃晚餐，我吃小米稀饭。

七时开车，赴天安门看国庆晚会。初带夹大衣，八时到场。旋即放烟花。火树银花，蔚为奇观。规模比上海的大得多。约放了一小时许即停止，时天微雨，代表们均散去。我到文化宫觅车子时，焰火又放。我坐了河南代表的车子回来，一路在北海等处遥看天安门上空火花飞舞，直到我记日记时天空尚毕剥作响。

此次来京参加大会，历时已一个月，屡经高潮，今天已基本结束了任务。参加国家生活中这样大的喜事，每天比幼时过新年还闹忙，还兴奋。这样幸福的生活，当然越活越年轻了。一直考虑为报馆写一篇特写，材料很多，而无时间组织、落笔。

今天，（钱）俊瑞兄又告我，已通知教育部当家副部长董纯才同志，和我谈合作出报事。十一时半，准备休息，窗外蒙蒙细雨不歇。

十月二日　星期六

晨起，气候骤冷，北京已渐入冬令。上午无事，也懒于出门。

下午二时许，乘车赴西直门外苏联展览馆，参加开幕典礼。车在新街口附近被阻约三刻钟，三时一刻到达，已在致开幕词。三时半剪彩开幕。分三路参观。展览馆建筑不甚高大，中央大厅只有四层楼高下，但建筑金碧辉煌，相当考究，仿佛一座精致的小摆设。

七时返招待所。大会整个程序已全部完毕。今后自由活动，只等秘书处通知束装返沪。

为了福儿要看京戏，今天托招待组代购了两张明天日场的戏票。

十月三日　星期日

九时，福儿来，外甥（杨）邦杰亦同来，盖门口相值也。稍事休息后，同出门，邦杰赴东安市场，余偕福儿至北海，沿海边走出大门，在府右街口雇车同至东安市场。在五芳斋吃鸡丝火腿面两碗，为福儿加一客蟹粉包子。旋至铺内购小孩毛衣一袭，备送邦杰之女孩。十一时半回招待所，因福儿要看祖父母与父亲来往信，兼取自行车也。余休息半小时，即乘车赴计委宿舍，福儿骑自行车随行。门牌难找，至大姐家已十二时半矣。吃水果、吃菜、吃馄饨。又谈家常至二时半辞出，赶赴长安看京戏。四时半未终场即出来，因福儿必须五时前赶回。乘三轮回招待所。北京的三轮，比上海贵两三倍，只能坐一人，且颇危险，时有跑车出事，所以我轻易不坐三轮。今天星期日，电车挤，不得已乘一次。

大会秘书处送来全体代表合影一张，长二尺多。此照每张至少要二十五万元。七时许，赴怀仁堂看戏，与裔式娟、赵祖康同一排座位。我坐十排十六座，毛主席四排二十三座，此为我最靠近毛主席的一次。米高扬四排二十九座，布尔加宁四排二十一座，赫鲁晓夫四排二十五座，师哲四排二十七座，少奇同志坐四排二十八座，周总理坐第三排。

今日晚会，主要节目为音乐，以周小燕歌唱最受欢迎。另有杂技及李少春之京剧《雁荡山》。闻此剧即将出国赴印、缅等国表演。

今晚有机会晤见教育部董纯才、林砺儒、韦悫三位副部长，谈报馆迁京的事，约定明天下午到教育部再谈。

十月四日　星期一

上午八时半赴办事处，小结代表大会及国庆报道工作。下午二时在灯市口乘电车至西单商场下车，转乘三轮至教育部，副部长柳湜出面会谈，谈与《文汇报》合作问题。据谈，主要问题在基建。此次为初步交换意见。晚，苏联民间艺术团在怀仁堂演出。十一时半散会，微雨中归招待所。

在怀仁堂晤黎澍，约明日下午见面。闻钦本立已调《人民日报》，来电话约谈。代表已有离京者。曾生昨日回粤，周谷城今早回沪。

十月五日　星期二

十二时钦本立来，同至六芳斋湘菜馆，菜甚地道。在办事处午睡一小时。四时，黎澍来，略谈旅行杂志事，旋坐他的车子同到新侨饭店，参加新闻工作者联谊会招待各国记者的酒会。共到二十余国记者五十余人，十时半返，今天阴雨，更觉寒冷。

招待处交来车票，明日晚车离京。

十月六日　星期三

早餐后，清理行李。在京已三十三天，离沪已五周矣。代表昨晚今晨离京者多；食堂原开二十余桌，今只剩七八桌矣。

六时半上车站，卧车只有一辆，我与思慕、新城及项南同房。

同车则有吴克坚、沈志远、宋季文及超构等。七时半开车，十一时过天津，入睡。

十月七日　星期四

一路阴雨。下午过蚌埠，大水仍未退尽。

午饭，与超构共饮一小瓶白兰地、一瓶啤酒，午睡了两小时。

十月八日　星期五

晨六时车过苏州。八时二十五分准时到沪，报馆全体编委、社委及嘉稑来站迎接。晚，三报在锦江十二楼饯宴张春桥、魏克明。魏以事未到，九时顷归家。

## 1955年　四十八岁

是年发生了几件大事：一、被上海人民一致称誉为“我们的好市长”陈毅元帅调京任外长兼副总理。“好学生”柯庆施调来上海任华东局第一书记、上海市委第一书记兼市长。二、发生潘、杨事件。据说，由于柯庆施的努力，“挖出了埋藏得很深很深的反革命集团”（即潘汉年、杨帆“集团”）。党内老同志被牵连者达几百人。如恽逸群兄在“三反”中被冤系狱，去年甫得“宽大”，在北京地图出版社工作（我在京曾在新闻工作者联谊会上与其共餐），此次又受“潘、杨事件”的牵连，被判重刑入狱。三是夏衍、姚溱等调京工作，刘述周、石西民调来上海。刘继潘汉年任市委统战部长（潘原为市委副书记兼统战部长）。夏衍等调京后，一度由谷牧来沪，兼任市委宣传部长，不久即由宁调石西民来继任。四是到是年下半年，发生“胡风反革命”案件，震动全国。胡风去年甫当选全国人民代表（四川产生）及全国文联核心领导，居然被抄家，且从抄得之日记及来信中断章取义，摘取“罪证”，定为反革命，流放、下狱。伟大领袖且亲自做了详细的批语，印发全国，列为文件。于是，旋即在全国掀起肃反运动。

## 1956年　四十九岁

开春，即忙于报馆之结束及职工迁京工作。教育部特派《人民教育》党委书记刘松涛先生来沪商议合作之具体细节。

自从报纸转变为以中小学教师及高中以上学生为主要对象以来，领导方面派来一位副总编辑，负责审查教育方面稿件。去年底后，报馆也开展了肃反运动，由这位副总编负责。全馆被认为怀疑对象的有六七人，日夜关门交代，批、斗，十分紧张。我则专心负责编辑与言论工作，批斗会一次也不让我参加。

3月底，我即赴京筹备《教师报》。《文汇报》仍继续出版，直到月底才宣布停刊，立即将设备、人员及迁京职工家属，陆续迁至北京。当时肃反尚未结束，被怀疑对象一律留沪，继续接受审查，仍由这位副总编负责。

《教师报》已在德胜门外学士路辟有近百亩的旷地，建筑了面积为五千余平方米的四层大楼，作为编辑及办公之用。并建有高大之机器房，装好了一台由民主德国进口的新式印报机及排字、铸字房等。职工宿舍也整齐宽敞，并种植了不少树木花卉。当时学士路附近（今北太平庄）尚十分荒凉，而环境则十分幽静。

教育部正式任命我为《教师报》总编辑，刘松涛同志兼党委书记。教育部负责指导报刊工作的为柳湜副部长，他对我的工作极为信任和支持。举例言之，一位副总编（即《文汇报》调去的那位）曾将他写的一篇稿子直接寄呈柳副部长审阅，柳湜先生立即予以退回。并亲批：“《教师报》所有稿件，一律由徐总编决定。除徐总编已阅转的稿件，一律退还。”教育部部长张奚若先生及常务副部长董纯才先生也十分信任，让我列席教育部部务会议。重要的社论，大都由副部长叶圣陶先生执笔，内容事前均与我商酌。

我的住宅，教育部已决定购入东四十条一幢民房，其中有花园回廊。并特修一个汽车间，以便利我的汽车停放。

《教师报》出版前夕，教育部并设宴款待原《文汇报》编辑人员，除董、柳两副部长参加外，并请吴玉章老先生亲临主持（吴老兼中国教育工作者协会主席），尊我居首座，吴老亲自酌酒以报事相托。这种平易近人、礼贤下士的态度，使我终生难忘。

《教师报》于是年5月1日创刊，每周出版二次，不久，发行量即超过五十万份。

我每周只需到馆看稿、审稿四天，其余时间，尽可在家自学，并抽空游览京郊风景。此为我毕生最悠闲自得的时期。

不久，党的“八大”举行，正确指出：“先进的社会制度与落后的生产力之间的矛盾为今后主要矛盾。”

而国际间亦风云变幻。苏共二十大批判斯大林之个人迷信，特别是赫鲁晓夫的“秘密报告”，震撼全球，由此引起了波兰之骚动及匈牙利之反革命暴乱。

当时，在京之人大代表及全国政协委员，由统战部组织讨论。我与金岳霖、钱端升、陈达诸先生同组。主持者曾启发：现在“大和尚”出了问题，我们是“小和尚”，有问题也可以大家议议。我去参加两次小组会，参加者一致认为，具体情况不同，我国有正确的党和英明的毛主席领导，一切是没有问题的。

有一次，大约在6月初，当时任中宣部副部长的姚溱兄曾来《教师报》访问。他对我说：“你对目前的工作，情绪怎么样？”我说：“情绪很好，我已安心把办好《教师报》作为我下半辈子的工作。”他笑着说：“这话，我不完全相信。一向搞惯日报的人，每周两期的专业报，怎么会使你过瘾？”接着他又认真地说：“现在，党中央已决定把《光明日报》还给民盟去办，党员总编辑决定撤出，由章伯钧先生任社长。党的意见，想请你去担任总编辑。让我先来征求你的意见。”我说：“假使让我自己挑选，我还是愿意继续留在《教师报》。办报好比组一个戏班，我不能唱独角戏。我现在的班底都在《教师报》呀。”他点头微笑地走了。后来才知道《光明日报》已找了储安平兄去当总编辑了。

是年开第一届全国人代会第三次会议期间，我有一次去前门饭店访友，在楼梯口适与邓拓兄相值。他问我：“你是哪一天来到北京的？”我笑着说：“我来京已几个月了。”他才恍然说：“对，我早听人说你在主持《教师报》了。”他走上几步楼梯，又回下对我说：“我觉得《文汇报》停刊很可惜。它有别的报纸所无法代替的特点。”他说完，我们便分手了。我回家路上，一直在琢磨《文汇报》究竟有哪些特点，为别报所不能代替？我自己也想不清楚，反正，我是很钦佩邓拓兄对中国现在新闻事业的理解和关心的。

不久，听了毛主席论十大关系的传达，又亲自去怀仁堂听到中宣部部长陆定一关于开展百花齐放、百家争鸣的报告。在报告中，陆定一还对过去一些过火的批评做了回顾，并对俞平伯先生表示歉意。

《教师报》的副总编又对编委传达了刘少奇主席关于改进新闻工作在新华社的两次讲话。总的精神是报纸应重视新闻之传播，不要生搬硬套别人的经验。应提倡竞争、竞赛，新华社也不妨自己办一张报纸，和《人民日报》竞赛。所有这些讲话和传达，给了我很大的启发和鼓舞。正在这时，《人民日报》宣布改版，贯彻“双百”方针。副页也出现了前所未有的新面貌，有杂文和喜剧一类的新品种。听说已聘请萧乾兄任副刊的顾问。钦本立兄家住在东四十条《人民日报》的集体宿舍里，和我住家相隔咫尺。他公余常来我家聊天，谈了不少《人民日报》进一步改革的设想。作为一个新闻工作者，我感到高兴，但绝没有联想到自己。

大约在六七月间，我去波兰大使馆参加庆祝该国国庆酒会，适与《大公报》的党委书记常芝青并排站着。他忽对我说：“中央已决定恢复《文汇报》，你得到通知没有？”我说：“还没有听到这方面的消息。”他说：“你等着吧，总会通知你的。”

回到家，立即去请本立同志并电邀浦熙修同志来，把这消息告诉他们。并电邀宝礼兄进城一谈，都很兴奋。后来宝礼兄建议，第二天邀请夏衍、姚溱两位便餐，以便了解他们听到的这方面消息。

第二天在办事处胡同对面萃华楼便餐时，夏、姚两同志说，只听到有一点消息，具体情况不清楚。

熙修同志在首都各方面有广泛联系，她直接打电话给陆定一部长。回答是关于报纸的事，由张际春副部长分工直接抓。“你们等着吧，到时候际春同志会通知你们。”

又过了两天，张际春果然派报刊处长来找我和熙修同志，要我们立即去中南海。

我们即刻前往。张际春副部长含笑接谈。他说："中央已决定恢复《文汇报》，今天就算正式通知你们两位；希望即日负责筹备。先拟定两个草案：一、言论方针；二、复刊计划，即复刊需要多少经费、添置哪些设备以及其他费用等等，一一列入。希望尽快写好，交部里转呈中央批审。"我说："复刊后的《文汇报》，即以文化教育为中心的综合性报纸，任务比前扩大了。希望宣传部能帮助我们争取一些老同志回来，以加强力量，保持《文汇报》的特点。"张际春说："你们可以把这点附加在编辑方针里。"

回来后，我们便商议这些任务。复刊计划比较简单，宝礼兄答应由他会同几位管理部科长议定后负责草拟。言论方针，我和熙修并找来本立一起构思，除了积极开展"双百"方针这一条外，其他都理不出头绪来。

正在我陷于冥思苦想之际，本立一天下班回来说："邓拓同志对《文汇报》非常关心，要不要我去约个时间，和你们两位谈谈？"我对邓拓同志的博学多闻，又深有胆识，素所钦佩；又联想到他曾对我评价《文汇报》有不可代替的特点的话，因此请本立代为面约一时间，以便登门拜访。第二天，本立即来说："邓拓同志很高兴，明晚决定不上班，在他家里接待你们两位去畅谈。"

我和熙修如约前往。我先谈了自己的想法。邓拓兄立即像熟朋友一样畅谈起来。他说："有几条不成熟的意见，供两位参考：一、中央希望《文汇报》及早复刊，自然希望能大力宣传'双百'方针，鼓励知识界大胆鸣放，《文汇报》一向在知识分子中有特殊的影响。二、应大力介绍国内外文化科学技术的新成就、新动向，以扩大知识分子的眼界。三、也要关心知识分子的物质和精神生活，不妨辟一专栏，广泛介绍如何布置环境以及如何种花、养鱼、布置书房等等。四、社会主义改造完成后，广大农村将不可避免出现文化的新高潮，似应及时注意农村的文教事业，旧《大公报》旅行通讯的经验很可借鉴，可以派记者去各地农村旅行。不必一定要层层写介绍信下去，这样，所得的材料往往是'报喜不报忧'的。可以直接深入合作社，去了解真实的基层情况，组织报道。最后，希望《文汇报》多在西欧、美洲、日本、东南亚方面反映情况，发挥影响。目前，我们《人民日报》和新华社的影响，还大部限于东欧，在其他方面的影响，还不及《大公报》和《文汇报》两报。你们似应注意多在这方面用力。"

邓拓兄谈得很完整。我回家后，即归纳几条，写出了《文汇报》的编辑方针。

正在这时，宣传部报刊处的王处长（曾任《大众日报》总编）来催询了。我即于当天下午，带了两份草案，偕熙修至中南海面呈张际春副部长。际春副部长详细看了一遍后说："这很好，你们不必等中央批下，即先照此进行筹备工作。"他看到我所开列的希望帮助争取"归队"的名单，说："别的人好办，我们一定努力做到；至于钦本立，他是《人民日报》的人，你自己去和邓拓协商吧。"

我和邓拓兄协商，他满口答应，让钦本立先到《文汇报》工作（组织关系今后再转）。郭根也写信给熙修，表示愿回《文汇报》。柯灵是《文汇报》的"开国元勋"，多年主持副刊工作，当时正在上海电影局负责剧本创作处。经我和宝礼兄函恳，也愿回来。因此，我对《文汇报》编辑的领导层，做了如下的安排：我自兼总编辑，副总编按顺序有以下几位：钦本立（协助我总抓全局），柯灵（主要负责副页及周刊），刘火子、郭根（负责要闻、国际），浦熙修（主持北京办事处）和唐海（负责采访各组）。还决定黄裳等为编委。当时，社内外一部分干部主张留京出版，我也心动，曾为此征求过茅盾和钱俊瑞等文化部领导的意见。我不想回上海的原因，主要怕上海有名的“一言堂”的“一贯正确”领导。

恰好，这时上海宣传部长石西民因公到京，姚溱兄特约请西民和我及浦熙修在办事处便餐叙谈。西民先说，他到沪工作半年来，忙于工作，老朋友都未拜访，过去对《文汇报》也关心不够。欢迎《文汇报》仍回沪出版，有事随时与我面商。姚溱同志也说，《文汇报》在沪出版，仍可面向全国，京沪之间消息贯通，回沪出版与在京是一样的，他并做了具体安排，所有中宣部的宣传提纲和大参考等都照发《文汇报》参考。这次“一夕谈”，就决定了《文汇报》仍回沪出版。我先请宝礼兄回沪，安排馆址及设备、人员迁移的准备事宜。我也于7月下旬回到上海，住在旅舍半月，做具体的安排。经与各方商谈，决定聘请周谷城、周予同、傅雷、周煦良、李凯亭、罗竹风、陈虞孙等几位先生为社外编委，集思广益，办好《文汇报》。北京的社外编委则聘请夏衍、姚溱、罗列（当时人民大学新闻系主任）等三位先生担任，以便就近指导“北办”的工作。

石西民及副部长白彦对《文汇报》回沪复刊，大力予以支持，帮助解决《文汇报》仍回原址出版等琐碎问题，还安排了我的住家问题。

8月底，我又回北京，除分批安排职工及眷属回沪外，还举行了一系列的座谈会，征求各方面对《文汇报》复刊后的希望和意见，计先后邀请原《文汇报》老同事如张锡昌、秦柳方、杨培新、王易今等的座谈。还邀了文化界前辈如翦伯赞、侯外庐、吴晗等诸先生的座谈。又一次是特请新闻政治界前辈的座谈，计到邵力子、陈劭先、张奚若、章乃器等好多位先生。这几次座谈会，我们得到了不少宝贵的启发。

一切停当了，我乃离京回沪。

8、9两月，紧张筹备。根据邓拓兄关心知识分子生活的建议，决定辟《彩色版》。聘请原《西风》主编黄嘉音先生来主持该版编辑。又先后派出记者宦邦显赴川、黄裳赴滇、全一毛赴浙，深入基层，陆续写出质量较高的旅行通讯。又与香港《文汇报》商定购寄海外新出的书籍及报刊。

范长江兄那时在科委工作，特以安娜·路易斯·斯特朗新著旅苏回忆录介绍给我们，当派人译出，以便连载。

在筹备期间，开了多次编委会，拟定组稿计划。我提出了“人弃我取，人取我弃”的方针。认为应根据我报的特点，有所弃才能有所取，才能重点突出知识分子所关心的问题，精心写作新闻报道，提倡要“生产北京信远斋的酸梅汤”，不要大路货的“一般汽水”。这些观点，被以后的运动视为“反党”的毒草。经过时间考验，证明是符合新闻的客观规律的。

我们也经过了四次试版，每次都修改原设计，力求做到精益求精。在9月底最后一次试版后，我在全体职工会议上做了小结，认为版面已大体满意，“拿得出去”，像一张理想中的《文汇报》了。希望大家不要自满，鼓足勇气继续前进。

10月1日国庆七周年那天,《文汇报》正式复刊，改为横排，采用楼梯式标题。并根据新闻的重要性和信息量安排版面，使读者耳目一新。比如，出版的头两天，正好赶上越剧名演员袁雪芬女士结婚。我们用醒目的标题，在要闻版显著地位报道这一喜讯。颇多新闻界人士也视为“离经叛道”。在京的夏衍先生则认为：“《文汇报》敢于打破框框这样处理新闻，说明《文汇报》的创造精神。”再如，创刊之际，适逢青年团中央全会。我们认为，有关青年的新闻，与《文汇报》关系不大。因此只安排在次要的地位里刊登，而以头条新闻，刊载本报专访的与知识分子有密切关系的报道。后来，在“运动”前夕，“小爬虫”姚文元写了一篇《录此存照》，认为这就是《文汇报》反社会主义的铁证。历史已判明了究竟谁是谁非。

总之，复刊以后的《文汇报》，得到了广大读者的热烈欢迎，销量迅即突破十万份。

对于如何宣传“双百”方针、鼓励争鸣，从哪里开端的问题，我在京时曾向邓拓、夏衍、姚溱等同志请教过。到复刊前夕，收到宋云彬兄自杭州寄来一篇论尊师爱徒的文章。我认为它切中时弊（当时，有人认为应对学生放任，在课堂上看别的书可以，打瞌睡或在考试时抄袭别人的卷子也可以），就在复刊号上刊了出来，引起了广泛的共鸣和响应。我们以后还提出了“麻雀是害鸟还是益鸟”的争论,《草木篇》问题的争论，最后还展开电影问题的讨论，“锣鼓”打得很热闹。

在副刊上，我们刊载了不少旧体诗词。革命老前辈朱德、叶剑英和翦伯赞、侯外庐以及上海的魏文伯、陈同生等都以佳作投寄，引起读者的广泛重视。自复刊后，邓拓兄即先后写寄给我三封信，支持我的尝试。后来，据钦本立同志赴京转关系后回沪对我说，邓拓曾在《人民日报》干部会议上说，要大力支持《文汇报》。

无论如何，这一时期的《文汇报》，在我国新闻史上，做了一个大胆的探索。在我自己来说，也是全神贯注的“黄金时代”之一（另两个黄金时代是抗日战争后的上海《文汇报》和创刊初期的香港《文汇报》）。

## 1957年　五十岁

是年3月上旬的早晨，忽接市委宣传部的电话，通知即到科学会堂聚话，到则文化、教育、艺术、新闻、出版界的“知名人士”毕集。石西民做了简短讲话，说中央即将召开全国宣传工作会议，邀请党外人士参加。各位同志都在邀请之列。时间紧迫，今晚就要动身。望即回家摒挡行囊，以便即晚登车。

我回馆对报馆的事做了安排后，即回家收拾行李，晚间即登车。同行有三十余人，新闻界有仲华、超构、陆诒、杨永直，教育界有陈望道、廖世承等，文艺界有巴金、孔罗荪、傅雷、石挥、吴永刚、吴茵等，出版界则有舒新城、孔另境等。另有一宣传部干部随行，此人即在“文革”中红极一时的姚文元。

第三天清晨抵京，住西郊万寿路招待所。下午，即去中南海听了毛主席在最高国务会议上讲话的录音。毛主席在讲话中深入浅出，妙语泉涌。大意说狂风暴雨的阶级斗争已经过去，今后用整风的方法，逐步克服官僚主义、宗派主义和关门主义，用微风细雨的方法，“毛毛雨、下个不停”可以比小雨还下得小。在录音中，时时听到刘少奇同志的插话，也不时听到马寅初、邵力子先生的“旁白”。听的人都十分兴奋。以后几天，一直成为话题的中心。

有一天，我跟傅雷兄到中山公园去喝茶，看鱼赏花。我说：“听了毛主席的讲话录音，感到浑身都热乎乎的。”他也兴奋地说：“共产主义者遍天下，毛主席真是千古一人。”随后，我们还相约回沪后各自为发展我国文化事业而努力。

上海小组一连开了几天座谈会，上下午都开；至告一段落后，我即搬至《文汇报》办事处下榻，以便就近察看办事处工作。听说，后来康生曾到百万庄，对上海小组作了一次“启发”报告。

有一天，我去东安市场旧书店巡礼，回到灯市口三号弄口，办事处的信差忙着抢前对我说：“上海《解放日报》一位姓杨的急着在等你。”我到客厅一看，原来是杨永直兄。他立即站起来说：“你到哪里去了？急死人。中南海通知，毛主席召见我们。时间紧迫，我们赶快去吧！”

我和永直同志同车赶到中南海毛主席的公馆，毛主席由康生陪同，在客厅门口迎接来客。我上前时，他即以温暖的手和我紧紧握着，并说：“你们《文汇报》实在办得好，琴棋书画、花鸟虫鱼，真是应有尽有。编排也十分出色。我每天下午起身后，必首先看《文汇报》，然后看《人民日报》，有空，再翻翻别的报纸。”

毛主席这种高度评价的鼓励，像一股暖流，在我血液里汹涌。

毛主席当时的住宅，十分朴素。客厅里中间放一张长桌，被接见者围着毛主席而坐，我和毛主席中间，隔着金仲华；邓拓、王芸生等则坐在对面。

康生先发言，说：“毛主席今天请部分新闻出版界的朋友来谈谈。各位有什么问题，望即提出来请主席解答。”

冷场了约半分钟，邓拓向我轻声说：“铸成同志，请你先带个头。”我就站起来说：“我们都是旧社会过来的人，马列主义水平很低，对在报纸上开展双百方针的宣传，心中无数。怕抓紧了会犯教条主义的错误；抓松了会犯修正主义的错误。请问主席我们该怎么办？”

毛主席回答，大意说你们是做过一二十年的新闻工作了，该好办多了。我们当年被迫作战时，完全不懂打仗，是在战争中学习战争。你们也可在打仗中学习打仗，日渐取得经验就好办了。还有一点是该努力学点马列主义。开始学习，可能学不进去，会顶出来，这叫条件反射嘛！但学多了，瓶子里沾的马列主义会越沾越多。鲁迅当年学马列主义是被迫的，是创造社这批人逼出来的。他学懂马列主义，晚年他的杂文的片面性就少了。

在回答其他同志提出的问题后，毛主席最后问道：“各位在开展‘双百’方针中，还有什么具体困难没有？”我说：“我们《文汇报》在开展电影问题的讨论后，立即遭到有组织的围攻（指当时任市委宣传部文艺处长张春桥鼓动的围攻）。我理解‘双百’方针在政治上的意义，是高价征求批评，让人畅所欲言。现在一围攻，别人就把话缩回去了。有正面或反面的意见，也不敢尽量发表了。”

毛主席回答说：“你的意见很好。这样罢，我叫周扬同志给你们写个小结。这样，批评、反批评、小结。正、反、合，这是辩证法嘛。你的意见怎么样？”我说，主席考虑得很周到，我完全赞成。

接见约有一小时许，最后，毛主席还和参加者一一握别。

离开中南海后，我就叫汽车直驶灯市口北京办事处，向全体记者细细地把这次会见的详情复述一遍，让大家分享我的喜悦和幸福。大家公推姚芳藻一字不遗地记录下来。经我审看一遍，当晚即航寄上海本报。不仅《文汇报》中引起轰动，社外人士如周谷城先生也亲来观看。

第三天，上海小组开全体会议，由陈望道传达毛主席接见教育界部分人士的讲话，徐平羽（当时上海文化局长）传达毛主席接见部分文艺工作者的情况。我传达毛主席接见部分新闻出版工作者的讲话。坐在我身旁的是“小八拉子”姚文元。我传达完后，还低头轻声对他说：“毛主席还提到你，说你的杂文比李希凡、王蒙写的较少片面性呢！”他红着脸微微一笑。

以后，就开了几天大会，但发言者并不踊跃，有的发言，只说了官面话。有些文艺界的人士，则表示“要我鸣放，先该赐给我‘铁券’”。石挥甚至开玩笑地说：大胆鸣放，好比《甘露寺》准备杀刘备的那位，是贾化（假话）。后来经过打通思想，发言的才多起来了。而毛主席一天到大会讲话：说百家争鸣，归根到底是两家：资产阶级一家，无产阶级一家。

我和出席大会的大多数代表一样，头脑发热，没有体会出他老人家的深意。但我始终没有在大会、小会（如新闻界小组会）上发一次言。因为我觉得没有什么意见可鸣放，今后心情舒畅，埋头做工作好了。

在年初，本立就告诉我，邓拓已经决定，要我参加即将于春间出国的新闻工作者访苏代表团（还预定熙修同志参加9月出发的访捷代表团，姚芳藻同志则作为记者，下半年赴匈参加国际青年联欢节）。

宣传工作会议开会期间，邓拓忽通知我，访苏代表团于会后即将出发，并且中央决定要我担任副团长。我自忖，自己是党外人士，怎么可以担任出访社会主义国家的代表团副团长呢，再三恳辞，邓拓坚留不许。

我又对邓拓说："出发前我必须回沪一次，交代和料理报馆及家中的事。"邓拓说："那就早去早回京，最好三天内赶回，因为预定出发的期近，还有不少事需要赶着办呢。"

我会后即乘飞机回沪，第三天飞回。

我母亲很喜爱五岁的外孙女和年甫满两岁的小外孙。

我到上海的第二天，顺车把这个小外甥儿女接来家中（时我家在华山路枕流公寓六楼）。一件意外的事发生了！外甥爬在窗口看花园，不慎从窗口坠下去。一家吓得腿都软了。嘉稑气急败坏地奔到楼下，侥幸小孩跌落在一丛冬青树上。急送华山医院检查，除额部有些擦伤外，没有发生脑震荡等后遗症。我傍晚回家，见其活泼如恒，一颗心才放下了。

第三天即仍乘机回京。那时，国内民航只有螺旋桨机，升空不过一两千米。在泰山顶上掠过时，想起了《论语》上有"登泰山而小天下"。我在《访苏见闻》第一篇写我当时的抒怀，觉得泰山好比毛主席，耸立于群山之上。这也可见我当时对党对毛主席的崇敬心情。

到了北京，邓拓兄告诉我，中央决定叫我当代表团团长，俄文《友好报》副总编卢竞如和徐晃同志（前中南军政委员会公安部副部长）为副团长。团员共十二人，计有《人民日报》陈泉璧、《解放军报》唐平铸、新华社丁九、广播电台的邵燕祥、《大公报》刘克林和《天津日报》的邵红叶等，另有俄语翻译二人。

这次出访，是应苏联外交部和对外文化协会联合邀请的。我方主持单位负责人为外交部新闻司司长龚澎和中国记协主席邓拓。邓拓同志告诉我，中央决定在访问团内设临时党组，组长为徐晃同志。曾叮嘱徐晃同志，党组开会，除纯讨论党内问题外，一律要请团长列席。我听了真是感激涕零，党真把我当自己人了。

在京除准备各种礼物外，还请戈宝权兄向全体团员介绍苏联语言、风俗及其他应注意事项。

3月27日出发。此行在苏共访问十个加盟共和国，历时近五十天，受到苏联各方极为友好的招待。我每天记有详细的日记。兹极简短地摘录如下：

三月二十七日　星期三

四时即起身，整理行装。长儿白仑、长媳朱益陶六时半即来送行，熙修亦送至机场。到机场送行者，除同业外，有苏联大使馆负责人员。

飞机为巨型螺旋桨机，有二十四个座位，恰成我团的专机。于上午八时四十分起飞。

十二时抵乌兰巴托，停四十分钟。下午三时顷，抵伊尔库斯克，开始踏上苏联领土。机场悬有列宁、布尔加宁、毛主席三个像。时天气晴朗，而西伯利亚寒风刺骨。

晚十一时，又换机西行。清晨二时抵克拉斯诺雅尔斯克，离机进餐，三时许继行。

三月二十八日　星期四

晨六时许抵新西伯利亚。九时许抵鄂木斯克。又换机。十二时前抵斯维尔特洛夫斯克，已入欧洲境矣，三时至喀山。

七时半（莫斯科时间二时半）抵莫斯科。欢迎甚盛。我大使馆到有参赞官亭。苏联外交部负责人致欢迎词，余致答词。

住苏维埃大饭店，我的房间有三个套间，两个浴室。工友告我，前次彭真同志及中苏友协钱俊瑞同志来莫斯科，均住此室。

六时，全团赴克里姆林宫，参加苏联党和政府欢迎匈牙利领袖卡达尔欢迎酒会。遇到刘晓大使。会场三个大厅相连，我被介绍会见了西蒙诺夫、波列伏伊诸人，并看到苏联领导人赫鲁晓夫、布尔加宁、莫洛托夫、马林科夫、米高扬、卡冈诺维奇、伏罗希洛夫、别尔乌辛、萨哈洛夫等全部中央领导。

九时许回饭店，看电视，十二时左右入睡。

三月二十九日　星期五

上午赴苏外交部，正式拜访部务委员兼新闻司长伊利切夫，代交龚澎同志赠送礼品。外交部在斯摩棱斯克大厦，高二十七层。又参观莫斯科地下铁道，从白俄罗斯站下去，共青团站回到地面，共行七公里许，每站都以大理石雕砌甚精。又参观市容及旧市区。

三月三十日　星期六

上午参观东方博物馆，有徐悲鸿画。下午，参观天文馆。晚在莫斯科大剧院看歌剧《魔鬼》。剧场有五层看台，颇宏伟。

三月三十一日　星期日

上午，参观克里姆林宫，先到部长会议大楼，瞻望列宁办公室及其简陋宿舍。闻列宁精通英、法、德等五国文字。在部长会议大楼里，也看到卡冈诺维奇、米高扬的办公室。

又参观大克里姆林宫、三座教堂、武器陈列馆及大钟。

下午，全团列队瞻谒列宁、斯大林墓寝，献了花圈。晚，又赴大剧院看芭蕾舞《涌泉》，系根据普希金长诗所写。在剧场遇到贺绿汀，他来苏是参加音乐工作者代表会的。

晚十一时回饭店用餐，疲困极矣。

四月一日　星期一

上午参观小型汽车厂，每天可生产“莫斯科人”小汽车十七辆。

伊利切夫同志来共进午餐。

下午，赴百货公司参观，并看时装表演。

四月二日　星期二

今天天气晴朗，是到莫斯科看到的第三个大晴天。街心花园积雪很快在消融。上午参观市中心市场，旁有集体农庄市场，货色多而贵。

下午访问对外文协，送了礼品。晚七时半，访问《真理报》社，受到极隆重的接待。总编辑撒切可夫及全体编委都参加。撒切可夫和我都致了词。

十时回饭店，开了团长会议，布置下一阶段工作。在莫斯科参观后，将分成两队，分赴波罗的海、乌克兰及中亚细亚各加盟共和国参观。

四月三日　星期三

上午，参观农业学院。下午，赴列宁山参观莫斯科大学，由副校长亲自引导。晚赴音乐剧院看芭蕾舞《天鹅湖》。该剧团曾到北京演出，所以对我们更友好。剧毕，请我们登台与演员合影。

四月四日　星期四

九时出发，到距莫斯科三十五公里的高尔克镇。谒列宁逝世之别墅。

下午，访问市苏维埃。晚，伊利切夫在其家款宴，极为热情，他家藏名家油画很多。

四月五日　星期五

晨起，车赴离市区一百五十多公里的核电站参观。归途，经女英雄卓娅被难处，有大理石像。

晚八时，访问《消息报》，就在那里晚餐。该报国际部负责人罗果夫，与我在渝时相熟。

下午五时，大使馆参赞陈础及官亭同志来访。旋我即与徐晃同志同往大使馆看访刘晓同志。后日将分两组分赴各地参观，我和卢竞如大姐率一组先赴爱沙尼亚参观。另一组由徐晃同志率领，赴中亚细亚各加盟共和国参观。

四月六日　星期六

参观列宁博物馆及画廊。

四月七日　星期日

五时即起，八时五十分飞爱沙尼亚，下午三时抵塔林，宣传部长、《人民之声报》总编辑等来迎接，下榻宫殿旅馆。下午，塔林市苏维埃主席接见，极隆重。接见后举行酒会。七时辞出，参观市容。

塔林临波罗的海，纬度极高，夜晚九时半尚可在室外看书读报，严冬更彻夜长明，时有五色光闪起，名“北极光”。天气比莫斯科为冷，而景色绝佳，到处引人入胜。人口有三十余万。在海滨看落日，树梢红透，而下部仍蔚然油绿，诚为奇观。

四月八日　星期一

八时半早餐。此处西餐风味甚好，尤合我的口味，火腿肥肉少。闻当地农民有一句谚语，大意谓：有了好的猪肉和土豆，便什么都满足了。蛋糕也松软而甜度适中，开人胃口。

九时半，乘车赴哥霍拉也特尔维，参观煤炭联合公司。该处距塔林有二百公里，一路风景甚清丽，公路旁有木板隔墙，盖防积雪溢入公路也。

工厂主要生产煤气及炼制高级汽油。

该地苏维埃及工厂联合欢宴，菜极丰盛，酒亦醇。盖波罗的海三国，文化上受西欧影响颇深也。

六时半宴会毕，出门大雪纷飞，我为江南人，此盖生平之奇遇也。

八时半回到塔林，当地新闻同业来采访，电台要我去广播，当与卢大姐商酌好讲稿。

塔林离芬兰甚近，隔海隐约可看到芬兰的房子。

四月九日　星期二

早餐后出发往距塔林二十二公里处参观“未来”集体农庄。又访问两户农民家庭，每家有沙发和收音机。访问出来，又大雪纷纷，雪势益猛。

晚饭后，参观波罗的海舰队，唐平铸同志着上校制服同往。舰队政委并亲来迎接。

又赴爱沙尼亚歌剧院观剧。演毕，又被邀上台与演员合影留念。

昨为星期一无报，今日各报都以显著地位刊出我团消息及照片。我在广播台讲词，亦译成爱沙尼亚文登载。

四月十日　星期三

昨晚离剧场后，踏雪路归。途遇苏联电影演员《易北河会师》之男主角，相互热情招呼，并谈爱沙尼亚正在拍第一部故事片。今天在餐厅又相遇，原来他也住在此旅馆。老远就打了招呼。广播电台送来稿费一百五十卢布。《人民之声报》送来稿费二百卢布。

十时，访问爱沙尼亚文化部，与部长交谈约一小时。又访问了儿童院，该院共收容从刚出生到三足岁的儿童一百九十个，全是私生子或母亲因病无力养育者。一百九十余婴儿，有一百六十多个工作人员抚养。四时后，游赏塔林市容，市中心相当热闹，有中世纪欧洲城市情调。我买了一个橡皮青蛙及别针数枚，以便归赠亲友。

五时，爱沙尼亚党中央招待，由第一书记凯宾同志接见，送我们每人一套书籍、一套唱片和一面小国旗（闻该国中国人来访者不多）。我们也回赠了礼品。

晚九时，塔林文化界举行盛大宴会饯别。

四月十一日　星期四

七时半，整理行装，文化部又送来照片多张。十时从旅馆出发，十时三刻登机，沿海低飞高度约八百米，甚平稳。十二时半即到拉脱维亚首府里加，迎者数百人，我在机场又致答词。机场举行献花仪式，可见当地之重视。

住里加饭店。闻该店战时被毁，最近才修复。房间小巧，室内有浴室等设备。

二时饭后，即出发参观市容，里加有人口六十万，参观露天音乐广场，有座位数千。闻波罗的海三国人民咸酷爱音乐也。

七时半，看芭蕾舞，所坐包厢为特等的，后面有两层专用休息室，过去殆专供贵族所坐。该剧院气派颇似莫斯科大戏院。

拉脱维亚文字用拉丁文，比俄文易认。文化方面大概受德国影响颇大。

四月十二日　星期五

八时半理发，很快速，不洗头，不刮脸，也不吹风，十五分钟即解决问题，理发费由拉文化部招待者所付，闻每人为十卢布。十时，赴渔业集体农庄参观。该农庄一般渔民每月有四至五千卢布收入。船长及轮机师约为八千卢布。下午，参观里加儿童之家。五时半，赴海滨游览，滨海区距里加市约二十五公里，那一带大都为暑期休假者及游客旅游地，风景及房屋设施均属上乘，海边沙很细。

所有一切，比我四十年代所见之香港浅水湾好得多。七时半，看话剧。今天相当冷，傍晚飘小雪。

四月十三日　星期六

九时，参观无线电厂，是苏联规模最大的无线电厂，制造三种收音机，最大的售两千卢布，附有电唱机。还有一种叫“旅行家”的手提式机，可以插电，也可用干电池，电压也可变换。

二时，拉脱维亚共和国部长会议副主席接见，谈了许多基本情况。因晚上电台约我广播讲话，因请列娜同志（苏外交部翻译）同回招待所，我急写好约两千字，请她译成拉文。

七时，参加文化、新闻界宴会。新闻协会送给我团每人一架“旅行家”收音机，我们也回赠了礼品。

文化部长和我长谈。他一九二二年即参加革命，革命军中有一个排全是中国同志，所以与中国同志的战斗友谊很深。

今天又下了一天大雪，晚上又月明如画，一轮高悬。今日抽空写一航空信寄沪。

四月十四日　星期日

九时参观集体农庄市场。后在街心花园小坐，拍了几张相。

十二时，赴电视台播讲，连翻译共讲了半小时。此为我生平首次上电视。闻苏联各加盟共和国首都及大城市均已设有电视台。

四时前到机场，送行者包括文化部长、文联主席共二百余人。四时二十分起飞。天气清明，而机身颠动殊烈。八时到明斯克，停机休息二十分钟。九时十分到乌克兰首府基辅。下机时大雪纷扬，到机场迎接者有对外文协分会及各报负责人二十余人，还有一位到基辅实习的莫斯科大学留学生姓李的同学，热情来迎，并协助导游市容。基辅有一百万人口（乌克兰全国四千二百万），为苏联几个大都市之一。所住旅馆甚宏伟，仅次于莫斯科苏维埃大饭店。最难得洗澡间终日有热水，可见燃料甚充足。我脚有湿气，烫了一次脚，为来苏后最舒服之一次。十时半晚饭，乐队特为我们奏《全世界人民心连心》《东方红》两支曲子。

四月十五日　星期一

八时半起，窗外一片白色，可见一夜的雪下得不小。出门，雾很重，且泥泞不堪。到第聂伯河水库，仅匆匆一过，有高桥长一千八百米，仅比我武汉长江大桥短二百余米。

基辅很像重庆，有上下城，马路时高时低，我们仅参观谢甫琴柯大学及一有地下室之大教堂及上坡电车等处。基辅甚美丽迷人，可惜我们仅安排半日游程。

下午一时告别基辅，四时飞到第聂伯罗彼得罗夫斯克，下机后春风拂面，完全南方天气矣。续行于下午五时半抵斯大林诺，欢迎如仪。我们下榻顿巴斯旅馆，为该地仅有之旅店。同住的有我国来此学习之矿工同志，告诉我们，参观矿井时必须注意碰头。据苏联新的五年计划，到一九六〇年年产煤六亿吨，顿巴斯占三亿吨。

与《顿巴斯报》同志出观街景，他说赫鲁晓夫去年曾来此市视察，批评专建高楼大厦之不对。现在市政建设已偏重于实用。

街头无路灯，甚觉不便。住所也很像上海的东亚旅馆。开水要自己去打。

四月十六日　星期二

十时，赴矿井参观，先由矿井主任介绍该矿情况，然后各人换好下井衣服，戴矿灯帽，灯可照二百多米。该矿在德军占领时曾放洪水，迄今未干。顿巴斯一带煤层极薄，而煤质甚好，可以炼焦。

今天真正体验了生活。在巷道内低头走了几公里，又爬了二三百米，最矮处需伸腿爬行。出井后，精疲力尽，为赴朝慰问以来走过最艰苦的一段路。

矿井送我们每人一个矿灯，为最隆重之礼物。出矿井后，我们即合照一影，以为纪念。

五时半，看苏军中央部队与顿巴斯足球队足球比赛。结果一比零，顿巴斯胜。观众狂欢。球场夜间可用，有三四百盏照明灯。

在矿井题了一幅字，晚上，又为《顿巴斯报》写一短文。

四月十七日　星期三

九时早餐，州委书记告别，席间又一番干杯，吃了两个钟头，十二时赴机场。在机场据州委书记谈：顿巴斯范围很大，延绵四个州。在斯大林诺（顿巴斯中心）即有五十二对矿井。此外，尚有顿巴斯彼得洛夫斯克、罗斯托夫等州。

在开机前十分钟，又开了两瓶酒，各干一杯。他们说这是乌克兰送行的规矩。且在酒完后，大家要沉默两分钟。大概是唏嘘惜别之意。一时开行，今天飞机较稳，天气也好。二时半后，即看到黑海，海面深绿，并非黑色。飞机降到三百米沿海飞行，约行了半小时，降落索契机场。市长及市工会代表七八人来接。他们有的已着香港衫，可见已完全南方气候。前两天在波罗的海及乌克兰尚大雪飘飘，今到黑海边，完全换一天地矣。

从机场到索契市有三十多公里，索契市本身即绵延三十二公里，人口七万，绝大部分从事旅游服务，工作终年不绝。索契为苏联最著名的旅游胜地，有黑海边最好的游泳浴场。我们住的旅馆即在市中心之海滨，我的房间在三楼面海，推窗一望，绿水拍岸如涛，远处风帆点点。走出旅社门，见市内到处绿草如茵，杂花似锦，马路平坦干净。不远处有巍峨的建筑，为军官休假处，名伏罗希洛夫休养所。矿工休养所则名顿巴斯休养所。乘车在市内一周，景色近似香港。

晚在餐厅吃饭，有一位女侍者能讲流利的中国话，甚以为奇。九时在门外徘徊，见她偕一男友亦能讲中国话，喜而问之。原来他们曾到过我国，且在武汉工作多年。她告诉我：这几天报上最引人注意的新闻，是伏罗希洛夫主席率代表团访华，到处受到我国热烈欢迎之情景。

四月十八日　星期四

昨晚十二时半才睡，今晨七时即起，窗外阴霾，推窗一望，原来昨晚下了大雨，气候微凉，乃将昨日甫脱下之棉毛衣裤仍着上。据唐平铸告诉我，他今晨去海滩踯躅，见有两男三女在游泳。

我们住的地方叫海滨旅馆，正处在风景点，终日可听到海涛声。我在旅馆写完家书后即赴海滨漫步。

我到苏已近一个月，最突出的感想，必须大力注意发展轻工业，否则难以进一步改善人民生活。斯大林在人民中的印象，各地似不一致。听说格鲁吉亚及第比利斯，人民仍尊之如神；其他各地则避而不谈。下午，我到索契市中心游览，有一广场仍名斯大林广场，原拟建斯大林铜像，现在则列宁像巍然独立。

在海滨看到一小孩，长得很有趣。据他的同伴说，他出生在上海，其父母都曾在上海国际旅行社工作。但这孩子不会说中国话。

今天在旅馆门前碰到一批中国人，原来他们是中央林业部派来考察的。他们说，在塔什干，曾遇见我们第二组的同志们。

四月十九日　星期五

七时二十分出发，八时到达机场，约半小时起飞。十时到达第比利斯，为格鲁吉亚共和国首都。斯大林故乡哥里离此不远。机场犹有售斯大林胸章者。文字与俄罗斯文完全一样。十时半续飞，机上来一村妇，怀一婴儿。机上特为她挂一特制之摇篮。可见民用航空在苏联已十分普遍矣。

十二时半到巴库，机场欢迎甚盛，对外文协主席、外交部部长助理及文化、新闻界数十人，并每人献一大束鲜花。

从机上下视，即见到处铁塔。离机场后，一路见到油井如林，都是自动抽油的。

下榻国际旅行社，沿海（里海）岸绿树葱郁，颇似上海黄浦江边景色。五时，阿塞拜疆共和国最高苏维埃主席兼部长会议主席接见，极为隆重，各部部长或副部长均参加。谈话后，游览市区。

七时半，参加晚会，适冯仲云为领队的中国科学家代表团亦到此，乃组织晚会一并欢迎。节目大都为民间舞蹈及民间音乐，奔放而热情。巴库时间比莫斯科迟一小时，比北京早四小时。人口一百余万，为全苏第四大城市。

四月二十日　星期六

翻译同志六时电话将我叫醒，七时早餐，七时三刻即出发至一百七十公里外的古班库区，参观集体农庄。

阿塞拜疆地处高加索，为大草原，与中亚细亚各国相仿，主要缺水。近二十年来，已做了很大努力，搞的小型水利，已很有成绩。今天我们所见，一为古班区的奥尔忠尼启则等六个农场合搞的小型水库，居然能发七百五十千瓦的电。一为巴库附近之人工蓄水湖，规模相当大，尚未全部竣工。十时半，到了古班区，区党委及办事人员，迎接隆重，我又致了答词。先在区俱乐部吃了早餐。有一种饼很好吃，甜而不腻，据说是古班的特产。该区农户一家收入年为五万卢布（平均）。人民生活相当充裕。

午饭吃罢，已六时半，即驱车回程，阿塞拜疆共和国有两位副部长始终陪同（一管文教，一管农业）。九时二刻始回巴库。今天拿去洗的衣服均已烫平送回，服务真周到。

到高加索最大的不习惯是饮茶，我又素不吃鱼类及牛羊肉。今天在古班农庄招宴时，第一道菜为羊肉卷，同席咸叹为异味，我则掩口欲吐，幸同时送上一大盆鸡，掩饰过去了。

四月二十一日　星期日

中国提倡谦虚，对苏联人民印象深刻。在莫斯科时，《真理报》总编辑撒切可夫和《消息报》总编辑古井在我讲话说要虚心向苏联学习时，都说要相互学习，中国同志这种谦虚态度，就是苏联应该学习的。在斯大林诺，一位工人同志对我说，来此学习的，以中国同志成绩最好，因为他们最谦虚。今天，在阿塞拜疆部长会议欢宴我们的时候，也同样赞美中国同志，有一段话最有深意。他说，阿塞拜疆有句谚语，结满果子的树总是向下垂的，真正有成就的人总是谦虚的；只有什么果子也没结的树，才张枝舞干，两眼朝天。

下午参观炼油厂，登九十多米的铁塔，据苏联同志说，这是全国最先进的铁塔。

今天巴库刮大风，遍天灰黄色，像北京冬天一样。据司机同志说，巴库一年四季刮风，很少不刮风的日子。巴库同志说，巴库这两个字，就是俄文刮风的意思。

三时半，应邀到巴库电台向土耳其、伊朗广播。五时半，由对外文协副主席陪同逛百货公司，买了两个茶叶筒和两个胶盒。

七时三刻，赴巴库音乐和芭蕾舞剧院，看古典音乐剧《阿思丽和恰拉蒙》。

四月二十二日　星期一

九时出发，去离巴库七八十公里处的海上采油站参观。我原以为要坐船去。到了那里，才知汽车可直通水上平台，车在钢架木堤上行驰，单程线，极为平稳。木堤联系了一群采油井，平台亦连片，其上建办公室及单身职工住宅，外为餐厅、俱乐部、休息室等，俨然成一小村落矣。

三时，阿塞拜疆第一书记接见。后赴对外文协及各报欢宴，为饯行也。七时，参加列宁诞辰八十七周年大会。归已深宵，检点行李。

四月二十三日　星期二

在斯大林逝世前，各共和国第一书记均为俄罗斯人，近年已有所改变。

六时十分从旅馆出发，经一小时始抵机场（相距三十五公里）。七时四十分起飞，始终在里海上空飞行。约两小时半，到阿斯特拉罕，该处为伏尔加河通里海口。十一时续开，仅一小时许，即到斯大林格勒。下机后，有对外文协同志来迎。一路行来，天气晴朗，但有风，飞机晃动殊甚。

斯大林格勒这个英雄城市，早已名震寰宇；这个城市的血战，挽救了自由人类。我在机上，看到郊野小麦初绿，即有亲切喜悦之感，亦怀无限感激之情。入市途中，见铁路有一列火车，满载拖拉机（这里有个大拖拉机厂），想见苏联近年生产恢复之快。

住的旅馆设备很新式，当是战后新建的。我住了一套房间，舒适仅次于莫斯科。

五时出发参观市区。先到伏尔加河岸看战争最激烈的地方。闻该地将建一六层高的纪念塔。附近已有一水泥坦克纪念，闻当年即由此冲出去，与大兵团会师，包围歼灭了几十万德军。

又参观当年战斗最激烈的巴甫洛夫大厦。现在大厦已修复。我与该大厦出生的两个孩子合摄一影，以留纪念。我在废墟上，还捡得一块废铁，想见大会战落下炮弹之多。又到斯大林格勒战役纪念博物馆参观，曾代表全团在纪念册上题字。该馆讲解员对斯大林功绩含糊其词。

据城市设计院报告，该市房屋在战争中毁去五分之四（即一百五十万平方米），现已新建一百八十万平方米。目前每年建房十五至二十万平方米。主要干道为列宁大街，甚宽阔，电灯又特别亮，路灯为霓虹灯管，每行三排，入夜一片通明，不愧光明大道。

住的旅馆名字叫斯大林格勒大饭店。十时半准备入睡。整天飞行、参观，大家都感劳累不堪了。

四月二十四日　星期三

八时出发，向东行三十公里，至伏尔加河渡口，登上轮渡（运河有落差）。到水电站，有二十余座电站，统一管理。由总工程师报告，该电站于一九五〇年开始建造，明年（一九五八年）第一期发电，一九六〇年可全部建成，共有二十二个机组，每机组发电量为十万五千千瓦，将输送至莫斯科、顿巴斯、乌克兰等地。

参观工地，有如铁塔的起重机几十架，每架只有二人操纵。后又至堤下，看进水闸工程。

归途，曾至拖拉机厂拍照并略事参观。

在运河边为斯大林铜像照了三张相，这铜像高大无比，仰不见顶，不知费去多少纯铜（战后苏联物资奇缺）。难怪赫鲁晓夫揭斥个人迷信。但导引同志，对此只字不提。

今天下午出发时，有一位老太太在旅馆对面的烈士广场献了花。她见到我们，老泪横流地说：她的两个儿子都在卫国战争中牺牲；在围城中，家中留下的三个人也饿死了。边说，边号啕大哭。我看斯大林格勒的居民，绝少有展露笑容的。

四月二十五日　星期四

十时早餐，斯大林格勒州《真理报》总编来送行，致送每人一册照相簿。我们回赠一套福建漆器茶具。他说将送至斯大林战役纪念馆陈列。

十二时半动身，一路平稳，三时三刻即抵莫斯科。在机场等候，五时半晚餐，在休息室看电视。八时三刻又登机飞列宁格勒。一路天空景象，时呈奇观。先是上面明亮，下面晦暗；十时左右，全部变黑。迨离列宁格勒不远处，忽见五色光明亮，光芒四射，殆即北极光欤！

十一时抵列宁格勒，住阿斯托利亚旅馆，与徐晃同志率领的分团会合。十二时半晚餐，与去中亚细亚的团员畅叙别后所见。一时半睡。旅馆床前悬有厚绒毯，以遮“白夜”也。

四月二十六日　星期五

十时出发参观市容。列城风景幽美。今年闻将纪念彼得大帝建城二百五十周年。今日参观者，有尼古拉一世及彼得大帝铜像、冬宫、涅瓦河、芬兰湾海滨等处，还到斯摩尔尼宫及阿芙乐尔巡洋舰参观。

今晚从工人文化宫参观出来，已晚九时半，天尚亮如白昼。回旅馆，看到《人民日报》多份，知国内热烈展开百家争鸣，已进入高潮。

四月二十八日　星期日

上午，苏外交部陪同我们访问各地的葛里高利也夫和布洛克同志，来和我们商谈今后的日程安排问题。苏联同志希望留我们在莫斯科过了“五一”节后，再去克里米亚、雅尔达参观、休息几天。但我团的同志们，则因国内整风是难得的自我改造的好机会，哪怕已成尾声，也急于想回国参加一下，所以，都主张婉辞谢谢苏方的盛意，参加红场的“五一”庆祝会后，即早日回国。布洛克等同志允将我们的希望转达。

十一时，去冬宫参观。规模极大，楼梯就有一百多座，大小厅堂二千多间。我们走马看花走了一遍，就费了好几个钟头。印象最深的是陈列的美术品极丰富；有些名画，已见诸我国报刊。中国美术品也陈列了十几个房间，但精品似乎不多。最后参观金器馆，其中有四千年前在巴库一带出土的古金器。

下午，乘车赴离列宁格勒约四十公里的列宁避难木屋及草棚参观。七时半返抵旅社。这次我们来苏，除出生地及流亡处外，凡关于列宁纪念的场所，都瞻谒过了。

晚八时，列宁格勒州委宣传部及新闻出版界欢宴。宴毕上车站，在站台上又歌又唱，与欢送者联欢，中苏友好气氛非常热烈。旋即登车。这是我们从踏上苏联国土第一次乘的火车。客厢比我们的宽，每节车八室，每室对坐（卧）二人，没有上铺，厢内有各种灯九盏，挂衣处甚多，车厢也似乎比我们的高些。

四月二十九日　星期一

车上睡得很好，铺位宽而暖和。列宁格勒离莫斯科约七百公里，听说是世界上最直的铁路。因为当年设计大臣把计划送呈彼得大帝看时，大帝说路线太弯曲了。他用铅笔在地图上画了一条直线，命令说“照此建造”。

九时四十分抵莫斯科，仍住苏维埃大饭店。我住三〇七室，似乎比上次住的房间更舒适些。下午三时，参观莫斯科画廊，珍品极富，美不胜收。经过红场，已搭好牌楼，“五一”庆祝空气已十分浓厚。

五时，《文化报》总编来访，约我写一篇记述中国的文化生活，以纪念“五五”出版节。

莫斯科的天气已相当温暖，白天出去，不穿夹大衣也可以了。

四月三十日　星期二

十时，赴立体电影院看短片两个。开头，并无立体感，等上面一条红光消失，才感到栩栩如生。

据陈泉璧同志告诉我，他听记者站同志说，最近中央负责同志表扬了《文汇报》，而《人民日报》则受到批评，说还不及《中国青年报》和《北京日报》，因此《人民日报》大加改革云。怪不得我看到最近的《人民日报》，从内容到编排，更加生动、活泼了。我在苏联，也注意苏联各报，看到《真理报》比较呆板（最近也登了象棋等内容），《莫斯科晚报》和《莫斯科州真理报》就比较活泼些。

今天已是一片节日景象，到处高悬红旗。我注意领袖像的排列，很不一致。比较一致的，是赫鲁晓夫第一，布尔加宁第二，而斯大林像则到处不见。有些学校，还保存一些画像和石膏像。

大使馆参赞陈础同志及张映吾同志来访，带来新到的《文汇报》。

五月一日　星期三

劳动节。今年能在世界第一个社会主义国家——苏联欢度劳动节，感到极大的光荣。六时起身，整容整装；七时早餐，向所见的人——包括餐厅服务人员，互问节日的好。布洛克、葛里高利也夫也早来了。葛并带了他九岁的男孩一起来，也互相祝贺。

八时许出发，大家带了自己的护照（我的是外交护照）和入场请柬。一路已看到参加检阅的战车队伍和群众队伍首尾相接。我们来到高尔基大街即转入花园环行路，绕至克里姆林宫旁下车，出示护照、请柬，至观礼台（我们是第七台）又检查一遍护照。红场还没有天安门广场大，检阅台即在列宁、斯大林墓上，分为两层。当然也没有天安门那么高。两旁看台即在墓下的石坡上，隔成若干区域，有石条可坐。

我们到观礼台时，已九时零五分，石条上已坐满了人。我好不容易在第三排找着一个位置坐下。九时半，乐队及各种部队，仪仗队分别由东西北三路进入红场。行列甚整齐，乐队约有八百人。

克里姆林宫伊万雷帝钟楼的钟每一刻钟即鸣一阵。刚到十时，钟鸣声中，即有广播宣布“五一”仪式开始，苏共中央负责同志们登检阅台上层，下层为元帅们。赫鲁晓夫、布尔加宁并挥草帽向观礼来宾致意，观礼台掌声一片。旋朱可夫元帅坐一辆新汽车驰至广场中央，另有一车载一将军从另端驶至，敬礼向其报告，并即驰至部队前传达命令。这些声音，都在广播中播出。部队听毕朱可夫元帅命令，“乌啦！乌啦！”三呼，旋将军又驰至其他部队传达，约共十五分钟，将军回到观礼台，时克里姆林宫的礼炮轰鸣，朱可夫元帅宣读“五一”命令。约十分钟，检阅即开始。首先是在场的乐队，然后是苏沃洛夫军校学员，然后各兵种依次行进。每一兵种受检者有三个方队，极为整齐。地面部队刚过，飞机即成队出动。首先是一架喷气式轰炸机带领四架喷气战斗机掠过天空；然后三架一队，五队一组，都是喷气式，飞鸣而过；最后，有五十架白头飞机，更快捷地轰鸣而过。约计今日受检阅的飞机有一百八十架以上。最难得的，是低飞检阅的飞机好像贴近检阅台上空，比红场四周教堂的塔尖略高一些。

飞机过后，地面部队出动受检。战车、坦克，每排四辆，每组五六排，行驶甚速。先是装甲车、降落部队、降落小坦克，然后是坦克战车、各种炮、“喀秋莎”、火箭炮、高射炮等。后来我和唐平铸同志谈，他说，其中有很多新东西，如“喀秋莎”比以前见过的式样不同，火箭炮也很特别，平射炮炮身极大，还有一种炮后面附带的机器像一座小发动机。

武装队伍检阅完毕，开始群众检阅，时已十一时一刻，先是少先队员跑至检阅台前，也是放一群鸽子和气球。少先队员后，是体育队伍，真是五光十色、丰富多彩。先由摩托车数十辆，每辆有一女子，着短裤背心，立在高架上，手执各不相同的旗帜（每旗代表一个运动队，如斯巴达、狄那摩、火车头等）。由相反方向驰过红场（大队是由西向东行进）。接着，每一种运动项目，都有男女两大队作相应的动作而过，有的还停下来表演。最令人惊奇的是网球、篮球、足球队伍，除大批选手执球昂然而过外，有好几个队带了活动的球门、篮架、网架，两队一路比赛而过，踢、打同时有好几个球，令人眼花缭乱，惊叹不已。

体育大队后是群众队伍。那时，广播中喊出各种口号，各行各业，循序而进，与我天安门游行相仿佛。

红场列宁墓对面为百货公司大楼，面向检阅台，高悬马克思、列宁像，四周有苏共中央主席团各个人的像。会后，步行约两公里，绕至克里姆林宫后门，登车回旅社。

晚看电视，大都为音乐节目。徐晃等同志步行去红场看礼花夜景，我因疲倦未去。

五月二日　星期四

今天气候骤冷，着夹大衣出门还嫌冷了，据天文台报告，今夜最低温度为零下三摄氏度。

上午，开全团会议，初步总结工作，大家认为，此次来苏近四十天来，收获甚大，印象很深刻，内部团结很好，没有发生任何不愉快事件。缺点是出发时任务不很明确，开始组织工作较差。苏联方面对我团极重视，布置也十分周到，所到处都洋溢中苏友好热情。

下午二时，出发赴中央体育场看足球。体育场在列宁山下，与莫斯科大学隔河（莫斯科河）相望。球场甚大，绿草如茵，看台有三层，共可容纳观众十万人。今天为苏联最强的两队——狄那摩队及斯巴达队比赛，门票早已售罄，门前等退票的很多。

午餐后，一部分同志去看宽银幕电影。我与邵燕祥、刘克林等同志再去中央体育场，看冰上芭蕾舞。

晚饭后，与邵燕祥、刘克林同志闲谈一小时半，喝了些白兰地。

五月三日　星期五

这几天，主要负责招待我们的是朗司可依同志。这位同志很热情、周到。每餐后，必问下餐喜欢吃什么？并特为我预备猪排或火腿。因此，我在生活方面更感方便了。上午，一部分同志去看动物园，我因要赶写今晚电视广播的稿子，无法同去。

和丁九同志谈话。他说，我们这次来苏，是非常团结和融洽的。当初要我当团长，是中央决定的，如果林朗同志仍来，是当副团长。党对我这样信任，由衷感激。来苏四十天来，所有团员同志都对我尊重，使我非常感动。

下午三时，参观《真理报》印刷厂，规模的确不小，有四千多职工。除《真理报》外，还代印好几家报纸和杂志。

六时，赶至电视台，我和徐晃、卢大姐两位副团长，都在电视里讲了话。

五月四日　星期六

十时，苏联文化部长米哈伊洛夫接见，由我提出三个问题。米氏刚访问中国回来不久，所以谈得很热烈而亲切。

下午五时，到工会大厦参加苏联出版界纪念大会，会场就在举世闻名的圆柱大厅。厅并不大，圆柱是纯白色的大理石制成，闪闪有致。

我被邀登上主席台。来宾中被邀登主席台者，尚有法国新闻界代表团团长等。

在会场，有几个售书台，据说出售的书是外面轻易买不到的。是以买者拥挤。

工会大厅是老房子，离红场很近，部长会议新建的办公大厦就在隔壁。斯大林等要人逝世后，多在圆柱大厅守灵祭吊。

五月五日　星期日

清晨赴陈泉壁同志房内取回雨衣，并商议分配礼品，预备赠送陪同我们参观的几位苏联同志。

十时半，出发赴高尔基中央文化休息公园游览，有一位《莫斯科晚报》记者在门口等候我们，以作向导。公园大约有一千六百多亩面积，分两大部，一为公园的主要部分，一为莫愁园，供双双对对情侣畅游。园共长十五公里，比上海外滩到中山公园还长，横亘莫斯科河对岸，花树婆娑，鸟鸣蝶飞，风景曲折有致，宜乎莫斯科绿化面积世界闻名也。

七时半，赴记者之家，外交部新闻司特为出版节开此宴会。我们是主宾。席间，有日本记者一再和我碰杯，还有两位美国记者（过去到过我国的）也殷勤和我们周旋。

五月六日　星期一

莫斯科气候又变温暖了。昨晚睡得早，今晨六时半即起，朝暾已耀目。这几天情绪甚矛盾，离家已近五十天，急想回国。另方面，苏联美丽的国土，热情友好的人民，舍不得离开；骤然离去，不知何年何月再来此友邦。

据同志们说，在苏维埃大饭店，普通不带浴室的房间，至少每天收费三十五卢布：像我住的三套间房间，每天收费至少一百五十卢布。我们每人每天的伙食，至少要四十卢布，加上每天交通开支，所费更多（如从斯大林格勒至列宁格勒的机票每张即需五百卢布）。

十时半，出发至农业展览馆，地址在莫斯科西北部，面积很大，而其中道路如矢，绿草如茵，池塘似镜，喷泉如流珠，真像一人间天堂的大花园，面积有几百公顷。除有几座高大的综合馆外，十五个加盟共和国各有一馆，建筑亦全按民族风格，其中俄罗斯、乌克兰、高加索各馆最为丰富、华丽，展品琳琅满目。我们走马看花似的参观一过，有目不暇给之感。等到休息时，腿已酸麻了。回到旅社，躺下看看电视，不知不觉地熟睡了。

醒来，换上西装，电话已来催了三次。入餐厅，布置整齐，宾主毕集。今晚是正式宴会，外交部新闻司及《真理报》《消息报》等各报总编辑均到。我大使馆的陈础及官亭同志均出席作陪。新闻司长伊利切夫同志和《真理报》总编辑撒切可夫同志讲了话。我和徐晃同志也讲了话。席间,《新时代》周刊总编问我对《新时代》的意见。听说，他们准备增出中文版。

撒切可夫同志对我说，苏联天气下去越来越好了，问我们是否有意再勾留两个星期？我说，在苏联再留几个月也是高兴的，太美丽逗人了。但国内正在热烈讨论人民内部矛盾问题，再不回去参加，怕思想上赶不上了。

五月七日　星期二

七时半被电话铃声叫醒，下楼早餐。卢大姐说，图一〇四飞机预定九日起飞，但如赫鲁晓夫十日接见，又可能延期。

九时许，出发赴大克里姆林宫，列席苏联最高苏维埃全体会议开幕礼，我被邀坐在列席座位的第一排，甚受优遇。会场门口，有好几张签到的桌子。

在开幕前，遇到爱沙尼亚党的第一书记和阿塞拜疆最高苏维埃主席团主席，连忙和我们握手招呼。很有“他乡遇故知”这样的亲热。

今天的大会，赫鲁晓夫、布尔加宁、米高扬都未出席，可能在最后讨论赫鲁晓夫的报告。其余如马林科夫、莫洛托夫、卡冈诺维奇、别尔乌辛、萨哈洛夫、朱可夫等都看到了。

大会表决比我国全国人代会简单，问是否同意？大家一举手，一两秒钟就算通过了。

各国使节坐在会场的小厅里。各国记者坐在楼上的旁厅里。

走出会场，我们的汽车中途抛锚，我们主张坐电车回去，葛里高利也夫不同意，另叫了几辆汽车回来。

有一位名叫郭绍唐的中国同志，绍兴人，是早期的留俄学生，参加十月革命，他早已入了苏联籍，娶了苏联老婆，生一个女儿。他已改名郭维洛夫，五十年代初，曾申请回中国参加工作。像这样的例子，我听到好几个。可见中苏两国人民，有传统的血肉友谊。

下午二时，再赴大克里姆林宫，仍坐在前排旁听席，三时开会，由赫鲁晓夫报告，内容主要为工业体制问题，主张管理权下放云。听说，关于工业改革，六月起即实行。

五月八日　星期三

昨晚睡得相当酣，今晨六时半即起。

九时半早餐，十时赴莫斯科广播电台作华语广播录音。同往者有邵燕祥、张又军及翻译王器等同志。

后又访问苏联《文化报》，该报以茶点招待。在《文化报》时，即闻赫鲁晓夫今天将接见我们，二时半赶回旅社。三时午餐，餐完即刮脸整装，三时一刻出发（卢大姐上街未及赶回参加），至苏共中央办事处，由外交部新闻司副司长哈尔拉莫夫同志陪同前往。

四时接见，即在赫鲁晓夫同志办公室。接见时，赫鲁晓夫极为亲切，热烈对我们表示欢迎。我先后提出三个问题：一、改组后苏联工业将出现什么新面貌？二、国际局势之展望。三、今后如何进一步发展中苏友谊。赫鲁晓夫同志一一详答，最后他还主动详细给我们介绍在中亚细亚开垦生、熟荒地的计划。谈话共历一小时四十分钟，在座有伊利切夫和撒切可夫同志，还有《人民日报》的李何同志及新华社的李楠同志，谈话毕，即在赫鲁晓夫办公室照了相，赫鲁晓夫挽了我的手站在中间，其余分两排站在旁边。（按：这张照片，后来在十年动乱中，被造反派在抄家时一并抄去，指为我是修正主义的铁证。大会批、小会斗，勒令坦白交代，折磨逾三年之久。照片上，特地在赫鲁晓夫和我的头部用黑墨水抹上黑圈以示众。）

回到旅社后，形势急转直下，传来的消息，说今晚开出的图一〇四号尚保留余票，如赶不上趟，那我们只能再坐小飞机回去了（当时，莫斯科北京航线图一〇四喷气式客机每周只有一班）。大家决定立即整理行李，赶在今晚出发。

晚十一时上机场。同机有阿尔巴尼亚议会代表团及我国农业部代表等。

赶来为我团送行的，有伊利切夫、罗果夫、外交部东方司副司长贾丕才及《真理报》代表；我使馆陈础及张映吾同志亦来送别。

五月九日　星期四

晨一时，乘图一〇四机离开莫斯科，计从三月二十七日出发，在苏共访问四十四天。临行前，《真理报》记者将刚冲洗出来的赫鲁晓夫接见我们的照片，赶来每人分送一张。图一〇四号共有四十多个座位，中间有两间包房和一间厨房、两间厕所、两个挂衣间。行李间在机身下部，设备相当先进。共有三位女服务员。

飞机起飞后，即升至一万米高度飞行，四时零十分（莫斯科时间，北京时间为上午九时十分。以后即照北京时间计时）即到鄂木斯克。离莫斯科不到一小时，天即微明，不久即东方发红，太阳跃然升出。

在鄂木斯克加油，休息了两小时。

一时五十分到伊尔库茨克。那一带还相当冷，四周山头尚有积雪。

三时离开伊尔库茨克，从此离别了美丽的苏联，离别了热情友好的苏联人民。

五时十分，飞机降落北京南苑机场，先等阿尔巴尼亚议会代表团下机后（有我国首长刘少奇等在机场迎接），我们才下机。到机场欢迎者有苏联大使馆参赞及林朗同志等，同业有《大公报》之赵恩源兄等，《文汇报》有叶冈、朱嘉树来接，并向我送了花束。

回到办事处，晚餐吃了稀饭、酱菜等，过去近五十天中，早晚吃西餐，极想尝尝祖国的家常便饭了。仑儿七时许来。八时，挂了上海报社和家中的电话。

浦熙修同志去哈尔滨视察未回。

### 五月十一日　星期六

上午九时，刘克林、邵燕祥两同志来访。克林所整理之赫鲁晓夫谈话稿，颇为详尽而生动。饭后，与徐晃、卢竟如同志同往《人民日报》宿舍访晤邓拓同志，报告访苏经过。

五月十三日　星期一

回上海。

从此以后，我每天埋头写《访苏见闻》，逐日在《文汇报》发表，引起国内外广泛的注意。中国青年出版社曾和我订约，写毕后即由该社汇集出单行本。

时隔仅二十天。6月8日，发表了《这是为什么？》的宏文。接着先后发表了《文汇报一个时期的资产阶级方向》和《文汇报的资产阶级方向应当批判》两篇掷地有声的檄文。其中有一段画龙点睛的警语："有人说，这是阴谋。我们说，不，这是阳谋。"

从此以后，像太上老君葫芦里喷出一道法力无边的烟。神州大地，刮起一股铺天盖地的罡风，使全国几十万知识分子陷于罗网；随后，还被抛入阴山背后；其中，有不少人家破人亡，妻离子散。有的，还含冤而离开人间。

这是为什么？！时间已做了初步小结。随着岁月的推移，历史将做出更明确的结论。

《访苏见闻》被腰斩了。是年8月起，我被命参加上海市政协集中学习。

9月初，被集中到上海县砖桥乡一个破祠堂里，半天农业劳动，半天学习检查，彻底查出"认识根源""阶级根源"和"思想根源"。同学共五十余人，有沈志远、王造时、彭文应、许杰、徐中玉、程应镠、勾适生、毛啸岑、陆诒、杨荫浏、陈仁炳、李小峰等。我学会了锄草、种菜、挑水、担粪等劳动。两星期放假回家一次。

# 第五章　坎坷生涯（1958—1976年）

## 1958年　五十一岁

古谚说："五十而知四十九年之非。"我实足年龄五十岁，也好像明白了过去四十九年所做的一切，全是错的，全是为资产阶级服务的。

年初，仍在农村劳动。春节以后，领导上通知将全部转入甫在创建的上海社会主义学院学习。开始，同学思想上还有些想不通。过惯了"破帽遮颜过闹市"的被孤立生活，一旦置身在一般群众之中，如何能适应呢？

3月初，终于全部搬入嘉定县外冈乡的上海社会主义学院学习，仍是上午学习，下午参加体力劳动。

特别为我们设了一个第九班集中学习，其余八个班为各民主党派及各界党外人士以及各区知名人士。校舍纯由学员自己建造。市委书记魏文伯任校长，由党校副校长李某实际负责。

时，三面红旗已高高挂起，"大跃进"、人民公社运动在全国铺开，我曾奉命与陈仁炳同学一起参加上海市政协组织的赴江苏大跃进参观团。先到苏州，曾被邀请参观亩产两千斤之验收，田里稻禾黄澄澄一片，的确长得结实，有农民偷偷地泄漏消息，说大都是从另外两块地里割下稻禾放进这块田里的。

在参观团在场目击下，县长亲自监督“割稻验收过秤，亩产为两千零二十斤”云。

在苏州，又看到许多小高炉大炼钢铁，入夜到处火光熊熊。还有许多新发明，如以烘烧饼炉炼钢，名为“遍地开花”云。

嗣后，从镇江过江，至扬州参观两日，乃沿运河至淮安、淮阴参观，则大跃进又更上几层楼，盖“人有多大胆，地有多大产”之豪言壮语已越说越豪壮了。所参观之试验田，则动辄以指标“一万斤”“两万斤”写为木牌，插之田头。最为惊人者，淮阴一农业试验场试验田所种的一亩麦田，标出保证亩产七十六万斤，且写有具体措施：土地深翻一丈，将土全翻开，然后一层肥料一层土，如千层糕似的填入田内。结果如何，我们自不及参观。记得那时看《人民日报》，曾载伟大领袖答记者问：大跃进后中国的粮食吃不完怎么办？“最高指示”答道，可以改我国农田为三分之一耕种，三分之一休耕，三分之一改为绿化，多种树木花果。我们还至泗阳参观，则当时当地农民，多半住在一半露出地面之土坑内，几乎每家门前，见有浮肿病者以粗如麻袋的大腿伸出躺倒，向导解释，说是血吸虫病患者云。还到邳县参观项羽古迹。该县大跃进之唯一突出创造，为土法制造之滚珠轴承云。

我这次被派参加参观团，纯为接受三面红旗之现实教育，以有利于加紧自我改造。

在苏南北参观匝月，并到南京进行参观总结，然后返沪。参观团团长为周谷城氏。

## 1959年　五十二岁

自江苏回沪后，则见各机关、学校大炼钢铁之产品，堆置路旁，路人咸名之曰“狗粪铁”，钢铁厂都不敢问津。而为了搜集大炼钢铁之原料，家家铁门、铁栅、铁器，几无孑遗，而原外侨商店之钢制百叶窗，亦拆卸一空也。

9月，社会主义学院第一期结业，我被调离《文汇报》，调至上海市出版局工作，在审读处负责审读历史及教育书刊。代局长罗竹风、审读处处长许铭、副处长张景选及同事夏昼、王知伊等对我并不歧视，交谈如常，我精神备感宽慰，有“乐不思蜀”之意焉。

初至出版局时，罗竹风甫赴民主德国莱比锡参加图书博览会。回国后在局内全体会议上作报告，先谈莱比锡所见所闻，后提到路过苏联，说：“我在苏联只住三天，所知当然不及在座之徐铸成同志。”徐铸成与“同志”二字连在一起，我闻之如触蛇蝎，几疑听觉出了毛病。

10月，出版局党委开会，宣读中央文件，宣布第一批“已经改造好了的右派分子”，摘去“帽子”，我亦在其列，又一次当场被称为同志。

我两年前“戴帽”时，受降职降薪的“宽大”处分，撤去《文汇报》社长兼总编辑职务，并撤销全国人大代表等公职，薪给被降下六级。时我母亲尚健在，每月收入，辄赖出售旧衣补贴。后由石西民批准，为港报写稿，得以帮助。“摘帽”后，满以为可以稍加调整，不想载入“另册”如昔。有一次，市委统战部曾找我“交心”（汇报真实思想），我坦白说：“摘帽后别无所求，但望薪给略加恢复，因实际生活困难缠人。”结果待遇如故，政治上受歧视如故，原来很熟的朋友，相见若不相识如故。因此，有“脱帽”而“帽”痕宛在之叹。当时上海有一马列主义专家，大概得到我们“腹诽”的密报，曾公开作报告，说帽子要除根，只有老实学孙行者。孙行者历尽八十一次磨难，决心修炼成佛，等到到了西天，帽痕自然除去，唐僧的紧箍咒再也不起作用了。善哉斯言！但转而自念，修成正果，谈何容易，即如法力高超如唐三藏，自以为立足点已根本转变，不也在后来，见了美女就动心，即弃脚底踹了牛粪的女子如敝屣了么？从此，我再也不做非分之想，决心老老实实“改造”，将安分守己以没世矣。

## 1960 年　五十三岁

仍在上海出版局工作。不久，市政协（我在前年已被任为市政协委员）响应周恩来总理号召，增设文史资料办公室，广泛征求老年人士写出亲身经历，不拘体裁，不强求观点一致。我被任为办公室副主任。下午往办公，上午则仍在出版局工作。

当时，政协有学习小组，我被派参加老年组学习。同组学员，颇多不寻常人物，如复旦老教授杨武之先生（杨振宁博士之尊人）及萧纯锦先生（即鲁迅所指斥之杨荫榆时代女师大之教务长），还有严独鹤先生、李储文先生等。还有一位奇特的将军，那就是在天津解放时顽强抵抗的陈长捷将军。他在抚顺战俘营被宽大特赦后，即“分配”来上海政协任专员，一天到晚，埋头于写他的经历。那时的学习、讨论，大概都是照搬“圣谕广训”和《人民日报》已阐述的论调，谁也不敢暴露任何真实思想。比如，有一次，上面布置讨论“三自一包”“三和一少”的问题，大家也照《人民日报》的腔调，“狠批”了一阵。休息时，杨武之、萧纯锦两位先生私下对我说：“我们谁也没有这个思想，我相信上海人谁也不会有此思想。小组里如此郑重地讨论，岂非瞎子摸象，无的放矢？”

但也有极少数过分天真的人，如我的好友沈志远先生，“帽子”刚摘去，统战部的人即找他“交心”，要他汇报真实思想感情，他天真地说，他只有两点想不通：一、为什么天安门一定要挂斯大林的像，使中苏关系更多了一个疙瘩！二、目前农业生产还容许保留自留地，为什么分配上不容许有自由市场的流通渠道？真是祸从口出，“一言既出，驷马难追”，上海那位“一言堂”就认为这两点，都是对外对内的要害问题。从此以后，正如上面所提到的那位马列主义专家所说的，对沈暗中念念有词，并假借别的“罪名”，又狠批了他达半年之久，紧箍咒念得他滚地、翻腾、抓头、抓耳，实在无法忍受了。后来，他终于在“文革”前一年就仰药而与世长辞了，哀哉！这是后话。

## 1961年　五十四岁

记得去年新春，名弹词歌唱家徐丽仙曾唱出《六十年代第一春》，脍炙人口。今年是1961年，倒过来看，还是1961。这对我印象极深。

是年，市委宣传部石西民部长亲自抓《辞海》的重修工作（就在1957年毛主席召见部分新闻出版工作者谈话时，据说是舒新城先生亲自接受重修《辞海》的任务。为此，上海特别成立了中华书局辞海编辑所），特包租下外白渡桥堍的浦江饭店，集中上海、南京、杭州、合肥等地的学者，分组讨论词目的确定及释文撰写工作。罗竹风局长被调去负责综合编辑工作。我和沈志远兄也调去分别参加政治经济及近现代史组的工作。

从此以后，我几乎可整天不去出版局了。上午去浦江饭店，下午到政协参与文史工作。

去浦江，至少有两个优点是别的地方办不到的。一是伙食特别好。当时已到“三年自然灾害”的“顶点”，猪肉已成奢侈品，一般居民凭票供应极少量的猪肉。而在浦江，仍每桌四菜一汤，大盘的鸡鱼鸭肉（有些还是从外地调拨来的原料）。为此，专家们甚为安心工作，我注意不时有些居士或释士们，也不再茹素，而大快朵颐了。二是市委特许，凡参加浦江工作的，可以不参加任何政治学习，这无疑是一大解放。

## 1962年　五十五岁

仍在政协文史办公室半天工作，曾为阮玄武（国民党时代曾任安徽省政府主席）、葛敬恩（曾任青岛市长，1945年接收台湾时，为陈仪之先遣人员首领）等代写其口述之史料。旋得全国政协通知，希望组织有关金法朗案的资料。我乃亲自访问北洋皖系要人李思浩氏，记录其所谈史料，每月两次。时李已年高八十四岁，犹健谈。谈及段祺瑞两度当国时情景，辄眉飞色舞。每次谈后，归即记其细节。

《辞海》近现代史释文编写工作，我和陶菊隐先生分任北洋军阀时代及国民党统治时代的编写。亦参加现代史党史部分之讨论。当时已多禁忌，如30年代不能多提，如正面人物不能涉及其缺点；现存人物除毛泽东外，一律不收入，盖尚未可盖棺定论了。总之，一切要以毛选及其注释并胡乔木之《中国共产党三十年》为根据。辞书虽为工具书，亦不能脱离政治，应为当前政治服务云云。故修订多年，迄难定稿。

秋间，我又被约参加《辞海》审定稿之讨论，后内部出版《辞海·修订本试行稿》，以征求各方面之意见。

是年，次儿福仑与西安马瑞兰结婚。次儿初在北京解放军防化部队服役；后受我牵累，下放至福建，曾参加三明钢铁厂之基建。旋自愿入西藏工作，乃与在藏之瑞兰结识。不久，身临前线，指挥连队，参加对印自卫反击战争。

## 1963 年　五十六岁

港友集我在《大公报》发表之逸事、掌故，在港出版单行本，并代取名为《金陵旧梦》。我仅得一册，后且为市政协某领导索去，迄未归还。

是年 8 月，长孙女时雯出生，岁月蹉跎，百事无成，我开始有第三代矣！

## 1964 年　五十七岁

上海“左”倾思潮更抬头。罗竹风因在《文汇报》写《杂家》一杂文，遭文痞姚文元连续批判。上海的“一言堂”柯庆施且在正式大会上点名批判，并革去其出版局代局长之职务。出版局乃将我调至成立不久的“上海出版文献资料编辑所”工作。“文献”者，盖集各出版社被认为有问题的人之“收容所”也。时正筹议影印老《申报》，我即被指定担任索引工作。亦“废物利用”也。

6月，长孙儿时霖出生。甫三个月，三儿复仑及三媳张士慧即将此宁馨儿送至上海，交我及老伴育养。从此，得含饴弄孙之乐。朝晚哺以牛乳，不以为劳。

## 1965年　五十八岁

是年11月10日，《文汇报》上发表姚文元之《评新编历史剧〈海瑞罢官〉》，一般知识分子，思想大为震动。旋《文汇报》邀集若干学人座谈，讨论历史上有无清官问题。盖撒网钓鱼也。

各机关团体也奉命做此讨论。

不久，《文汇报》即公开点出周予同、周谷城、贺绿汀、李平心、李俊民、罗竹风、周信芳等八个人的名字，赐以“反动学术权威”之称。而在各机关讨论中，凡认为清官是历史客观存在、清官总比贪官好者，概被指为立场反动。而认为清官比贪官影响更坏者，后来大都封为造反派。

闻《文汇报》编辑部特设小组专管其事，且设小排字房以便保密云。

是年秋冬之际，我由市政协派往青浦“开门学习”，共一月余。同学有满涛、钱君匋、冯英子等，并曾深入农村向贫下中农学习。时“后十条”“二十三条”已普遍传达学习，工农出身及视为成分较好者，咸动员参加农村的“四清”运动，我们则奉命去农村开门学习。

那时，我的长孙方一岁余，牙牙学语，十分茁壮，逗人喜爱。我在青浦期间，暇辄想念爱孙。每晚公余，常摸黑至电话局打长途电话，话筒中听到“公公”的叫唤声，即心甜如蜜。晚上人静，且长途电话半价收费也。

## 1966 年　五十九岁

是年 6 月 24 日，为余六十初度，至戚尚来我家，杯酒祝寿。

3 月 20 日，毛泽东专门就学术批判问题发表了讲话。他说："我们解放以后，对知识分子实行包下来的政策，有利也有弊。现在学术界和教育界是知识分子掌握实权。社会主义越深入，他们就越抵抗，就越暴露他们的反党反社会主义面目。吴晗和翦伯赞等人是共产党员，也反共，实际上是国民党。现在许多地方对这个问题的认识还很差。学术批判还没有开展起来。各地都要注意学校、报纸、刊物、出版社掌握在什么人手里，要对资产阶级的学术权威进行切实的批判。……"这就说明他对知识分子都当作阶级敌人对待。就在这事以后，在上海文化广场曾举行一次学术界的大会，当时任上海市委候补书记的张春桥曾当众发表讲话，大意说，知识分子口头上也讲学习马列主义，其实学不进去。他们是一学就懂，书本一放就忘得一干二净。这俨然是圣人们嫡传人的口吻，我还记得 1957 年反右之初，当时的"柯老"曾找我谈话，最精彩的一段话我牢牢记得。他说：知识分子的习性，有两个字可以概括。一是懒，平时懒于深刻检查自己，问题成堆就难挽救；二是贱，三天不打屁股，就忘乎所以了。

可见从好学生到张书记，思想上是一脉相承的。

紧接着，是《文汇报》发表姚文元写的文章《评"三家村"——〈燕山夜话〉、〈三家村札记〉的反动实质》，一场没顶的灾祸，已降临到中国广大知识分子及广大人民的头上了。首先遭难的是吴晗、翦伯赞、邓拓、廖沫沙、姚溱以及李平心、傅雷这一批知识分子的精英。

紧接着，发表了《五一六通知》，宣布撤销彭真领导的文化革命五人小组，重新建立“中央文化革命小组”，以陈伯达为组长，江青为第一副组长，张春桥等为副组长，姚文元、戚本禹、王力、关锋等为小组成员，康生等为顾问。中国空前的一场浩劫开始了。

接着而来的是“抛出”彭、罗、陆、杨四位原中央负责同志，接着是“点出”“四条汉子”。

《五一六通知》发出以后，制定了“从北大点火，往上搞”的方针。由康生之妻曹轶欧找到北大的造反派聂元梓等人，贴出了据说是巴黎公社以来的最革命的大字报。

当“揪出”彭、罗、陆、杨以后，我以为毛主席1962年北戴河会议上所提出的“千万不要忘记阶级斗争”“今后革命的主要对象在党内”“赫鲁晓夫式的人物就睡在我们身旁”，这一下，是揭出谜底了。岂知狂风骤雨，不仅没有从此停歇下来，反而更加翻江倒海似的迫临大地。

从北京开头，掀起了反工作组的狂潮。刘少奇、邓小平等老革命，都被迫处于半停职——“戴罪任职”的地位，而造反派的聂元梓俨然成为革命的旗帜，北京各校各派的小将如蒯大富、谭厚兰等亦应时而起，嚣张一时。

8月8日，中共八届十一中全会通过了《中国共产党中央委员会关于无产阶级文化大革命的决定》，即“十六条”。

从此以后，提起毛主席，必加四个“伟大”，林彪被封为副统帅、自然的接班人、“亲密战友”。他所精心编制的《毛主席语录》

乃成为人人不离手的“红宝书”。

毛主席多次亲自在天安门城楼接见红卫兵小将，掀起了全国大字报、大批判、大串联等所谓四大民主的高潮，又号召“破四旧”，掀起了各地抄家的高潮。

终于，《我的一张大字报》揭开了谜底，全国才恍然大悟，图穷匕见，原来，中国的赫鲁晓夫就是指的现任国家主席刘少奇。于是，全国人民视为神圣的1954年通过的《中华人民共和国宪法》，变成一堆废纸了！

在“文化大革命”初起之时，上海出版局领导曾暗示我，要在运动中接受教育，积极参加。所以，工作组开入“文献”后，并未触动我。我安心接受教育，努力钻研雄文四卷，准时上下班。一般革命群众，也视我为过时的“死老虎”，弃置一旁。

是年，我的长媳朱益陶怀孕，春间来沪分娩，生下我的次孙时霆。因为我家要带领长孙时霖，时霆由其外公、外婆抚育。

## 1967年　六十岁

我生于清光绪三十三年丁未。今年，花甲重逢矣。

时无产阶级文化大革命更高潮迭起，上海也组织起各种造反司令部。市委领导同志先后被“揪出”“火烧”“油炸”，最后被“彻底打倒”。王洪文脱颖而出，俨然成为仅次于张春桥、姚文元之上海革命首长。

是年1月，《文汇报》造反派首先夺权，经毛主席和中央文革小组肯定，认为是最最革命的行动，被称“一月革命”，又称“一月革命风暴”，各机关乃纷纷效法。

11月，长儿和长媳来信，请我亲送次孙时霆赴京。我乃向“文献”造反派请假前往（时当权之造反派为“上海出版系统革命造反司令部”，简称“版司”）。

我长子家住北京中关村宿舍，工作则在阜外之北京建筑设计院，我在京留住几日，中间曾抽空赴保定勾留三日，看望三儿三媳。在京期间，只在中关村附近小作徘徊，未敢越“雷池一步”。12月初回沪销假。

不图祸从天降，有一天（12月8日）清晨，忽被“版联”造反派头头揪出（后知版联——全称上海工总司出版系统总联络站，他们想借此夺版司的权）。版联并谎报上海革命委员会，说我是文献版司的“摇鹅毛扇”者之一。

当天下午，版司头头即秘密将我送往《文汇报》。《文汇报》造反派立即予以隔离审查。张春桥并在报端发表谈话，说造反派内部已混入坏人。他并报请中央“文革”小组，开始清理阶级队伍（简称“清队”），从此在全国逐步推行。

我在《文汇报》隔离审查了五十五天，被关在一个洗澡间里。在浴盆上加上一块木板，作为床铺。窗以纸糊，入夜寒风透窗而入，寒彻心肺，共被造反派开大会批斗了四次。没有挨打，但每次必“坐喷气式”，稍一抬头，即被强力按下。

在“狱”，适逢红太阳大寿，一片“万寿无疆”口号声，在斗室中也震耳欲聋。革命群众并吃了寿面。自此以后，我等牛鬼蛇神，每餐必排在革命群众后面。买到饭菜后，必须先向宝像低头请罪，然后低头就食，如基督徒之画十字焉。

在隔离中，白天尚可在馆内行动，并于上下午各清洗厕所一次

（但不准看大字报）。有一靠边者有次代我洗刷，被革命群众发觉，立被批斗一次。

## 1968年　六十一岁

我在隔离中度过了新岁。迄是年春节，始获释放回家。仍每天赴“文献”接受批斗。自然，已归入牛鬼蛇神一类。“文献”共有工作人员一百余人，靠边者占百分之六十以上。张春桥曾对“文献”下过评语：“庙小鬼神大，池浅王八多。”因为我们这些牛鬼蛇神，被造反派统称谓“王八蛋”也。

“文献”之牛鬼蛇神，一律归在并无窗户之垃圾间里，不许看别的书，而勒令反复学习雄文四卷。罚作每日劳动二次，我仍被派清扫厕所。

凡“清”出新的牛鬼蛇神，我们必列队低头陪斗，有时还陪“坐喷气式”。

是年夏，曾全部赴北新泾附近之华漕公社劳动，离市区有二十余里，步行前往。帮助夏收近一月后才全部放回。该公社地处西郊机场附近。放回时，先列队绕各大队示众一圈。每过一大队部，造反派必集牛鬼蛇神开批斗会，选一“走资派”，如宋原放、方学武等为批斗对象，其余则低首陪斗，会后如赶群羊，下令跑步快走。共被批斗近十次，其后一路快跑，一直回到各自的出版社。是日，我们快步疾行近四十里，归家腿痛难忍矣。

又几次派赴曹家渡一带帮修马路，又定期赴桥梁工厂帮拉钢筋。监督我们劳动的头头，是一个敌伪时曾当过“和平军”的造反派（因他不在反革命的“线”内）。他还在批斗牛鬼蛇神的大会上，开口、闭口，以“无产阶级革命义愤”进行揭发批判。

平时除早请示、晚汇报时，我们必须在宝像前低头请罪外，还必须朗读《南京政府向何处去？》《敦促杜聿明等投降书》，我们俨然被看作战犯矣。是年秋，我母亲忽患中风病，瘫痪床褥。按革命纪律，牛鬼蛇神家属一律不许医生上门诊治。我乃请到一位朝鲜医生，一周来打两次梅花针；而那时我领发的生活费每月只有五十元，只能靠卖旧衣抵补。

## 1969年　六十二岁

岁末年初，上海新组织起来的工宣队（全称“工人阶级毛泽东思想宣传队”）开入新闻出版系统，掌握了各社的实权。辞海出版社、中华书局上海编辑所、科技出版社和我们的“文献”四社，被集中在科技出版社内实行军训，进行批斗。所有四社的牛鬼蛇神，一起集中在科技办公大楼的地窖内。地窖阴湿而黑暗，白天也要开电灯。四壁潮湿，壁上渗出滴水；无足够的长条凳，“牛鬼”多坐在水缸边上，就昏黄的电灯，默读毛选。工宣队员不时来监督，催交认罪检查报告。每星期必须写出一份“思想汇报”交工作队批审，并不时指名被押解至二楼，听候革命群众批斗。

清早即集中军训（革命群众也要参加）。由工宣队连长叫口令，领读最高指示，然后带全队人马到打浦桥一带跑步，约半小时后才回来。

广场上竖立一宝像，革命群众早请示，晚汇报。我们这些囚犯则必须低头向红太阳请罪，还须朗读《南京政府向何处去？》等最高指示。

有几天，地窖中也暗地流传私下从革命群众处听来的一件“韵事”。听说有一天清晨，一个素来为工宣队重用的造反派，忘了敲门，走进工宣队连长办公室，只见那位连长同志，强按一个素来积极革命的女青年在乱搞“关系”。他连忙关门退出。不久，这位造反派便被禁闭了，“罪名”是偷看机密文件。

不久，大概工宣队团部也听到些风声，把这位连长同志撤回邮局，另换来了一位连长。

但是，平心而论，第一批派来的工宣队员，大部分还是厂里的生产能手，有朴素的“阶级感情”，对人——即使是对囚徒，也比较关心。以后，每况愈下，轮换来的尽是些口号喊得响而生产吊儿郎当的了。

春节间，他们发明了新花样，各队组布置忠字室。“文献”共分四组。每组在科技二楼有一房间。革命群众买来许多金色纸和五色花纸。中间自然是一幅宝像，上面用熠熠发光的金纸，描剪出“伟大领袖”“伟大导师”“伟大统帅”“伟大舵手”四行金字。正中放一大盆用红纸束好的万年青。四壁则贴了五颜六色的标语和纸串。各组竞相比赛忠字室布置得庄严而豪华。所有搭梯、爬高等重劳动，自然全指挥囚徒们来奴役劳动。

又不久，我们在“忠”字室劳动时，看到广场上革命群众正在跳怪模怪样的舞。后来听说，是新发明的忠字舞云。

里弄里的革命情绪也很浓郁。那时，我还住在华山路的枕流公寓里。这里，住有不少“资产阶级”知识分子中的头面人物，如叶以群、朱端钧、傅全香、范瑞娟、王文娟等，素为造反派所侧目。“文革”初起，抄家之声不绝。居民日夜心惊肉跳。这一地段的里弄干部，特别积极。清队开始后，即下令所有“黑六类”的人前往报到，报到时必先令背一段语录。红卫兵小将在旁监视，如有遗忘或背错一个字，鞭笞之声即随之而来。枕流公寓的“黑六类”，必公开贴出认罪书。每周六晚上，必着令在办公室门前听候传讯，并预先写好一周思想汇报。等轮到后，先向宝像鞠躬致敬，然后背一段语录。革命同志审毕思想汇报后，训斥一番。等命令退下后，才如假释之囚徒回到家中。第二天一早，还要清扫大楼，再排队赴后园清扫垃圾及枯枝败叶。

“文革”初期，大楼里被迫自尽者有三人，一为公用局的一个电机工程师，为有名的专家。一为有名的篆刻家吴某——为王福盦之高徒。另一即叶以群同志，我还看到他的最后一面。那天清晨，我匆匆赶去上班，看到以群在六楼走廊里徘徊（他家住在二楼），我和以群本在解放前即熟识，此时彼此都低头无语。我忽忆及一书本未带。乃回家携取，再出时，隔壁的小孩惊骇地告诉我：“一个人从楼梯间窗口跳下去了！”我从窗口（我住在六楼）望去，见一尸横在马路中，鲜血四溅。等到我由电梯下去时，救护车已“当当”开到了。

我的家共被抄了四次——《文汇报》造反派来抄两次，“文献”一次，里弄革命派也来抄一次。最彻底的是《文汇报》第一次。那时我还在隔离审查中。深夜把我叫醒，勒令套上写有“大右派”字样的硬纸枷。十几名造反派手持铁棍铁棒，押上一辆敞车，直驶华山路。时月色大明，而寒气逼人。到了枕流公寓，大门已关。忙叫人打开，直登六楼我家，令我带枷站立在我母的床前，英雄们则翻箱倒柜抄了一夜，天光大亮才毕事。临行写了两份清单，要我画押，结果两份清单都由造反派头目带走了。他们仍把我押回《文汇报》，关进隔离室。里弄抄家的一次，空气最严峻。我的孙儿，时不足三周岁，每喜收藏宝像，而相当聪慧，出于幼稚的阶级感情罢，常常学写“毛主席万岁”等字样，硬指为大人教导其涂抹的，有辱宝像的尊严，罚我们老夫妇在壁角跪了半小时以请罪。

我母亲受不了儿遭受此凌辱，终于是年十月逝世。草草成殓，送至龙华火葬场，亲友也无一人敢来吊丧。我母勤劳一生，逢此乱世，病不能治，赍恨以殁，哀哉！

而《文汇报》造反派却看中了我的两间住房。原来，《文汇报》社址的大楼内，有一层本分配为电台所用。那时，还住了电台两家高级职员。造反派为了“一统天下”，特经市革会同意，另拨了一两间房子，勒令我家搬出枕流公寓，由电台职员搬进去居住。执行这个换房命令的，是一个姓王的工人而成为造反派小头头的。他用“掉包”的手法，把自己的家搬至拨给我的房子去住了，而强令我家搬至延安中路八七三弄一间不足十平方米的灶披间里，且鼓动四邻对我监督。

我住进这“七十二家房客”式的斗室后，每天仍去“文献”接受批斗。在此前后，中央“两报一刊”先后发表了《批判中国赫鲁晓夫的修正主义新闻路线》等两文，公开点了我的名，说我所把持的《文汇报》，是中国赫鲁晓夫所最欣赏的报纸。这自然提供了工宣队、造反派对我批斗的根据。

是年6月，根据最高指示，知识分子应全部下乡，进行“斗、批、改”，并接受贫下中农的再教育（时称“五七指示”）。不论

“黑七类”还是革命群众，一律赶下农村。出版系统是下到奉贤县的新桥公社。我所在的“文献”则到第四大队。该大队特地腾出几间堆放稻谷及农具的房子安置我们。房子为泥土地，大家席地为铺，晚间只能紧挨着睡，挤如沙丁鱼。白天即坐在铺上学习。每小组有一工宣队领导监督，下午则帮助田间劳动，伙食自办。

革命群众开会时，我们这些“黑七类”分子，则被勒令去劳动。我也学会了编织草帘，并与其他牛鬼蛇神一起，为厕所（即大口的粪缸）上加盖一个稻草棚。劳动则锄草、插秧、挑粪，无一不首当其冲。而且每隔一两天，必开一次批斗会。记得刘少奇同志被开除出党后，工宣队立即召开大会，宣读最高指示后，传达中央“文革”的文件，历数“叛徒、工贼、内奸”的“罪行”，当然，要联系实际，揪我出来，批斗我与赫鲁晓夫勾结的修正主义罪状，以作斗争的活靶子。

有一次斗争会，最使我啼笑不得。原因是一位革命群众，在休息时间向一个工宣队员大讲其京剧《法门寺》里贾桂的故事，还学着萧长华如何念状，我听不顺耳，插嘴说毛主席所以引用这出戏，是说这个太监贾桂见了县太爷都不敢坐，说是“站惯了”的，以说明有些中国人见了帝国主义者，也“站惯了”，不敢与之并起并坐是“贾桂思想”。

这一多嘴，就引来了一场大祸。马上四处贴出大字报，并立即召开批斗会，说我是有意“放毒”。

如此，一直到年底，还全体步行到二十里外的“五七干校”（那时，上海新闻出版“五七干校”还在海滩建房草创阶段）去开了一次大批判会。

## 1970年　六十三岁

年初，我们这一连，即并入“五七干校”，称第十连。“五七干校”由团本部直接领导，政委韩某某为空四军团级干部，领导一切。此外，尚有工宣队及革命群众代表，组成一“勤务组”。

到“五七干校”的第一晚，即对我开了一次大批判会（全校共有学员近两千人）。当时，“一打三反”运动方在开始，大概还没有找出“一打三反”的新对象，乃找到我这个“死老虎”批斗一番，以树立革命声势。大会在领读最高指示后，先由工宣队代表上台批判，其次是当地生产大队代表，后是军宣队代表发言。工农兵次序分明，革命声势大振。工宣队代表，就是我们第十连的连长。听说她的批判稿，是“文献”一个“红”笔杆（原是有名的贪污分子）捉刀的。论稿的警句，说我是“没有国民党党籍的国民党分子”云云。

批判大会时，工宣队员勒令我坐在一张小凳上，毕恭毕敬，低头接受革命群众对我的批判。会后，还连夜开全连的小会，要我汇报大会对我的教育如何深刻等等活思想。

干校的劳动强度很高，一面要建造大量房子——各连住房都为竹子为梁柱的土坯墙、覆以稻草的简易草棚，而能容纳两千多人吃饭及开会的大饭厅，结构亦颇为复杂而艰巨。最费劳力的是开垦、平整二百多亩土地。干校就建立在奉贤海滩上，是新围堤的盐碱地，芦苇丛生，还杂以许多小丘陵。开垦之初，必须先割去芦苇，然后在学校北端开挖一条人工河，从三里外引入淡水。再开小沟，引人工河水入滩涂，逐渐冲刷去土内盐碱，然后先种一年瓜类、棉花及豆类作物。第二年才勉强可试种稻麦。丘陵概需锄平，工程浩大。革命群众一般是半天劳动，半天开会学习。沉重的劳动，强半落在“黑七类”分子肩上。

我虽年过花甲，也照样要参加搬运砖石、平整土地、樵割芦苇及挑粪担水等重体力劳动。

平时清晨五时半起身，集合到海滨跑步军训半小时。早餐后，又按连集合学习语录及最高指示半小时，名曰“天天读”。以后或开大小批斗会，或从事劳动。

干校学员中，本有不少技术人员——尤其是科技出版社，他们曾设计不少平土机、机动车及人工插秧机等“土法上马”的机器。工宣队、军宣队闻讯后，下令一律不准试验。说知识分子下乡，本为劳动改造，利用机器，岂非偷懒，岂非逃避改造？

“一打三反”运动，后来揪出了不少现行“反革命”。我记忆中最突出的有两件：一是有个在中华书局上海编辑所工作的同志，平时爱好收藏版本。对《毛泽东选集》的历次版本，都加以收藏，并比较其异同。造反派就说他蓄意侮辱红太阳，因而被打成现行反革命，还抓进监狱，关了近两年。另一是《解放日报》的一个当权派，忽被揪出，指为现行反革命。他有口难辩，于深晚摸黑跳进一个粪池，企图自尽。后被人发现，救上来了。此外，五花八门，遭陷害或造反派内部相互倾轧的事，几乎月有所闻。

新闻出版系统“五七干校”，与电影系统干校隔河（即那条人工河）为邻。有时我们去劳动，不时经过电影系统干校，见那里的大字报也非常热闹，也常常揭出新的“反革命”。最经常见到的是揭批瞿白音“罪状”的大字报。

工宣队对我们这些牛鬼蛇神，监督得特别严厉。是年秋季，我的老伴要赴京看望大儿子。我特向工宣队连长请三天假，拟回家送其上车。这位女连长非常严格，只准假一天。头一天劳动收工后步行至柘林，乘车到西渡渡江至徐家汇，赶到“小窝”的家中已是黄昏。第二天晨光熹微即须动身，以便赶在出工前赶到干校。所以，我只好托一位至亲，送老伴及孙儿上火车。

是年冬，林“副统帅”第一号命令已下达。干校各连队，天天在清晨进行拉练，并严格防空军训，一声口令，立即要在原地滚下田里隐蔽处；旋又一声号令立即爬上堤。指挥我们军训的那位副连长姓吴，听说原是乞丐出身，因此阶级感情特别深。但这样每日示范操练，不久便下肢生病，经送至上海医治，说是长了癌，要截去两腿，结果如何，不得而知。

## 1971 年　六十四岁

嘉穟去京后，把大孙儿送至保定其父母处，在北京又住了几个月，5 月初回到上海。

干校每月放假一次，学员连头带尾，可以在家休息四天。一长行铁棚车，中间放了几张长凳，年长的革命群众可以安坐。我们这些“黑七类”分子，只能手揽吊绳，挤在车中摇晃。

是年 9 月中旬起，干校的空气有些不正常。先是工宣队、军宣队开会，以后是党、团员开会；最后，一般革命群众也被召集去听报告。田间劳动，只剩下“牛鬼蛇神”们参加。我还是想，这对我们绝不是好兆头，大约一场新的风暴又要降临了。幸而过了两天，适逢照例的假期，我回到家中，照例要先到里弄委员会递交“思想汇报”。晚上入睡前，老妻轻声对我说：“林彪死了，想必你们干校都知道了。”我连忙摇手喝住：“不要乱讲，绝没有这回事，一定有人造谣。”因为事关最最革命的副统帅，轻信谣言，也是“罪该万死”的。老妻却还是喋喋不休，说里弄的人都知道了，绝不是谣言。里弄干部还传达，只嘱咐不要对外国人讲。并说林彪及其一伙是叛国投敌，在飞机上被打死的。

我听了很解恨，但还不敢全信。我们里弄以东不远，是上海音乐厅。我溜去一看，橱窗里放的那张开陈列载有林副统帅玉照的《人民画报》仍在。记得放假前，我曾在干校图书室看到这本《人民画报》，封面是彩色的“林副主席在学习最新指示”照片，拍摄者署名记不清是什么，反正大家知道是“敬爱的文艺舵手江青同志”亲自拍摄的作品，还突出了光秃秃的顶，埋头在“活学活用”最新指示。上海音乐厅还陈列着黄（永胜）、吴（法宪）、叶（群）、李（作鹏）、邱（会作）等几位“无产阶级司令部首长”活动的照片。这就使我更狐疑此消息可信的程度。

假期满后，我仍照例背着行李，到徐家汇坐上校车，历两小时回到干校。

干校的学员忽然大大减少了。听说，没有“政历”问题或问题不大的，一律已调回原单位工作。学员总数由两千余人减少到三四百人。原有十六个连，缩编成三个连：一个是第四连（新闻系统），一个是第三连（出版系统），还有一个第一连，大都是戴了“反革命分子”、“右派”分子帽子没有摘帽的，以及各式各样被认为“坏分子”的人。这个连，还要干重劳动，如运砖瓦、造房子（那时，干校的大礼堂已翻成木结构砖瓦的，此外，如校本部等也已改建成砖瓦房），挖池塘蓄水，植水浮莲、水花生，喂猪喂鸡、鸭等劳动（那时，干校的饲养场已成立）。

我虽“名气”很大，究竟还是“没有国民党证的国民党员”，一向被认为是“死老虎”。蒙恩典编入第三连，而且可以和革命群众——都是留有不同长短的“历史尾巴”的，一起“天天读”（语录），一起“天天唱”（样板戏），并认真学习了。

而团本部一向革命气概岸然的那位军宣队韩政委，忽然不见了。因为他是空四军出身，而空四军军长王维国是积极参与阴谋的林彪一伙。韩政委听说去学习并“说清楚”了。团本部转而由一位姓王的工宣队团长和一位姓沈的工宣队政委领导着。

在组内学习开始，先由连长报告林彪一伙反革命事件的经过和林彪“折戟沉沙”于蒙古温都尔汗的过程（后被称为“九一三”事件），然后小组进行讨论。在会后，又听到议论纷纷，说空四军军长王维国是林彪的死党，参与谋害红太阳的“五七一工程纪要”，向林密报毛的行期。是王洪文在锦江饭店死死把王维国缠住，伟大领袖才得以脱身，绕道回到北京的。所以，论功行赏，王洪文不久即调到北京，成为“中央首长”，而且听说已特擢为预定的“接班人”了（从此，陈阿大、戴立清等流氓分子纷纷弹冠相庆，真有“貂不足，狗尾续”之慨，这是后话）。

我们的小组只有五六人，讨论相当敞开，主要是分析林彪反革命路线“左”的实质。大约不过三五天，上面又发下文件，仍由连长逐句宣读，指出林彪一伙的罪行实质是右，不是极“左”。连伟大统帅都要谋害，岂非右到了极点？连长还逐句传达了伟大领袖从南方某山洞写给“江青同志”的一封信，说明不仅他老先生早已看出林彪一向居心险恶，他是不得已被林彪抬出来做“钟馗”的（为的要捉走资派和反动学术权威这些“鬼”)，而且说明，江青也早看清了，希望她以后再也不要“上当”等等。

总之，学习的风向从此来个一百八十度的大转舵，由批“左”变为继续深入批右。从此，发言只是为了表态，背诵“两报一刊”的社论。我们这些“死老虎”，又变成鸦雀无声了。

## 1972年　六十五岁

仍在干校学习，被人们称为“老山东”(已在干校苦熬三个寒冬)，但连长顾念我年老，以后不去田间劳动，专管工具间；工作是收发镰刀、铁锫、粪桶、水桶等，并于学员用毕交还时，洗刷干净工具及粪桶等等。

还曾临时调去老虎灶帮烧开水，因为我戴着深度眼镜，水烧开时镜片模糊，一次给各连灌十几只热水瓶时，将手烫伤了。连长特恩准将我仍调回工具间。附带一个任务，是每天傍晚待报纸来时，去收发室领取报纸，一一分发各小组。此外，时间悠闲得多了。那时干校已另造好了几间平房，一部分存放各出版社多余的图书(大部分是古书及阐述造反道理的“理论”“文艺”新书，自然，也来了大批郭沫若先生的新著《李白与杜甫》)，一部分房间辟作阅览室。学员并可每人每次借出二册，在寝室阅览。那时，寝室由于房多人少，每室至多只住二三人，尽可搬取多余写字台，作为书桌。我的大部分时间，从此花在温习古书上。几个月中，我曾细读前四史及《庄子》《列子》等古籍，精神上得到寄托。

同时，我的“生活费”也由每月五十元改发一百元，生活也“富裕”起来，除大都留作家用外，有时买一包“前门牌”过过瘾了（平常还是吸每包二角二分的“劳动牌”；在生活费调整前，一向抽八分钱一包的“生产牌”）。

## 1973年　六十六岁

老伴因长儿眼睛工伤，去年就再赴北京，帮助长媳照顾好第二个孙儿时霆。我每次放假回家，只能枯守在陋室里，有时赴亲戚朱家以消磨长日。

秋天，校本部忽宣布，说为了工作需要，决定再调一批人回各自的出版社。我意外地也在名单之列。当天即卷好铺盖，“再会吧，五七干校！”（我似乎很流连这个海滨学校），向来送别的同学们挥手。

上海文献出版编辑所已被取消了，一部分回原单位，大部职工则并入辞海编辑所。

我到沪的第三天，前往辞海编辑所报到。各出版社的实权，仍操之工宣队之手。我被分配在资料室工作，实则仍为“废物回收利用”也。

在资料室的具体工作，是看古书，从里面找出语词，制成卡片，以备修改《辞海·未定稿》之参考。

当时，批林已联系到批孔。林彪的罪行，怎么牵连到孔子呢？原来，据说在林彪“语录不离手，万岁不离口”之时，曾作过一首诗，自称要“韬晦”，而《论语》也确实有韬晦的字样。于是，发动了批孔老二，并认为所有儒家都是保守的，反对革命的，而所有历史上的改革派，全是法家。于是商鞅、秦始皇、韩非、王安石等都行时了，被尊为法家，即历史上的正面人物。当时，传出伟大领袖的一首诗："劝君莫骂秦始皇，焚书之事待商量。祖龙虽死魂犹在，孔丘名高实秕糠。百代都行秦政制，十批不是好文章。熟读唐人封建论，莫将子厚返文王。"

被指为"不是好文章"的"十批"，明指郭沫若先生旧作《十批判书》。自然，郭先生紧张了。

我那时翻读古籍，当然，四书五经以及被指为儒家（如韩愈、苏轼等）的著作都被视为禁书了。我从《商君书》开始，看了《韩非子》《荀子》等书。后来听说红太阳又曾推崇"三李"，于是，大批古诗选也开禁了。和儒家不搭界的旧史书，大可涉猎。从此以后，我就以大量时光，消磨在史籍里，主要细读了有关南北朝的十部史和《元曲选》等文学作品。回家无事，也在昏黄的灯光下，看《资治通鉴》《续资治通鉴》以及王船山（被封为法家）的《读通鉴论》《宋论》，不忘随手抄制卡片。

7 月中，蒙"落实政策"，许我搬出延安路八七三弄这间灶披间，令我搬至重庆北路重北新村两间住屋。

不久，老伴即由北京回到上海。经过多年劳动改造以后，总算有一个可以安居的家，可与老伴朝夕聚首了。又不久，仍按十四级待遇，恢复我"反右"后的工资。

## 1974 年　六十七岁

每天仍到"辞海"去上班。继续做卡片。上面倡议编辑《汉语大辞典》，把我们这些所谓"控制对象"，集中在一间朝北的小房子办公（人称这间房子为"北极阁"），大家为《汉语大辞典》提供原始资料。当时，运动仍频繁。每次运动初起时，工宣队员必在"北极阁”中找人去“谈心”，以探求“阶级斗争的新动向”云。

是年，我的三个儿子，四个孙儿（小者甫四岁）都由媳妇们陪同，来沪探亲，我和老伴初尝儿孙绕膝之乐。

## 1975 年　六十八岁

“批林批孔”运动，锣鼓敲得更响。“辞海”园内，也传抄郭沫若先生一首题为“呈毛主席”的新作：“读书卅载探龙穴，云水茫茫未得珠。知有神方医俗骨，难排蛊毒困穷隅。岂甘樗栎悲神墨，愿竭驽骀效策驱。犹幸春雷惊大地，寸心初觉视归趋。”

这位可敬的学者，也受不了空气的压迫，投“降表”了。但一般的看法，他究竟与现代的冯道有别，被并列为“四大不要……”是有失公道的。

但江青、张春桥辈却更加猖狂，从“批林批孔”，转为“批周公”“批现代大儒”“批宋江”，一步步发展，图穷匕见，“项庄舞剑，意在沛公”的阴谋，已越来越路人皆知。

后来，又提出“反对经验主义”“限制资产阶级法权”“全面专政”等谬论，“四人帮”的野心更加露骨。

是年 9、10 月间，掀起了一股“反击右倾翻案”风。我们“辞海”园（它确有一个树木繁茂的花园）内，也由工宣队奉命鼓动，又贴出一大批大字报。我记得第一张贴出的，题目俨然是“揪出还乡团的总头目！”大家心里明白它的目的所指。工宣队还在各科室强迫写大字报。我们这个北极阁也不例外。工宣队和革命群众拟定了一个“批判”大纲，分几个小题，批“三株毒草”。着令“废物”利用“材料”们限期写出。我到期没有交。我向领导我们的工宣队“请示”：“反击右倾翻案风应该是左派的事。我是全国有名的大右派，也来写大字报，岂非为运动抹黑？”他听了点点头说：“你讲的很有道理，那你就不写吧。”我用了一点狡狯，免于受良心的谴责。

## 1976年　六十九岁

是年，中国三位老一辈的革命家——周恩来、朱德、毛泽东先后逝世，全国震悼、悲痛万分。

尤其是周总理的逝世，首都人民排满十里长街，流泪、痛哭哀送灵车的远去，充分反映全国人民的哀思。

由于“四人帮”穷凶极恶地限制追悼会，禁止人民在天安门广场的悼念活动，激起了震撼大地的“四五”运动。

记得周总理逝世消息传到上海的那天，我方下班，一位退休工人拦住说“赶快去买黑纱戴上！”各里弄群众，则自动集合开追悼会。可见普天同悲，全是发自内心深处的。“四人帮”及其上海余党想压也压不住。

我午后无事，向例在饭后去南京西路“凯歌”茶室。花一毛钱喝一杯咖啡，以消磨午休的时间。

10月的一天，我到“凯歌”买了票，端了咖啡，找个空位刚坐下，准备细细品尝。只见四座的人，纷纷交头接耳，低声议论。“不会是真的吧？”飘来的大都是这句话。也有大胆儿的说：“这些赤佬，早该有这一天！”

一位同桌的座客，看我目瞪口呆，神色茫然，默默用手指指对面的墙。只见有一条用白纸写的大标语：“打倒江青、王洪文、张春桥、姚文元！”还有一条较小的，是“江、王、张、姚‘四人帮’已被捕了！”不少人围着看，年纪大的看一眼似乎吓着走开了。没有多久，来了几名警察，把这两条标语都撕下了，还大声轰开行人，一面说：“这都是谣言，快走开，不许乱说！”我还记得，被撕去的标语，末尾都署名为“交大革命群众”。

我向同座的点点头，他们也报以一笑，彼此心照不宣，没有交谈一语。

回到“辞海”的“北极阁”，也有人在交头接耳。显然，也听到什么了，但谁都没有大声说什么。

第二天，大家才传开了，说“四人帮”前三天已被捕，目前正关押在什么地方。这消息，是交大一位同学接到他高干父亲的来信，首先在校内外披露的。而这个学生和几个一同刷标语的同学，则已被公安局拘捕了。

当天下午，“辞海”负责人——称“领导小组”召开全体职工人会，仍由工宣队头头当主席，而由名义上的第一把手作报告。他是“文革”中第一批“结合”的所谓老干部，所以对“无产阶级司令部”颇有感情，平时做报告时，开口“敬爱的江青同志”，闭口“康老”“张、王、姚三位首长”。提到上海的头头，则言必称“马老”（指马天水）或“景贤同志对我如何指示”，“（王）秀珍同志对我们的工作如何关心”等等，表示他是经常和这几位“首长”见面而蒙信任的。他也是绍兴人，平常他以“革命首长”俨然对人说话时，总使我不由联想到阿Q的言必称赵太爷。自称是“柿油党”的神气。

那天他还是以“满怀无产阶级革命的义愤”，首先申斥“有些别有用心的人"，乱听、乱传谣言，"我们一定要追查"。接着说："中央局势十分稳定，革命形势很好，四位首长照常负责，马老已应召于前晚进京，昨晚还和景贤、秀珍两位通了电话……"就像"此地无银三百两"一样，会散后，下面"窃窃私议"反而更多了。

其实，那几天上海的"无产阶级司令部"的空气万分紧张，调兵遣将，主要是动用王洪文所"精心培养"的"文攻武卫"民兵队伍，即他们所称的"第二武装"——有最精良的新式武器，准备负隅抵抗；已决定了炸毁机场、电厂和自来水厂，炸断长江口及其他水陆交通要道的计划，由徐景贤、王秀珍负责指挥，"分兵把口"。预备一经证实"四位首长"被捕的消息，马上发动"巴黎公社式"的政变（他们叫革命）。先控制报纸、电台。他们连《告全国人民书》和《告世界人民书》也起草好了。

但是，就在他们准备发动"巴黎公社式"暴动的紧急关头，各机关、各团体乃至各里弄的妇孺老幼，一齐出动上街游行，敲锣打鼓，各举各色旗帜："打倒万恶的'四人帮'""清算王、张、江、姚'四人帮'的滔天罪行"等口号，真是响彻云霄。以后，连民兵们也卷入游行的队伍。这样如醉如狂的热烈、愤怒队伍，经常首尾相接，足足持续了三天三夜。使公共车辆无法通行。接着，上海人民广场开了有百万人参加的声讨"四人帮"大会。

在这空气下，徐景贤等的"巴黎公社式"幻梦，当然化为泡影了。

不久，北京派来了苏振华、倪志福、彭冲"三驾马车"的新领导核心。在万众喁喁，渴望除恶务尽的期望中，却一再强调求稳，连对浮在面上的"余党""余孽"，也力示宽大，不抓不办。有些民愤极大的，“说清楚”甚至不“说”就照常工作了。这样的“仁慈”使小民们冷了半截。

至于那些“柿油党”，自然照样“柿油”，有的还继续盘踞机要部门。这情况，到两年后才开始有所改变。

# 第六章　游历著述（1977—1987 年）

## 1977 年　七十岁

自从“四凶”擒捕，天日重光。我在市政协的献诗会上，曾填了一首《好事近》：“雨过风光好，四下阴霾尽扫。天朗气清云淡，旭日当空照。燕舞莺啁春意闹，到好繁花笑。策马阳关大道，心红人不老。”词不工，聊舒满腔兴奋耳。

但“左”的思想积久，难以扭转。个人崇拜，仍为痼疾。伟大领袖变成英明领袖。而“吹、捧、拍”之风仍盛，“交城县出了个华政委”之歌声，到处传唱，俨然成为正统领袖。而两个“凡是”，几乎成为钳制一切的新锁链，广大人民向往自由、安定、幸福之想望，变成了失望。

我仍在“辞海”做《汉语大辞典》之资料工作。当时，出版系统之工宣队，被撤回原厂。“辞海”新造之资料大楼已经竣工。

是年 6 月，长儿白仑、长媳朱益陶来沪，特宴客一席，欢宴至亲，为我广祝七十初度，并共庆十年动乱之收场。

## 1978 年　七十一岁

香港《文汇报》已创刊三十周年，决定出纪念册。派姚宗瓛、吴羊璧两兄来沪约稿，我写了《三十年前》寄去，旋即在纪念册中刊出。这是我尘封二十一年后之首次开笔。从此，经常为香港《文汇报》写《旧闻杂忆》短篇连载。香港三联书店编辑出书，老友余鸿翔（憩云）兄为之作序。

不时去市政协参加恢复不久的文史资料工作，为办公室副主任之一。

是年冬季，中共召开十一届三中全会，决定拨乱反正，开始纠正过去一切冤、假、错案。邓小平同志复出任中共中央副主席，号召全国人民，调动积极性，参加四个现代化的新长征。同时，全国响应《实践是检验真理的唯一标准》的讨论，思想大为解放。这一次三中全会所决定的路线、方针、政策，成为开创一个新时代的标志。

## 1979年　七十二岁

仍在“辞海”工作。是年《辞海》修订本正式出版。在此以前，我参加近代史组的修改工作，集中在陕西南路一大楼里，紧张工作几个月。

香港好友余鸿翔、罗承勋两兄特馈赠十八英寸彩色电视机一台，由梁占元兄远道带交，老友厚情，令人感激。

## 1980年　七十三岁

年初，上海人民出版社历史室叶、朱两同志来访，约写近代新闻史料、掌故及个人经历，欣然应命。经整个春天和盛夏之埋头写作，于秋初交稿，定名为《报海旧闻》，计二十五万余字，于年内出书。后东京第一书屋翻译出版了日文版两册。

是年夏天，我函招四个孙儿、两个孙女，都来上海欢度暑假。时住处仅两间，四孙皆席地而卧，而一门融融，享受天伦之乐。

忽忽暑假将过，送走了各路“小英雄”，本想休息一阵，而政协恢复工作，每周两次，讨论颇费准备。8月初的一天下午，市政协召开各民主党派少数人会议，我也被邀参加，空气似颇为隆重。会上，统战部长张承宗同志宣读“中央六十号”文件，即《中共中央批转中央统战部〈关于爱国人士中右派复查问题的请示报告〉的通知》，宣布对章乃器、陈铭枢、黄绍竑、龙云、曾昭抡、吴景超、浦熙修、沈志远、黄琪翔、王造时、费孝通、钱伟长、黄药眠、陶大镛及我等二十二位“在国内外较有影响的爱国民主人士”属于“错划”，应予改正。同时宣布章伯钧、罗隆基、储安平、彭文应、陈仁炳等五人仍“维持原案”。我听完报告，心头感激。三中全会之春风，终于吹去了压在头顶的一片乌云矣！

想到二十三年来的风风雨雨，竟这样收场，心有怅然。“维持原案”仍留了一个尾巴，心中不免泛起一阵寒意。岁末，偶遇陈仁炳兄，他神情漠然，与我相顾无言。

照例，各民主党派人物要发言表态，自然是热烈拥护。但也有人取瑟而歌，勖勉我们这些“犯”过“错误”的人，以后谨紧记两条：一、不忘九个指头与一个指头的区别；二、勿忘“西安”和“延安”的区别。以后，要我发言，我表示对党的有错必纠、实事求是的态度，由衷地感激。随后，不无激动地说，含冤二十年，人生有几个二十年岁月白白流失？我们这二十二人中，有三分之二已经不堪折磨，离开人间，我是幸存者之一，今后为报答党和国家，将更加实事求是、努力工作，力戒少说空话、大话、套话，以赤忱做出贡献。至于九个指头、一个指头之分，有时也难以区别。请问像“文革”十年所犯之失误，是一个指头还是四个、五个指头？同样，当时号称两个司令部，究竟哪一个司令部是“延安”，事先谁有识力敢于区别？

发言后，有一两位民主党派开明人士，向我热烈握手道贺。

8月中旬，忽接香港《文汇报》由正副社长李子诵、余鸿翔出面，来函、来电邀请我和嘉稑赴港游览，并参加9月初举行的三十二年报庆。时间紧迫，幸得统战部同志大力支持，于9月1日乘飞机南行。过穗时，又蒙《羊城晚报》吴柳斯同志等深夜机场迎接，并有香港《文汇报》驻穗记者及老友陈朗兄多方照拂。香港报馆并已派有专人迎候，我夫妇乃于9月3日平安抵港，余鸿翔、王家祯、曾敏之等老友在车站迎候，同至报馆休息。

屈指从1950年一度来港以后，已有整整三十年与港九阔别。初入港境，即为上天台山之刘、阮，有“山中方七日，世上已千年”之感，二三十层之大厦，密如“石屎林”，而车水马龙，地下铁道、海底隧道以及纵横交错之高速公路，密如蛛网。即如《文汇报》馆，也已由荷里活道之小楼迁至湾仔道自建的十三层大厦，而环顾周围，尚似巨人国中之侏儒。而馆内一切设备，俱已电脑化矣。

我至此不由兴叹，过去三十年，国家之命运也如我个人命运一样，光阴白白流失！不仅流失而已，且关门夜郎自大，自己神化自己，天天搞阶级斗争，以至国民生产，破坏至“崩溃边缘”，而恰在这一段时期，世界已进入电脑、人造卫星时代，正如历史上历次技术浪潮一样，大大推进了生产力之发展。回忆1950年我离港时，香港的面貌大体上与上海相仿佛，现在则差距悬殊，香港已成为世界第三金融中心，生产则与新加坡、韩国、台湾地区并称亚洲四条小龙。神州大陆人民至此，瑟缩变成穷“亲戚”矣！

初到香港的半月，忙于同业酬应，从而了解香港报纸、广播、电视（统称大众传播、简称传媒界）的发展近况。每晚我还饶有兴趣地看一套固定的电视节目《话说当年》，它把历史上那一天的大事，诸如香港建埠初期的概貌风俗人情；大如第一、二次世界大战的激烈过程，乃至墨索里尼、希特勒如何兴起；慕尼黑会议的插曲，以及丘吉尔如何受命于危难之际，出面力挽危局；如罗斯福如何以如炬之目光，介入欧洲战争；即对斯大林参加对法西斯作战，斯大林格勒一役挽救文明世界之危亡，也有旧资料如实地再现于荧屏。对我国国内的大变化，如将家土朝土崩瓦解，解放军进入北京，大军渡江，上海解放的情景，也有客观的摄影报道。这对我这个老新闻记者，不啻重温旧梦。《话说当年》对香港的历史变化，所收集之活动资料更详。我最感兴趣的是1941年底太平洋大战爆发，日本侵略军攻陷港九时的情景，以及1948年那时的香港镜头。这些旧事，引起我的回忆和深思。那两个时期，我都在香港主持一家报馆的笔政，备尝甘苦。那时香港新闻检查极为严厉，新闻动辄被开天窗，社论有几天全篇被“枪毙”，只能留一大块空白。副刊那时有文艺沙漠之称。江太史之诗词及遗少们之妙对等等，充斥版面。

现在，我看到各报生气蓬勃，据同业说，新闻自由之程度，甚至超过美欧各国。副刊亦百花竞放，有一定的质量，此皆香港历代新闻界坚韧斗争的结果，也与祖国之变化分不开。但我想，经济发展，离不开思想活跃。有了自信，就敢于放手任人批评了。这个事实，对我有很大的启发。

我所下榻的《文汇报》宿舍，地处湾仔，三十年前，这一带本为住宅区，现（1980年）已大厦相连，堂馆相接，成为闹市。附近之跑马地、铜锣湾，昔日电车转弯处，人迹稀少，现已成为市中心之一。有名之北角，外江人聚居特别多，与九龙之旺角，咸称热闹中心。至于昔日之繁华闹市如中环，以及九龙之弥敦道一带，更为寸土寸金地，四五十层之大楼及纸醉金迷之购物中心——如新世界商业中心，则成为世界游人采购奇珍异宝之集中地点。我及老妻曾由友人伴同，入内踯躅，恍如步入迷宫，往往如刘姥姥之入大观园。见所陈列之珍品，标价有高至百万港元者，为之咋舌不止。

据报纸记载，香港已成为世界旅游中心之一。港府每年收入，来自旅游消费者占相当部分，约达几十亿港币。香港原为一荒岛，甚少古迹、名胜可言，以何种奇幻，吸引如此众多之游客？友人告我：一为自由港，游客来此采购世界各地物品，甚至比产地为便宜。二则近年大事人工造“名胜”。我在香港历时约百日，曾参观这样的人工古迹、名胜有三处。

一为宋城。面积不过数亩，而城池俨然，其中市肆、店伙、小贩，俱宋时服装、格式，盖按《清明上河图》等历史资料所仿制也。尤令我敬佩者为蜡人馆，凡塑造历史人物——自传说中之轩辕氏、神农氏、燧人氏、三皇五帝直至近代伟人如孙中山、毛泽东、周恩来等都一一塑成与真人大小仿佛之蜡像，共有四百几十尊，且各有其特殊之背景陈设，如越王勾践之卧薪尝胆，如梁红玉之击鼓战金山等，无不神志宛然。我看后之感想，以为此种陈列馆，可以满足未到中国之游客望梅止渴，且对出生海外、尚未深研祖国历史之少年、青年，客观上起了一种爱国教育作用。

二为海洋公园。港府及港绅集资几亿港元，在荒山坡上开辟的特殊大型公园。我驱车前往，见大门前车辆如流水，而秩序井然，毫无杂乱及果皮、纸屑乱抛现象。购票入门，票分两种：仅游前部者为三元票（1980年时）；兼游后山，则为十元，报馆派总编辑金尧如兄之秘书刘伟昌君同游做向导。前部为动植物园、鸟类馆、儿童游乐场等普通游乐设施，花木亭台，亦楚楚有致。购全票者，登半山缆车场，格局俨如一小型车站，进入口处，则有两条钢索，系数十辆圆形缆车，不停地驶向天空。每乘可坐四人。空车进站后，即很快入座，或一人独坐高歌，或情侣双双倚坐，或一家四口合坐，均悉听其便。登车后关上小门，缆车即抛向天空，跨越两座山巅，始到达后山。途中只见彩色缆车在空中穿梭飞舞，蔚为奇观。后部规模更大，面积广数百亩。有海豚表演场，有十分舒适之观览梯形座，可坐几百人，面对一碧绿之水池。每天表演数次，海豚六七尾，不时升出池面，或相互比赛；或有驯养者授以各种物体，头顶弋水而过；或有女郎骑在背上，起伏上下。看台上有不少外籍儿童，拍手称赏。后部共有堂馆十余处，最令人赞赏者为水族鱼类馆，馆中心为一巨大玻璃圆筒，高有十数丈，宽亦数丈。四周有石级，盘旋而下，可以清楚看到各水层海鱼活动之情况及各种珊瑚及海藻之类植物。闻此水族馆，规模之大，收蓄种类之多，冠于亚洲。我默视观客中，有不少为日本及欧美游客，可见其吸引力之大。

走马观花一过，我们老夫妇已腿痛腰酸，幸后部有特设之餐厅部，设备亦仿佛市区之第一流西餐馆，而取价特昂。

是日所见，饱开我眼界。游客中欧美游客占相当比例。闻公园开辟以来，门票及餐馆等之间接收入，已足可偿还几亿元开办费而有余，可谓动足脑筋，招徕游客矣。

最难得者，园内清洁如洗，我从未发现有一落叶、纸屑、烟蒂及痰渍。

三为太空馆。坐落在九龙尖沙咀濒海，乃利用拆除九龙旧火车站遗址而新建者。我们到港之初，甫正式开馆，而预售门票，辄须三日以前。我夫妇仍由刘伟昌君伴往，馆广数十亩。入馆以后，先至展览馆，有以各种图表及实物模型，展示各种天文、地理知识。约半小时后，轮到进入太空馆，馆为球形，上布日月星辰，下则为可以俯仰轮转之软椅。坐后必须用皮带束紧。仰视上空，恍如置身月色皎洁之星空。展览开始，先为游九大行星，然后转入太阳系外，如坐人造卫星，遨游太空，远及各个星系，则见大小星队，闪烁而过。真如《庄子》之大鹏展翼，一冲九万里矣。嗣后，又环游全球。上空先后出现亚、欧、美、非各国之景色，如中国之长城及丝绸古道，如埃及之金字塔及人面兽身像以及巴黎之凯旋门，伦敦之西寺，美国之自由神像及摩天大楼，一一出现在眼前，并配有各自之景色。最令人惊骇者，为置身非洲之天然动物园，猛狮、暴虎及各种猛兽，咸怒吼张口伸爪在目前。还深入断层石壁，适遇海啸地震，石块崩腾下坠。斯时我及老妻，不禁闭目侧身，如身临险境。总之，在太空馆历半小时，无刻不在惊奇震骇中。闻这两套影片，系从海外有名天文馆所翻制，需同时有几十部放映机在各个角度放映，才能如此逼真，参观者有不少外国游客，更多的是各中学师生，由老师率领前来。盖此为学习天文地理知识之好场所。比之学校书本学习，事半功倍矣。

此外，我们曾漫游附近小岛，假友人别墅憩息一宵；便中参观养老院，鳏独孤老均颐养于此。闻年过七十者，无论其子女为百万富翁，或赤贫无助，港府每年每人例发一百元，名为敬老费。数虽戋戋，亦足以表恤老怜贫之意。至入养老院家无后人者，则所需概由社会募款支付。老人咸茗茶欢谈，饭食亦多可口。闻春秋日，港府例派人派车，免费送老人至太平山等处风景点旅行。

我们又曾数次漫步滨海之维多利亚公园，地广宽阔，游泳池、网球场悉具规模。此外，则草地葱绿如茵，花树成林。中秋夜亦曾去观灯，几乎万人空巷，提灯参加者途为之塞，闻该地如按地价出售，收入当不赀。凡此皆引人思考；资本主义制度诚为剥削制度，但开放的资本主义社会，生产力又急速发展，亦有余力着眼于人民之福利，未可以社会制度落后，而闭眼否定一切也。

即如香港之道路建设及市政管理，亦颇多优点足以为人取法者。香港房屋新建者比比皆是，但从不妨碍交通，打桩、建筑，咸局限在一定范围内，不许占用尺寸公地。不得已碍及行人道者，则就地构造临时通道以便行人，片刻不使交通受阻。即山上道路修建或翻修，必另筑便道，不使行车有一刻妨碍。不似内地之动辄隔断交通，阻塞动辄数月。此点我体会最深。1980年前后，我在沪住家重庆北路，曾因修造房屋被截断达数年之久，建筑物资，更狼藉四周半边马路。使附近居民长期处于狼狈状态。惜乎近年赴港考察者多未鉴及此。我在港百日，也曾与《文汇报》领导共同接待多批各省参观、考察团，成员多为党员首长，甚至有除领导“内行”外别无所长。真正的专门人才，如市政“里手”，则是不出国门一步，宜乎多年来关门自大，无从借鉴矣。

有一次，我曾赴九龙远郊之沙田，参观香港中文大学，陪同者有港报副总编辑王家祯兄及刘伟昌君。三十年前，沙田为一荒芜小村，现则三十余层之大厦成片，附属建设，有公园、学校、托儿所以及商场、菜市及其他公用设施，无不完备，俨然成为一新型之卫星城矣。

中文大学在沙田以北之山上。大学原为近十年所建，系以新亚、联合、崇基等三书院发展而成。新亚书院为吾师钱宾四先生惨淡经营所创立，是以学校之图书馆尚以宾四命名。宾四先生则已年迈退休，在台北构筑精舍，仍著书立说矣。

学校的宁静空气，以及浓厚的学术空气及自由气氛，给我一股新鲜印象。有一地区，张贴很多大字报，所涉及之问题，皆多对校内各项兴革之意见，亦有对政治发表坦率意见者。

我参观之重点为该校新闻传播系，蒙系主任及传播中心主任余也鲁先生导引参观美术教育室、广播教育实验室及电视拍摄并放映设备，还有电脑排版及印刷设备，参观了数据存储和传播的体系，历数小时。余也鲁先生还为我召集座谈会，与该系师生交换关于发展大陆、香港和台湾传播事业及新闻教育的意见。谈话很坦率诚恳，使我很受教益。

后来，我又到几家设备较新的报馆、电视台参观。我猛然像从旧世界跳入一个崭新的时代——以电脑、人造卫星、光导纤维、遗传工程为中心的时代了。

回顾一百多年来的中国近代新闻史，也随技术、设备的革命而一步步飞腾。机器的开始传入中国，带来了以《申报》创刊为代表的飞跃；电气的推广，带来了从梁启超到于右任、宋教仁的跃进；无线电和电传照相的应用，使中国新闻界迈入张季鸾、戈公振的时代。现在，我们闭关自大了三十年。恰在这一段时期，世界已进入比前几次技术革命更迅猛的电脑时代了！而且来势之猛，有瞬息万变之势。我们只有迎头追赶，赶上新飞跃的势头，才能与时代相适应。信息社会，是新时代的特征之一。新闻传播事业如不彻底更新，流连于旧模式，仍受窑洞文化的禁锢，那将是自绝前进之路。

这个问题，使我沉思、苦恼了好几天。

是年10月1日，为香港《新晚报》创刊三十周年。该报的血缘，源于1944年重庆创办之《大公晚报》。总编辑罗承勋兄亦《大公晚报》旧侣。他请我写一专栏。我义不容辞，且如久未登台之旧艺人，一旦有机会放声高歌，自然不愿轻易放过。于是以“海角寄语”为栏名，每天一篇，每篇千余字，辄于晚间应酬毕后，深夜濡笔写成，颇引起读者之重视与欢迎，欲罢不能。12月回沪后，又连续寄稿数年，直至罗兄离职后始结束。后香港文艺书屋汇集其一部分，出版专册。

内容大率为回忆“左”倾二十年之旧事，亦有谈及对新闻之希望者。盖我自“改正”之后，即抱定不计较过去之态度，一切恩怨，俱付诸汪洋大海。但认为经验不可不吸取，过去“左”的根子不可不挖根刨尽。否则，一日如有适当气候，毒根又将萌发新瘤，毒害国家民族。

在其他报刊上，也曾发表文章，希望香港报界能形成一健康的舆论中心，对国内政治，善意批评监督；尤其对“三中全会”以来之路线，希望耐心期待，勿过分评头品足，此国家唯一出路所系。

迄12月上旬，即束装赋归。途经广州，又由陈朗兄挽留旬日，在暨南大学讲学一周。又承暨大招待去从化温泉游览两日。见报，知上海复旦大学已聘为兼职教授。回上海《文汇报》任顾问，则早已发表矣。

回沪以后，曾为《世界经济导报》写一连载，题为《香港见闻》，略述所见所感。

是时，正值公审林彪、江青反革命“十恶”大会。看到江青、张春桥仍气焰嚣张，咆哮法庭，若有所恃，不胜气愤，乃为港报“海角寄语”写一篇《他站在哪里？》略抒所感。后闻有些一贯正确者大不以为然。其实，要拨乱反正，尊重法治，必须正本清源，绝不可再不顾事实，为尊者讳，为贤者讳也。

## 1981年　七十四岁

受香港《明报》之约，兼为该报写通讯。辟专栏名《上海书简》，笔名为金戈，盖各取铸成二字之半边也。

在港《文汇报》续写之《旧闻杂忆》，由香港三联书店编次成册出版，书名《炸弹与水果》。

是年春，值母校无锡师范成立七十周年，特偕老妻赴锡参加。同班同学管文蔚、华洪涛亦专程到会祝贺。住无锡宾馆，参观林彪在锡时所建造之地下室。又畅游惠山及鼋头渚等处名胜。

又承旅游局及《无锡日报》友人之招待，派车送我们老夫妻至宜兴，畅游善卷洞。时值天雨，匆匆在宜兴城内一过。三十年睽别之故乡，未能向父老拜访，赶回无锡，翌日即由锡返沪。

是年3月，飞京参加浦熙修同志追悼会。哀此战友，患癌后在“文革”中竟被医院赶出，不治而逝世。闻其在全国政协从事文史资料工作时，尚每天记日记，并曾上书周总理，请严格审查其一生云。参加追悼会者有几百人。其女公子袁冬林君告我，陆定一同志因病住院，特专函冬林，大意谓在渝时曾共同战斗，1957年狂风席卷时，身为中央宣传部长，不能加以庇护，请冬林在灵前代致歉疚之忱。又名画家华君武同志亦来函，谓当“反右”斗争时，他曾画一漫画，题为“犹抱琵琶半遮面”，以讥讽熙修。亦请代向熙修遗容致歉。

在狂风飙起时，熙修且被轻浮之笔调，赐为“能干的女将”，当时定一先生并未亲历其事，而内疚如此。与君武同志发自内心之悔疚，真诚十分感人。盖彼此都为极“左”思想之受害者，一声忏语，足慰死者于泉下矣！

在京勾留数日，闻作家白桦受批判，一贯正确者磨刀霍霍，意图以掀起一场运动为快。曾写短文，抒其愤懑，刊之《明报》。幸邓小平、胡耀邦、赵紫阳诸公及时制止，未起波澜。

曾抽空赴保定探望三儿媳妇及长孙，重游古莲花池公园及光园旧迹，真不胜今昔之慨矣！返沪乘火车，初过南京之长江大桥。

是年冬，香港中文大学联合美国东西文化中心（在檀香山），发起在香港举行新闻教育讨论会，我及其他九人被邀参加，费用概由邀请者负担。我国关系方面已复电应约。后闻有一贯正确者从中作梗，卒失信而未能成行，而台湾应邀之五人，则已将首途赴港矣。

秋冬之际，开始写《杜月笙正传》，在上海《青年报》连载。刊登之日，邮局发报处门前常排成长龙。后因恐主持者心旌不宁，乃于刊出第八章后宣告腰斩，嗣再补写五章，交浙江人民出版社出书。

厦门大学抗战前本有新闻系。此时议恢复，刘季伯先生主其事。函请香港《文汇报》介绍我先往讲学。金尧如兄乃函其大学时代之老师张立先生（厦大历史系教授）到沪面邀。我和老妻乃乘车前往。晤厦大党委书记曾鸣先生及正副校长。初住五老峰之凌峰楼（教授住宅），后以上下不便，移住山下之宾馆。

我对曾鸣等先生陈述管见，认为目前已进入电脑时代，新闻教育应走快一步，设立新闻传播系，以培养能适应四个现代化对内对外之宣传人才。曾先生等深善是说。

曾对中文系师生做学术演讲。原拟做三讲，两讲未毕，则见《厦门日报》刊载，本年全国政协增补委员名单，我亦在其列。旋厦大亦得北京电通知，请促余速赴京开会。

厦门风景秀丽，空气清新，初冬气候尤为宜人。来厦数日，余夫妇仅游南普陀、鼓浪屿等处，其余胜景，尚未及一一登临。接讯后，不得不连夜登程，先赶回上海，然后单独飞京。至则开幕式已过，参加大会及小组会。我及陆诒兄及清华同学吴志强兄同住一室，在国务院第一招待所，地距中关村不远，有直达车可通，休息日可与长儿白仑、长媳益陶及次孙时霆欢聚。

## 1982年　七十五岁

六十年前，我方小学毕业，暑假后考入无锡省立第三师范。是年家乡西城墙新辟城门，城楼悬有蔡孑民先生题字，下署：“壬戌之秋”。运用苏东坡《赤壁赋》旧文，信手拈来，不落痕迹，对我印象甚深。光阴如白驹过隙，转瞬已历一花甲矣！

四川人民出版社征得香港三联书店同意，出版《旧闻杂忆》正续篇，样书及稿酬已寄到。

暮春3月，应浙江人民出版社之邀，赴杭看《杜月笙正传》清样。下榻葛岭下之新新饭店，地临里西湖。每于雠校之余，推窗一望，则西湖波光如鳞，白堤如带。“夹枝杨柳爽枝桃”，堤上如一彩带，桃花正当怒放时节，红、白、粉红色相间，断桥上下，中外游人如蚁。

每当日出和白兔东升之际，辄携老妻踯躅于孤山、西泠印社、放鹤亭及苏堤一带。孤山麓重新雕成之鉴湖女侠秋瑾石像刚落成树立，石基下已有不少花圈。我曾目击三五青年自远跑来，讶曰：“何来一妇女像，一定是刘胡兰之塑像。”其中一人似较为老练，亟更正说：“刘胡兰不会是妇人，一定是黄道婆的纪念像。”青年对历史的无知，可胜浩叹！这都是十年浩劫之后遗症。推而广之，解放后中学不重视历史课程。我写《辞海》秋瑾条释文时，本书“近代革命烈士”，乃被审稿者红笔划去，改书为“近代民主主义革命者”。可见“左”倾思想，源远流长矣。

在西湖畅游十日返沪。

初夏，余也鲁先生同他的老师传播学专家W.宣伟伯教授及夫人来沪讲学，《文汇报》设宴款待，余送之返锦江寄寓。余先生邀我单独谈话，欣然曰：“闻先生将协助厦门大学创办新闻传播系，计划如何？”我说：旧大学新闻系，辄纸上空谈，学生毕业后不能立即投入实际工作。按我的想法，厦大不乏在海外之毕业生，拟发起募款，为厦大建立一规模相当，近于香港中文大学之传播系，电脑设备雏形齐全，便于学生在学习中，逐步掌握电脑等最新传播媒介。也鲁先生极兴奋，慨然说：“募款费时，且无把握，先生果愿出面创办传播系，我可与国外基金会联系，无偿、无条件捐赠一批必要设备，并可物色英文及传播学专家，来厦大讲课。”

不久，厦大王洛林教授来沪，闻而亟赞之，回厦即向曾鸣先生及校长等进言。厦大乃再邀我赴厦面商。

我到厦数日内，适项南先生视察闽南抵厦，邀我与曾鸣先生同往厦门宾馆晤谈。项南先生本为余解放初期旧识，同为第一届全国人大代表，为人有卓识而富气魄。长谈三小时。项南先生对我筹创传播系，首先设立国际宣传及广告专业之意见，极为赞成。并说，此事为当务之急，即明年开始招生，将至1987年始有学生毕业。为四化大业计，为时已甚亟矣。

后经与曾鸣先生及学校各部门领导细细商酌，决成立新闻传播系筹备委员会，推我为主任委员，刘季伯、未力工先生为副主委。所有教务、人事、基建等部门负责人为委员。

磋商甫告一段落。福建省政协秘书长顾耐雨先生及福州市政府秘书长林萱治先生——为解放前《文汇报》旧友，联电邀约赴榕讲学和游览。

厦大特派车并请张立教授伴同赴福州。

厦门、泉州、漳州一带，称为福建之金三角，物产丰富，人物蔚起。厦榕间为一级公路，车行甚速，过集美后，即向泉州疾驰，一小时余抵泉州，在泉州饭店打尖。

泉州为有名之侨乡，亦为宗教圣地之一，由张立先生一高足导引，参观泉州古寺，登石塔，并展览弘一法师遗物。弘一手书屏条、方额及所刻篆印，均造诣极深，真不愧为近代之高僧也。匆匆一过，继续就道，不久即福州在望。此历史名城，林则徐、林琴南、萨镇冰诸名贤之故乡，心向往之久矣！

顾、林两先生及政协副秘书长兼民盟省委副主席吴修平先生盼候已久，即招待下榻于附有温泉之东湖宾馆。

与顾耐雨先生一见如故，坦率交谈，嗣后，我即以顾老称之。据修平谈，福建冤假错案之平反工作较彻底，顾老与有力焉。

在省政协大楼共讲两次。福建省政协大厦之高敞宽大，为我所经各省市之冠。七楼大厅可坐千人，我的第一讲为《新闻"烹调学"》。是时我对大众传播之意见，已日趋条理化。大要认为要革新我国新闻事业，一须赶上电脑化时代之新潮流，熟练掌握自采访到印刷一系列新工具。二须本于实事求是之精神，重视宣传效果。因此在采访、写作、编排、言论各个环节，都要尊重事实，尊重大众传播之客观规律，反对教训人、满堂灌之模式，而视读者为知心朋友，以平等之态度，耐心摆事实，说清道理，以求得读者之爱读、信服而引起共鸣。我总结这一套理论，名之曰"新闻烹调学"。恰如厨丁掌勺，不管原料是社会主义的，还是资本主义的，都应力争适应读者口味。使读者翻开报纸，即觉珍馐满桌，而大碗小盆搭配有致。每菜色、香、味俱全，吸引读者垂涎欲滴，食指大动。

如每菜都贴上社会主义标签，而做教条主义宣传，则恰如厨师每菜必加上大把辣味，则顾客必望而却步矣。

是日听讲者除新闻界外，有大学教授，有中小学老师，还有大量民主党派成员。会后听反映，一般认为针对性强，说理透彻，对各项工作，都举一反三，有所启发。

第二讲为如何改进对台湾宣传工作，亦应讲求实事求是，不夸大自己之长，亦不抹煞对方之优点，更不应以幸灾乐祸之口吻，夸大对方之天灾人祸。福建为宣传前线，更应努力加强祥和空气，创造声气相通之条件。

省政协十分重视我的两次讲话，事后编入学习资料中。对党外人士之言论如此重视，在我，亦为罕见。

以后，连日参观漆器厂及玉雕厂，见巧匠精雕之花鸟虫鱼，栩栩如生。大块田黄雕制之玉器，尤价值连城。漆器如脱胎复制之大件石狮、古器，亦与原件不爽毫厘。

在市区游福州西湖，市内三山。并驱车同游鼓山。山丈为缕述左宗棠治闽故事，知左氏之遗爱犹长流民间。省政协及福州市府特治素筵款宴。林萱治兄并带来荤菜多件，以增酒兴。是日，杯盘狼藉，主客尽欢，不知落日之西沉，回城已万家灯火矣。

是年初冬，偕研究生贺越明君同游武汉，盖参加武汉大学之校庆也。寓东湖招待所，适与《人民日报》高级记者、名画家方成同志为邻，同席畅谈，有时且同车出游，重温解放前在上海之友情。此招待所规模殊大。红太阳曾驻跸于是——另有一建筑群，“百万雄师”（武汉一“造反组织”名）闹“革命”时，闻谢富治、王力亦移居于此。盖饱记历史之风雨也。而招待所地广数十亩，树木森森，面向东湖汪洋一片，自然景色亦绝佳胜。

30年代，我曾在武汉工作整四年，对我亦有第二故乡之感情。武大庆祝告一段落，即由武大吴肇荣、吴高福两位先生及《湖北日报》之雷刚、《长江日报》之陈修诚诸先生陪同，过长江大桥至汉口寻觅旧踪。先至大智门，我还依稀认识方向，果找到宏春里。吴肇荣先生亟赞我记忆力之强。里弄宛然旧貌，内部房子已改修。旋至江汉路以东之三教街钦一里，则旧巢房屋仍在，而里弄外已成估衣集市，从沪穗运来之时装摊贩相接，对门原有之世界旅馆则不复存在矣。而太平洋饭店大楼依然矗立，已改作某公司矣。

又至原金城银行所建之金城里，为余在汉居住最久之地，当时为最新式之公寓款式。至则房屋依旧，而窗败栏断，非复五十年前面貌矣。又至隔街之汉润里，寻《大光报》及《大公报》汉口馆旧址，亦能辨认出地址门牌。随行之两报记者，在我站立各“旧巢”前，为摄影留念。

在江汉路之璇宫饭店，为当年花柳烟花之场，现则已改修成为接待外宾之招待所。我等亦在大门前合摄一影。

翌日傍晚，又偕雷刚及贺越明两君，再往汉口寻梦，在江汉参加夜市，并至因红太阳照临而闻名之老通成吃豆皮，味亦平平，所售之罐装原汁鸡汤，实快朵颐。

饭后赴汉剧院看戏，适是日主角陈伯华无戏，由新角演新编剧，汉剧之特色仍保留。回忆五十余年前，陈伯华初露头角，艺名“小牡丹花”，而牡丹花则为老辈演员之艺名。我当时曾看其演出《采花赶府》《活捉三郎》等戏，叹为观止。及今道及，真如白头宫女话当年矣。

在武汉其余的日子，曾在武大新闻系筹备组与教师们座谈，我谈对发展我国新闻教育的意见。又应华中工学院院长朱九思先生邀约，向正在培训的各县宣传干部作了一次讲话。

《湖北日报》约去座谈一次，总编辑樊坤同志虚怀若谷，亲自做了笔录，并邀请我去看武汉歌剧院试演的歌剧《编钟歌舞》，耳目为之一新。

还去《长江日报》编辑部座谈，受到该报负责人陈修诚、胡文新诸先生热忱的接待。

在武汉游兴已阑，买舟东下，先与江苏省记协王寄忠先生及《新华日报》高羽先生函约，拟过宁时勾留三日。到南京后，厚蒙接待。先后曾参观太平天国天王府、孙中山之临时总统府并游中华门、栖霞山及玄武湖、莫愁湖等风景，再次领略六朝及近代遗迹。

## 1983年　七十六岁

开始写《哈同外传》，每天写一段，即交《新民晚报》发表（后由上海文艺出版社编次成书出版）。

初春，民盟总部在无锡举行东南各省市宣传干部座谈会，约我前往参加，并作了讲话。住市中心之无锡饭店。翌日，宜兴县政协秘书长俞志厚先生及《宜兴报》之许周溥兄驾车来接，我得有机会再至“故乡做客”。下榻县委招待所。

饭后休息片刻，即溜至南大街豆腐花小担饱“胀”了三小碗，盖此皆儿时所喜尝，而他乡虽间亦尝到，总不如故乡风味，所谓“月是故乡明”也。承俞志厚先生亲引导参观周孝侯庙残址。“十年动乱”中破坏仅存躯壳。而抚摸四壁，周处亲书“云龙风虎”及王羲之所书碑碣幸获存在，为之释然。闻县当局及父老正努力于修复原样工作。

第二日，全日在《宜兴报》讲新闻近代史略及“新闻烹调学”，常州、镇江及长兴、湖州报界及部队宣传干部咸派人来参加。案前有大型录音机七八架。可见我国三中全会以后，各地方报亦日趋健全，主持者亦虚心好学。

在故乡三日，得交不少新友，并与敦本小学同学万元祥兄晤谈。总角之交，都已白头矣。

第四日又赶回无锡，参加无锡民盟支部之欢宴。主持民盟中央此会者，为老友冯亦代兄。

初夏，应《镇江日报》总编姚杰先生及编委余中奇兄之邀，偕老伴赴镇小住三日。得畅游金、焦、北固及招隐山等远郊三山，风景尤为秀丽，无怪梁昭明太子弃“皇太子”之尊如敝屣，隐居此山，修纂光照千古之《昭明文选》，而东晋音乐家戴颙亦隐此山，谱《广陵曲》也。

在镇亦曾谈“新闻烹调学”，南京记协负责同志及兴化、扬州报亦有人来听。南京大学学报编辑亦来听讲。

是年秋，厦大新闻传播系正式成立，招第一批新生。我请商一仁女士偕往，不日，余也鲁先生亦偕夫人来，与曾鸣、刘季伯、未力工、潘潮玄等诸先生共议教育大纲，以及向外引进人才、器材诸问题。筹委会改称系务委员会，我任主委。

一切商定后，应项南书记电邀，再度赴榕。下榻温泉宾馆。闻厦门海滨一带，风景幽绝，二十年来，一直为“厦门前线”。现则密布祥和空气，部队逐步调撤。旅游部门争取建造旅游堂馆及景点。项南书记重视教育，划五百余亩交厦门大学，作建立传播大厦及扩充其他文科教育设施之用。闻之极兴奋而鼓舞。

当时国内忽又掀起一股批判“自由化”风潮，甚至层层检查。

厦门美术学校之石膏女像，亦有人主张“砸烂”者。项南在闽坚决抵制。

送别也鲁先生后，我亦旋乘机直飞北京，参加政协大会，途中曾写《空中赏月》杂文，以讥弹“左”得可爱之英雄。此一阵罡风，卒由中央负责同志之英明决断，得以煞住。

是年夏季，曾应浙江人民出版社袁伦生先生之邀约，偕妻再至西子湖边，畅游十日。下榻杭州饭店，整理稿件，发《新闻丛谈》稿。有机会参观改建之康庄、刘庄（皆在后湖，为1958至1959年“自然灾害”期间所改建之行宫）。又参观林彪出亡前所营之“地下宫殿”。辄诵《阿房宫赋》之警句“五步一楼，十步一阁”，“奈何取之尽锱铢，用之尽泥沙”，“秦人无暇自哀，而后人哀之”。反复吟咏，深为独夫兴叹。

回沪，又曾为四川人民出版社编《旧闻杂忆补篇》稿。

并曾于盛夏偕嘉稑赴京，参加民盟中央钱伟长先生所主持之学术讲座。我主讲之题目为《新闻艺术》，共分十讲，每讲两小时，每周五次，共讲两周。讲坛借北京师大课室。参加听讲者有百人，来自近二十多个省、市、自治区，大率为新闻干部及新闻教育工作者。我下榻休息，则在东直门附近海运仓宾馆，儿、孙咸来欢聚。贺越明君则偕行作为有力助手，协助民盟同志布置讨论，甚受学员之尊重。后武汉大学新闻系教师，根据录音，整理成书，交上海知识出版社出书，颇获好的反响。

是时，我的长媳朱益陶染有肺癌，我夫妇曾往医院慰视。无奈病发时已至晚期，化疗、中医均无效。是年隆冬，不幸终于病逝。长儿白仑，遭此丧偶痛苦，自己又双目近于失明，次孙时霆甫上高中，一家悲痛，自不待言。我夫妇老年痛失此贤孝家妇，亦忍不住老泪横流也。

## 1984年　七十七岁

新春2月，应苏州大学中文系邀约，讲课两周，住专家楼，盖原东吴大学外籍教授之住宅也。忆1945年送白仑儿来上东吴高中时，觉房舍优美，花木布置井然。此次重来，四周教育大楼轮廓依然，草地亦依然葱绿。四周合抱大树无虑数百株。真“十年树木，百年树人”之良好基地也。

我在古屋楼头，辄涉遐想：假如在解放之初，院系调整之时，能保存私立和教会大学之名称，而仅改革其课程及人事。诸如“东吴”“金陵”“燕京”“岭南”“华西”等校名，并无“阶级”意义，且有传统的学风，则不仅在开放中，增长引进及信息交流之便利，且可以鼓励千千万万老毕业生——大部为老中年各门专家之积极性。而见不及此，当时“一刀切”之结果，三十年后之今日，补救为难矣。

在苏州大学讲课三次，主要为谈古典文学及新闻报道文学之语法修辞。空余时间，并游附近之沧浪亭及网师园。我幼时曾熟读苏子美之《沧浪亭记》，故对此古园特有感情。网师园则小巧玲珑，一亭、一石、一花、一木，皆布置独具匠心。站在任何角度，或从任何窗口望去，都成一幅中国画之山水画图。我在姑苏大小园林中，最偏爱网师园。因地较偏僻，游人亦不如狮子林、拙政园、留园、西园之拥挤。选桌静坐，一壶清茶，从四面门窗中欣赏中国画活的画页，其乐趣诚无穷也。

当时，夏衍、陈白尘诸兄正在苏审定大百科全书电影戏曲卷，特趋往旅舍拜访。

苏州熟友陈雪楼、孙国宝及表弟周维钧频来校访晤。讲课毕后，并相偕至枫桥参观寒山古寺，蒙性空法师邀入禅堂，款以香茗、干果。见康南海书法，苍劲可爱。

旋至附近之枫桥镇，看其乡办工业，已有丝织厂、塑模厂等多家，工业总产值已达几千万元。且在深圳设“窗口”，产品远销港澳。盖斯时三中全会所决定的开放政策，农村推行承包责任制已初见成效。枫桥加紧步伐，乡民之生活，已见显著改善，公共福利亦已规模初具。我们夫妇及诸友穷一日之光阴，遍访工厂、花木培养场及农民住宅，兴趣甚浓，想此处为苏南推广承包责任制及试办乡镇企业之先进点。回苏大后，亟将所见、所闻、所感，连写两篇通讯，寄香港《明报》发表。

后几日，移住市中心的乐乡饭店，又与枫桥乡之干部座谈，了解该镇工业创立之经过及远景规划。便中游观前街及玄妙观，亦已修缮一新，玄妙观之特色小吃，亦渐次恢复“文革”浩劫前之旧貌矣。在苏州共勾留十日。

4月，接合肥《安徽日报》邀请，并承安徽新闻刊授大学聘为名誉校长，乃与复旦大学之王中教授（新闻系主任，亦被聘为名誉校长）先后前往。参加了刊授大学开学典礼，并“面”授了两次课。暇时，出游逍遥津公园，瞻仰包孝肃祠并附近之廉泉。又寻访张辽“威镇逍遥津”遗迹。

合肥为我国中等城市，市内马路宽阔，到处树木成荫，市内新建房屋甚多。

我及王中先生并参观《安徽日报》社，在编辑部举行座谈。

因合肥火车班次少，经长途电话请南京《新华日报》代订好宁沪客票。昧爽，即乘汽车离合肥出城，在路边小店吃白粥、油条，风味远比上海为好，而取价公道。途经吴敬梓之故乡——全椒，未能停车展谒名文学家墓道。

到南京后，即由《新华日报》总编辑高羽先生招待。旋即赶往车站，乘直达车回沪。

回家度夏。盛暑甫过，忽接《湖北日报》函邀，樊坤同志亲为布置，再游武汉三镇，并畅游鄂中各县，远至宜昌，参观甫落成之葛洲坝，上溯至奉节，来回畅游三峡。樊先生并计划兼游荆襄及秭归，展游屈子及王昭君故居。盛情极可感。

由雷刚兄来沪迎接，我欣然就道。至武汉，寄寓武昌饭店，地近江边，眺望黄鹤楼，重建即将竣工，五层高阁，屹然挺立。

到汉，始知樊坤先生已有出访任务，由《江汉早报》总编辑冉中先生及雷刚兄伴我出游。

到汉之第三日，即由《江汉早报》派车随行。由汉阳登程，中午在沔阳打尖。一路车辆如梭，且多新式之旅游车。盖多为第二汽车厂出品，兼之农民生活大改善，有力出资坐此较华丽舒适之旅游车矣。

抵荆州已傍晚，觅旅舍休息。荆州为三国时名城，尚保存城垣。现有人口十万，除当地居民外，尚有一部分在沙市工作之工人，早出晚归，卜居于此。而城内柏油路四辟，居民大楼已接成整齐大街，空气清新，诚大都市生活者所无法享受。

翌晨，参观博物馆，其中陈列有古楚时遗物如吴王剑等，并有一具完整之古尸，衣饰皆楚时装束，弥足珍贵。又参观一古城楼，格式仿佛《三国演义》插图中所见，还保留一古街道，长约一里，闻将改造成一条楚街，一切商店、民居，皆仿楚时格式。将来建成时，必能吸引大批旅游客人，比之香港宋城，则真景真色，超迈远矣。游毕，即继续登程，穿行沙市，未多停留，盖留待归程时细细参观也。

当晚直抵宜昌，《江汉早报》记者早在桃花岭饭店订好房间三间。我独住一房，一切设备均现代化，尤其招待人员服务周到热情，为国内旅馆所少见。早晚餐均热菜、热汤、热饭。烹调亦属上乘，看我年迈，每餐还特为预备可口之面条，至足感也。宜昌街市沿江长二十余里。1945年胜利复员时，余与同业在空中过此，一片残垣颓壁，仅余之小屋，亦零星残破。今则见大楼成片，半山所建之公园，青翠可爱。真换一人间矣！

参观葛洲坝，先在展览馆看模型，听讲解，后至坝址现场参观二江过船闸，规模远比1957年我所见之苏联伏尔加水闸为宏大。发电站下水势奔腾，如千军万马之怒吼。第二期工程尚未竣工，而所发出之电，已远济汉、沪电力之不足矣。

到宜昌之第三日，与冉、雷二兄同游上游之三游洞名胜。又游三斗坪，听指挥同志介绍三峡大坝建造规划。大坝将高达一百七十五米，人工湖储水则抬高达一百五十米。预计装机发电能力为一千三百多万千瓦，即比目前世界最大的水电站——巴西、巴拉圭合建大水电站发电量还多四十多万千瓦。葛洲坝届时与之相比，则“小巫见大巫”了。

所可虑者，三峡水库一旦建成，坝西水位将抬高约八十米，这样，将形成一个人工内海，不仅鄂西的秭归、巴东一带将沉入海底，川东的巫山、奉节、万县等县大部地区，亦将受淹，影响直至涪陵、重庆，将严重影响生态平衡。此则不可不及时妥善考虑也。

我溯三峡直至奉节的那天，闻李鹏副总理带了一小班子，亲至宜昌、三斗坪一带仔细复查。可见兴建三峡大坝的计划，已日益提上中央之议事日程了。

我们从宜昌西上，直至夔门所在地的奉节县。时值皓月当空，万里晴空，江水微波，沿岸畅游了三峡胜境，特别是矗立千丈高山之巅的神女，月色如罩上一层薄雾，有翱翔太空、藐视人间之势。

奉节为一旧式城市，新建市房极少。我们所住的县政府招待所，简陋仿佛如解放前一旧式客栈。而从江边到达，约历经五六百级台阶。幸有一县府吉普车迎接，可少上一半台阶。

第二天清晨，步行至沙迹中之码头，乘渡轮至白帝城，时值枯水季节，从山麓至山巅白帝庙有弯曲崎岖九百余级石阶。当时有不少退休老干部，来此度"安慰"旅行，平均六十余岁，大都望而却步。我则以机会难再，贾勇前进，有雷刚兄及县青委一干部搀扶，走走停停，终于到达山顶。瞻仰昭烈帝托孤壁画及泥塑，曾打油七言绝句一首，以志感：

桃园高义传千古，草对远谟弃敝屣。
白帝托孤空惆怅，船山评议有深意。

忆读王船山《读通鉴论》，对刘备愤于关、张之殒命，不听武侯及赵云等之劝阻，悍然兴兵伐吴，从而破坏了诸葛亮在草庐时即立下之“东联孙权，北讨曹操”之基本战略方针。致遭彝陵大败，将诸葛亮苦心积累的一点本钱——人才与资材，毁于一旦，遗千古之恨。

王船山（夫之）曾不胜感慨地说：“刘备平日视诸葛如股肱，但究不及对关张之桃园手足情深也。”又刘备在托孤时，曾对孔明说：“阿斗可辅则辅之，否则君自代之。”王船山读至此，批一评语曰：“疑之深矣！”

我完全同意这看法。刘玄德因私交而不顾全局，有这样好的远见卓识之良辅，到头来还存怀疑之意，此刘备之终于被称为“先帝”，而不及魏武、吴大帝之豁达大度也。

在奉节宿了两宵，各人买了两筐川东有名的甜橙，仍乘轮东下。我特于甲板顶头房间，靠窗留一座位。每夜月彻圆，照三峡山岚险峰，轮廓可辨。我又一次温习了这天下奇景。

回到宜昌，仍住桃花岭饭店，因我们出发前，即曾预订也。时已晚八时以后，餐厅正在清扫桌椅，闻我们来，服务员个个笑脸相迎，重新放好桌椅盘箸。厨房也重新生火，特为我们重煮热饭，烹饪热菜，还不忘为我另制一盂烂面。我们由衷感激，有回到“家中”之乐。

又在宜昌补参观了两天。听说川东、鄂西将另建立一三峡省区，以宜昌为省会。

会见《宜昌报》（专区报纸）及《宜昌市报》（市属报）的总编辑。我特为《宜昌报》写了一篇文章，希望注意开拓信息，办好电视、广播，以适应未来的新形势。

我以身体疲倦，婉谢了秭归和襄樊的旅行盛情邀请，径赴当阳，参观当年三国时古战场。至则旅社、饭庄乃至百货商场，颇多以长坂坡命名，想见两千年来，小民对“常山赵子龙”及“燕人张翼德”的崇敬。市内还有“刘后主墓”，小抔黄土，显系后人制造，因这位阿斗，晚年在许昌养老，受封为安乐公，有“此间乐，不思蜀”之名言。何来归葬鄂中之根据乎？

并畅游了关陵，看到“文革”后重新修复的不少碑碣，为之感慨系之。忆幼年每读《三国演义》，至走麦城及水淹七军各节，即掩卷不忍卒读，深深致恨于孙权、吕蒙、潘璋辈。近年听名说书艺人袁阔成在广播中说《三国演义》情节敷谈生动，故事基本根据“演义”而参考陈寿之《三国志》及有关野史。毫无时下艺人乱放噱头之恶习。自开书以后，我即被吸引，每至此档书开讲之际，即“洗耳恭听”，如是者数月。但到关羽严拒东吴联姻之提议，孙权遂联合曹操，南北夹攻荆襄，我也不愿再听下去了。等到“跳”过火烧连营，白帝托孤一段，再继续收听。

检查我的原因，则和童年时不一样了。我是恨关公的轻狂自大，自以为出身好——贩卖枣子的劳动人民，而看不起“三世公卿”的孙权，口出“虎女焉配犬子”的狂言，悍然断交。使孙权愤而北联曹魏，南北夹攻荆襄，致吕蒙用计，潘璋设伏，麦城被擒。

兼恨刘备之小不忍则乱大谋，坚拒孔明、赵云等之苦劝，遽发大军，遭到彝陵大败，蜀汉实力，毁灭殆尽。诸葛在草庐对时即定下之联吴、伐魏的基本政策，被抛弃得干干净净。

从此，三国鼎立之局，开始动摇，虽经孔明七擒孟获，六出祁山，也只能以“鞠躬尽瘁，死而后已”收场。我之不忍卒听，盖悲于千载以后，亦有“后人哀之而不鉴之”之事例，同样怀疑良辅，同样自毁长城，自掘坟墓而以为得计者。古代明君，每以历史为鉴，信然！

凭吊当阳古迹后，翌日即至沙市参观二日。此为三中全会后被称为开放中等城市的典型之一。全市工厂林立，马路平整。我们曾先后参观其发电厂及纱织厂、热水瓶厂，多能引进先进技术，不断改进其产品，降低其原料及能源消耗。其不断前进之经验，足供全国中小城市之借鉴。参观毕，即循原道回至武汉。

武汉大学新闻系本年成立，第一班新生早已入学，主持者吴肇荣、吴高福两先生坚挽至该校讲学一周。我为全体师生共讲课三次，分别为我国新闻事业之过去、现在及未来展望。

接受该校刘道玉校长之聘，任新闻系兼职教授。并将研究生贺越明君搜集编次之《徐铸成新闻评论选》稿，交武大出版社出版。

时樊坤同志已出国访问回汉，为缕述国外新闻传播事业之见闻，甚扩眼界。

在汉事毕，即飞回上海。

## 1985 年　七十八岁

今年，大概是“驿马星”当头了。

正月，政协大会闭幕后，即应《天津日报》之约，到天津小住一周。

天津，是《大公报》的发祥地，20 年代到 40 年代，天津民谚有“天津新三宝，永利、南开、《大公报》”，也是我在新闻界“初出茅庐”练功、学艺的地方。我曾在这里当编辑及政治记者达两年有半。从 1951 年参加赴朝慰问团在此集中并整休后，已暌别了三十四年。下车进入市区后，即有“游子归来”之感。

住在马厂道招待所，当时《天津日报》李夫兄等正在筹创《今晚报》，我曾先后去《天津日报》讲了三次话，说明我对晚报的看法。

鞍山道《天津日报》社，原来是溥仪出关当“满洲国”傀儡前的“小朝廷”之一的张园旧址。现在，可以寻觅的痕迹已不多了。地已垫高，原来溥仪曾在台阶上与外宾及遗老们照过相，现在台阶已只存三级，非复当年之气概矣。李夫兄等请我在该报食堂便餐，我事后为港报写了一篇《张园赴宴记》，盖纪实也。

我急于巡礼一下《大公报》旧址，乃由《大公报》老同事张高峰及《天津日报》刘书申诸兄陪同，先至旧日租界看四面钟对过旧址，则房屋轮廓依然，已修缮改为天津鞋业工会会址。对面之德义楼四面钟已不复存在，修建别的大楼了。便道至“小松街”我当年的住所，则旧房仍在，未便敲门闯入，不知住几家人家矣。

复至原法租界三十一号路“九一八”后搬进的《大公报》旧址，则门前悬有“天津京剧二团”的招牌。那天为星期日，剧团领导均未上班，遂恳商守门人员放我们入内参观，入则房屋格式如旧。哪里是经理部，哪里是编辑部，哪里是张季鸾先生写出蜚声中外社评的地方，历历如在目前。而目前，正有一位小青年在练功，挂上髯口，在原总编辑室舞弄大刀，身段颇见功夫。《天津日报》派有摄影记者随我拍照。我请这位未来的名武生与我合摄一影留念，他再三不肯。我对他说：“我青年时也和你一样，在此苦练基本功，我们原是‘同行’呀！”

那几年天津建设突飞猛进，首先解决了唐山大地震所遭到余震破坏而建搭的防震临时房问题。其次，是大力组织人力、物力。开辟引滦入津工程，解决了居民饮水、用水问题。处处可见李瑞环市长的识见与气魄。张、刘诸兄还伴我到海河边参观，只见碧水涟涟，两岸行人道花圃则种花木甚多，信为夏季市民纳凉的好地方也。

所住招待所为市政协所辖。陈冰同志特设宴款待。陈在 1957 年时任上海市委宣传部副部长。十年“文革”结束后，即来津任市委书记。现任津政协主席。

招待所为一园林，有亭台花石之布置。最使我惊奇者，天津已有温泉，洗脸、洗澡，龙头一开，热水即汩汩流出。又闻天津地下已发现煤层，煤的品质不亚于开滦，盖即与唐山煤层相连者。此皆近年所发现。有煤有大港油田之油，加以塘沽码头扩大，天津发展前途之乐观，可以预卜。

乘火车回上海。尘装甫卸，忽接厦大来电，谓余也鲁先生即将偕一批传播界人士来厦讲学一周，盼我前往主持迎接。即约贺越明君偕往。时厦门新建之国际机场已落成，厦京、厦港、厦沪航线新辟，清晨起飞，一小时许即抵厦门。当时上海尚春寒料峭，厦门则温暖如初夏，到处百花怒放，草绿莺啼矣。

到厦之第三日，也鲁先生一行八人即乘轮抵厦，如香港中文大学郑惠和博士、电视台孙郁标女士、浸会书院教师张同先生等皆初识，而一见如故，朝夕讨论海外传媒教育发展近况。大家喜称他们一行为“海外八仙”（其中恰有一位“何仙姑”），来闽传“道”送经也。翌日，他们即分别向厦大新闻传播系师生讲课，我主持绍介，并恭谨听讲，记录笔记。为时五日，即同乘旅游车前往福州。

途经泉州，曾访问附近之华侨大学，并在开元古寺参观数小时，抵榕已万家灯火矣。即下榻西湖宾馆，承项南先生即时延见，并设宴款待。

送别"八仙"后，我和贺越明君仍移居温泉宾馆，由顾耐雨、吴修平先生招待，并重晤林萱治兄，留三日径飞返上海。

在家中休息约半月，即蒙西安之西北新闻刊授学院电邀，前往讲学。航班延误，至翌午始到达，有该校之陈布南先生迎接。次儿福仑一家在西安落户，他也偕长孙女时雯同至机场迎接。闻开学典礼已开始，即相偕径赴会场，我赶得上在会上讲了话。以后，又上下午一连讲学两天，听讲学员近千。该校并当场录了音。

西安古都，我以前从未到过。果然街市宽敞，城楼齐整，为现在保存城郭最完整之都市。我在西安勾留一周，下榻于大会堂，为迄今西安设备最现代化之旅舍，距次儿家仅咫尺，儿媳及孙儿、孙女辈时可侍奉饮食。幼孙向向且于课余来旅舍伴宿，得享天伦之乐。

于讲课之余，得畅游骊山华清池及半坡人遗址，并细细参观了秦始皇兵马俑，仿佛重温了秦汉直至唐代之历史。慨叹这位以焚书坑儒遭百代唾骂之暴君，不仅建立"同文、同轨"之伟绩，且创建了如此灿烂之文化。"后人哀之而不鉴之"，只在"焚书坑儒"上远远超迈之，而美女与行宫，规模则差近阿房，将使百世以后，"后人而复哀后人也"！

城内大小雁塔，及碑林等胜迹，亦一一参观。我国古文化之发达，于此可见一斑。

承《陕西日报》之请，得尝饺子宴之风味，大小饺子无虑数十种，每样尝一口，即大饱口福矣。

仍乘苏制客机返沪，幸未照例误点，如时回到家中。

我在赴西安前两天，民盟苏州市委，约我去了一天，向民主党派讲了一席话。顺便，游了西园和虎丘侧面新建成的万石公园，看到不少假山和盆景的珍品。

由西安畅游归来，苏州友人孙国宝及枫桥农工联合企业派车邀我游苏一周，我与嘉稑偕一保姆同往。

重游寒山寺，蒙性空长老合十迎于山门，并款以果点。后赴枫桥镇观光。一年来，乡镇工业又有显著发展，镇上商业亦更加繁盛。为招徕游客而建造的枫桥宾馆已将次落成，主持者含笑对我说："你如迟一个月来，即可下榻此处，不必住市内矣。"寒山影剧院则早已建成，规模不亚于上海二等剧场，建筑费闻达五十万元。剧场后旷敞，并新建旅舍十余间，有剧团来演出时，招待演员，平时可公开营业。

枫桥新建设尚有敬老院，收容全区孤寡老人五十余人，请十几位妇女照顾其生活。老人二人一间，被褥帐子均洁白，每室有一架收音机，全楼有一彩电。老人们都对我说："想不到老来交运，享此清福了。"

据枫桥镇主任人员说：这一年中，除上列建设外，还办了以下几件事：

一、提高民办中小学教师薪金，共增加八万八千元。

二、独生子女津贴，共增十三万四千元。

三、军烈属补助金，共增十三万五千元。

四、扩大医疗基金，拨二十万元。

在苏期间，还去东山游览，参观雕花楼，并到闻名中外之紫金庵参观，宋代名艺人雷潮所塑的十六尊罗汉，尤栩栩如生，即衣帽褶纹及挑幡等，无一不生动自然，而罗汉的喜怒哀乐，神态各异，真正可说是巧夺天工。其余八尊，闻出自明代匠人之手，虽亦精巧，而高下判然矣。又游席氏花园。东山席家代出名流，30年代至40年代之席德懋、德炯昆仲，即著名于财政金融界。

5月1日，友人《宜兴报》总编辑许周溥兄亲自驾车来迎，乃告别苏州诸友，径回我宜兴故乡，下榻宜兴宾馆。地滨西氿，临近岳堤废址，为原任氏花园之旧址而加以扩建者。来游宜兴山水之中外宾客，大都在此驻足。

丁蜀陶都，现为故乡最繁庶之地。我们曾参观紫陶馆及陶器馆，兴奋地看到吾宜陶业不仅质量大大提高，且发展了均陶、彩陶及工业陶几个新品种。而据县当局报告，在工业总产值中，陶业只占百分之八左右。于此可见故乡城镇工业近年之飞速发展。

我们特请《宜兴报》记者陪同，访问了丁蜀附近之汤渡及湖汶乡。此皆曾遍撒我童年足迹之地，汤渡仅一石拱桥还是七十多年前旧物。其余房屋（一般已新盖二楼二底之新瓦房）、人物（都新鲜衣着，器宇轩昂）皆是另一番景象。湖汶为乡政府所在地，变化更大。我1943年深入沦陷区过此时，一片瓦砾堆，仅余一条狭径可通。现则柏油公路，四通八达。市内颇多三层以上之建筑，乡政府对面之湖汶影剧院，堂皇宽广。闻此乡今年工农业总产值已达八千万元云。

在湖汶乡近张公洞一山麓，有乡人数百，正在开挖一山洞，积土满谷。据介绍，此洞之发现，经过甚奇。山旁本有一小洞，经常冒气流水，水甚清洌，乡人劳动之余，辄盛水饮用。一日，收工后，有三五小学生，冒险钻入，入则漆黑茫然。胆大者伛偻前行，至数十步处，忽天际露一线光明，再前行，则顶上开朗。此情此景，恍如渔人之发现桃源。是夕，各家晚炊已熟，不见小孩，四处寻找，恐被野兽所伤，有一农人发现，在其收工时，仿佛有几个小孩，在洞口游玩，家长们即燃火把，擎锄将洞掘开，则闻笑声喧然，小儿辈方游跳正欢。乃由家人一一领回。

乡政府闻讯，派人到沪请专家来测定，认为抑系一水成岩洞，有开挖价值。乡政府即集资自己开发，已掘出泥土数万担，上有不少奇突之钟乳，且有后洞，水路出口，将次掘通云。

地方经济发展，人民有余力从事风景点之开发，此为一个证明。

翌日，我们又至张渚镇太华乡访亲，至则万竿修竹，青翠欲滴，乡人名为竹海。闻友人谈，该处虽盛夏无热浪，且无蚊蚋，信为消暑之胜地。

据许周溥兄见告，宜兴除陶、竹、丝为特产外，近年已发现有煤矿、大理石矿，且已从事开采。此外，并发现矿泉，已设厂试制矿泉水。以矿泉水制造之“善卷啤酒”已少量生产云。

17日，《湖州日报》总编辑许学东兄（亦复旦新闻系毕业生）驾“小面包”来迎，乃暂别故乡，乘车经长兴赴湖州。许周溥兄原籍吴兴，亦相送返其故乡。

长兴与宜兴接壤。我幼年仰望南山铜官，只知长兴为山乡。今车过此，见风景之秀丽，市井之繁庶，不减宜兴。因车抛锚一次，午时在长兴铁钟饭店打尖。饭店高五层，有电梯上下。地当十字路口，有红绿灯指挥交通。凡此，皆宜兴所少见也。饭后略休息，许学东兄为述其故乡掌故（学东，长兴人），娓娓动听，因知长兴亦人才辈出。南北朝之陈霸先、陈叔宝父子亦长兴人。明文学家归有光及《西游记》作者吴承恩亦同时服官长兴。是以长兴人每嗜谈之。

到了湖州，在招待所安排好行囊后，即出发观赏市容。湖州是有名的丝绸之府，马路开宽，大商店、工厂林立。且“物华天宝，人杰地灵”，人才蔚起。记得国民党统治时代，据统计，国民党中央执监委员籍湖州者，占总数四分之一，其闻名近、现代史者，有张静江、陈其美（英士）、戴传贤及陈果夫、立夫兄弟。等而下之，则有徐恩曾（中统局最早的局长。曾留美学工程，为当时工程师学会副会长）及旧上海闻名之潘公展、钱新之（永铭）等。

陈其美先生是辛亥革命功臣之一，首任光复后上海都督，而且后来反对袁世凯军阀独裁统治极为坚决，被袁派刺客暗杀。所以，上海老西门闹市，立有英士纪念碑。杭州西子湖滨，矗立英士铜像。新中国成立，风云初展，这些纪念碑、铜像都被推倒。听说湖州之陈英士墓亦遭破坏，使关心历史者为之叹息。我到湖州后，闻陈英士墓园已经修复，足见中共三中全会实事求是精神之贯彻，亟驱车至碧浪湖观看。地在湖州南门外砚山之南麓。至则墓道修建一新。墓前石狮、石碑，亦修缮恢复原样。石碑中为孙中山先生题额“气壮山河”。其旁分别为林森先生及蒋中正先生题字。最使我惊奇者，有蔡元培先生一联：

轶事足征，可补游侠货殖两传；
前贤不让，洵是鲁连子房一流。

显然是对英士参与陶成章被刺案有微词。蒋介石先生当年建立此碑，对此联照样刊镌，此与蔡先生之谅直，具足为尊重事实，尊重历史，不为贤者讳，不为亲者讳之典范（案英士为沪军都督时，蒋先生为其最亲信之袍泽）。

砚山对面之碧浪湖，闻昔日湖面开阔，一湖碧水，夏日荷叶亭亭。惜在“大跃进”年代，大造农田，因而湮没，仅留一湾浊流，闻市当局正规划恢复，俾辟作风景点，为市民游息胜地。

在湖州四日，做了一次演讲，还游了潜园、飞英塔等名胜古迹，并参观丝织厂及王一品湖笔店，为儿孙辈各买了一套毛笔，鼓励他们好好练习书法。

由《湖州日报》副总编钱先生陪同，驱车至南浔镇参观一天，游了小莲庄花园，以及有名江南之嘉业堂藏书楼，并参观了张静江先生及其大哥（南浔有名之巨商、四匹大象之一）之故居。所有见闻，已详记于拙著之《锦绣河山》（湖南人民出版社 1986 年版），兹不赘。

在湖州之第五日，浙江人民出版社杨淑英同志驾车来接至杭州。

至西湖已万家灯火。寓南山路湖滨之宾馆。先集中精力，整理近年所作怀念好友之篇章及游记，辑为《风雨故人》，由浙江人民出版社出版。早晚仍徘徊湖滨，欣赏西子媚色。过去一年来，西湖又有较大的变化，将原来荒无人迹之阮公墩，开辟整理成景点；曲院风荷原为苏堤畔之一泓小池，现则扩展成占地数百亩之花园，且利用原有附近一带之旧亭台而加以修缮，景色天然成趣，自成一格局。最大变化，为将断桥及湖滨六公园一带公私所占房屋，尽加拆除，扩宽马路，布置新景点，使游目为之一舒。忆从 1924 年我初游西湖时，即觉湖滨公园至断桥间，有不少民房杂建于此，仿佛西子喉头，被物卡住；历年来此类房屋日益增多，思想上觉得有无可奈何之感，此次当局下定大决心，清扫一切占地，实为一大快事。但愿有这么一天，将西湖湖山其余所被占土地，尽数还之人民，使西子眼目清亮，益增妩媚，则为万世所造福也。

另被军队占用多年之净寺，亦已退还，并重加修葺。惜雷峰塔旧址，尚未清除完毕，而雷峰塔是否重建，议尚未决。鄙意以为宝俶、雷峰二塔，如西子之一双玉手，断其一腕，终为一大憾事。诵古人诗，有“浮屠会得游人意，挂住斜阳一抹金”，“烟光山色淡溟濛，千尺浮屠兀倚空，湖上画船归欲尽，孤峰犹带夕阳红”，辄为之神往。

袁伦生兄等又伴我重游刘庄等处胜景，并在孤山一带踯躅一周，游兴得以略尽。

六日后，乘车回沪。计此行共历时二十二日，凡写游记、通讯二十三篇（皆寄香港《明报》发表）。盖此行所见，新鲜事物极为丰富。我从张季鸾、胡政之先生学得一习惯，每日有所见、所闻、所感，夜深则必赶写成篇，“不留宿债”。二十年被迫搁笔，好不容易“熬”到此太平盛世，更以一吐为快矣。

回到家里当晚，即接南昌长途电话，江西人才开发学院，促我及早赴赣。我说：“刚由江浙遨游回来，想休息一段时期，盛情邀约，缓日再来吧。”对方说：“我们上月就邀请，承你应允，所以讲座早做了安排，报纸已刊出，报名听讲者极踊跃，你辛苦一趟，盼早日就道，我们准备今日即派人来接你。”记起我赴苏前夕，确曾由《江西日报》来邀过。怪我疏忽，竟把这档事忘怀了。于是，第三天就乘车前往。到了南昌，休息一天，知刘宾雁主讲的讲座尚未结束，乃抽空两天，先作庐山之游。

那天天气晴朗，初夏的骄阳已灼人，一路疾驰，汗湿衣衫，两小时余即到了匡庐之巅，则我所寄寓的芦林饭店已为浓雾笼罩，而凉气逼人，连忙取出毛衫披上。开窗即琴湖在望。旋至美庐别墅参观。看题名即知为当年蒋介石先生及宋美龄先生之别墅。正房两层，园内仍保留当年蒋先生夫妇与马歇尔将军密谈处。忆及当年马歇尔七上庐山，报纸曾大字刊载寄予厚望，而和平卒未能挽救，内战终于全面展开。看此遗迹，不胜今昔之慨。

解放后改充行宫，名“芦林一号”别墅。后又觅地另筑一美轮美奂之行宫，代号为一〇二工程。时当1960年，正“三年自然灾害”顶峰时也。三中全会以后，已改名庐山博物馆，使后人知所警惕。

又遥望庐山最吸引游客之仙人洞，欣赏“无限风光在险峰”之奇景。并直下半山，参观胡先骕先生艰苦经营之植物园，展谒胡先生像。胡先生博学而耿直，与胡敦复、明复昆仲共倡中国科学社，为我国自然科学组织之始。先骕先生，亦“五七战士”也。

翌日下山至九江，在甘棠湖休息，有浸月亭，皆白居易《琵琶行》中出典也。车绕游东林寺，见石碑镌《三友图》，记陶渊明当年常策杖来游，神情宛然。

傍晚即回南昌，下榻省委招待所，乃旧励志社原址而加扩建者。地广楼多，树木森然。我所住为最后一幢，推窗即赣江在下，穿流而过，来往风帆如织。据服务员告我，不远处即方志敏烈士就义之地。

回南昌之日，中共江西省代表大会方胜利闭幕，选出万绍芬同志为第一书记。女同志膺一省重任，此为创举也，不可不记。

在人才学院上下午讲学两日。又应民盟江西省委会之约，谈了一次。

暇时并浏览百花洲等名胜，并参观八大山人故居。在市区稍作鸟瞰。

刘宾雁曾来过访。我深佩其耿直敢言，乃与订交，并与姜惠龙兄等一起合影留念。

在南昌遇一意外之事。某日下午，我方苦暑，步行至招待所前之市口，饮冰淇淋一客。方回寓所休息，忽闻枪声砰然二响。后服务人员告我，适闻有一某省委兼管司法之衙内，被其司机刺杀于车内，盖司机新婚，不堪衙内凌辱，乃在停车购买汽水之际，返身将其枪杀于车内，自己亦举枪自戕。党风、民风如此，可发一叹！

我本拟便中一游赣州旧地，因道路颠簸而中止，乃就近作临川之行。1960年我随上海市政协参观团曾遍游赣省各地，对抚州留有深刻印象，未及多留。想乘此机会，一偿宿愿。

临川为我国伟大文学家汤显祖之故乡。其著作《玉茗堂四梦》，几百年来尤脍炙人口，海外近以汤显祖与莎士比亚并称为东西两大剧作者。

至抚州，见市容整齐，买卖兴隆，远非二十余年前可比。最繁盛处，建有巍峨之玉茗堂剧院，其顶层，并设有汤显祖纪念馆（计划将单独建一专馆）。详细展览一过。见汤氏手迹《滕王阁王有信演〈牡丹亭〉二首》。其诗曰：

韵若笙箫气若丝，牡丹亭梦去来时。
河移客散江波起，不解消魂不遣知。

桦烛烟消泣绛纱，清征苦调破残霞。
愁来一座更衣起，江树沉沉天汉斜。

想见在他生前，《玉茗堂四梦》，尤其是《牡丹亭》已到处排演。受到士大夫的击节赞赏。也可见当时滕王阁一直成为赣省文化之中心。顺便提一下，滕王阁废址已清扫开辟，省府已规划重建此阁，不久当与岳阳之岳阳楼、武汉之黄鹤楼并为长江三大伟构矣。

是晚，抚州市文化局及采茶剧团，特为我请剧团彩演《牡丹亭·惊梦》一折，盛情可感。

翌晨，游抚州公园，展谒汤临川先生墓道。并承文化局邀集座谈会，得以详闻汤临川及王临川（安石）先生轶闻，我当场详细笔录。

回到南昌后，即订票东归，又承江西人才学院同志送至上海。

这一下，总算宿债尽了，可以小休了。时将届盛暑，天气闷热，开一瓶家乡的善卷啤酒消暑。想不到区区一瓶饮料，竟把我这个当年“四大酒仙”之一“打倒”。翌晨，即赴华东医院诊治，断为小中风，病因体力、脑力皆超负荷所起。检查我的血压及心脏，则完全正常。

又针灸，又吃药，约匝月之久，腿力渐见恢复。又开始每晨做丢了多年的太极拳，以增强锻炼，身体算是基本正常了。医生嘱咐，以后千万自己注意，勿再任性而为，干那些超出老年人可能练的事情。我也想，应该自己保重，争取多活几年。不是“活命哲学”，而是为了能亲眼看到国家的富足、强盛、自由、幸福。多不容易盼到有那么一天，日丽风和，充满希望（而不是前此的空想、幻想），我怎么忍心撒手而去呀！

本来想，从此不再写东西，以免动脑伤神。但实践几天的结果，整天待着，手足反而无所措，似是行尸走肉。真像张季鸾先生生前的名言：老记者而不“记”，变成纯粹的老者了。再说，用惯了脑子的人，一旦不用，失其调节，反而会影响身体的健康。

大约停了一个月，我又恢复写作，先是每天一小时，后来加到两三小时，为《明报》《今晚报》《江汉早报》写些短文。后来，深深感到笔滞了，想到什么，不能“信笔直书”，再不像以前那么流畅了。不是哪一个字记不起来，就是某一句成语、词汇，明明写对，会发生怀疑。再不，一个极熟极熟的朋友，音容如在目前，名字却想不起来。必待“清夜自思”，才恍然记清楚。

我猛然悟到，老年人的大脑皮层，大概像一个筛子，如不常用，网眼会越来越大，以至于把脑子里所残存的一些东西，尽行“漏”掉了。古人所说的“江郎才尽”，大概就包含这个原因，脑和笔不常用，就涩滞了。

发现这个毛病，连忙适当地恢复正常的写作生活，一天限写一两千字。给香港《华人》杂志写回忆文章就是这段时期开始的，哪里知道，“自述”正文写了几节，就为殷洪乔所误，我又没有复印存底的习惯，只能就此算数了。

是年冬天，我还应《宜兴报》的邀约，策杖回家乡一次，并为港报写了几篇通讯。

## 1986年　七十九岁

2月，赴北京参加政协会议，好友们咸谓我精神焕发，不减当年。长孙时霖已在河北水专任教，特由沧州赶来伴侍。

会议期间，与老友罗承勋兄快晤，并承在中关村新设之烤鸭店设宴款待，极为感激。

我在去年曾开始写《报人张季鸾先生传》，已在《中国建设》连载一年。在京期间，范用、倪子明、戴文葆诸先生见访，约定由北京三联书店整理出书。

返沪后，即补写“张传”五章，并将全书清校一过，将书稿及所附照片，寄戴文葆兄。

又，福建人民出版社排印中之《徐铸成通讯游记选》（贺越明君所搜集整理）将次出书，嘱写注释，又写释文近万言。

4月中，厦门大学新闻传播系又来函邀请赴厦，并由我所带的研究生黄星民君伴同前往。在厦十日，由研究生朱家麟、黄星民、陈金武三君朝夕陪伴，并轮流购备早餐，十分可感。由教师姚嫣嫣君陪同，赴美籍教授布莱德·萧夫妇欢宴。萧先生年逾花甲，曾长期任路透社远东分社主任，近年执教密歇根大学。经历与我相仿佛，是以畅谈终宵忘倦。

在厦期间，参加厦大全校运动会。在系内，对全系师生讲学一次。

抽暇并偕朱、陈二君专车赴漳州游历二日。所写《真正的宋城》《木绵庵参观记》等通讯，已收入《锦绣河山》，不重复。其实，漳州之行，虽短短二日，收获极为丰富，只以节制精力，未及一一写出。如漳州女排训练基地，为“五连冠”之摇篮，如高甲戏排练场，为漳州木偶之制作、排演场。我们多曾前往细细参观，感受很多。漳州之八宝印泥厂及有名之水仙种植地，亦曾访问。如在往年，必可为港报写寄十余篇通讯了。思之，不胜有“美人迟暮”“宝刀已老”之叹。近年，我最赞赏京剧《群英会》中老将黄盖的四句“定场诗”：“二十年前在战场，好似猛虎赶群羊。光阴如箭催人老，不觉双鬓白如霜。”我的二十年宝贵光阴，却在“运动”中白白流失了！

6月24日，为我八十初度。按旧俗，特在附近餐馆，备酒三席，宴请至亲近族子侄。《文汇报》多年老友多位，特设盛宴祝嘏，《文汇报》总编辑马达兄及党委同志，亦在上海大厦设筵款待我们老夫妇。市委宣传部潘维明部长亦欣然参加。

8、9月间，应宜兴旅游部门之邀请，组参观团再次回故乡，被接待下榻南山群峰中之别墅（似名翠碧山庄）。建筑为新构，有泉石之胜，而环境幽静，空气清新，朝晚时间群鸟啾啾。

我曾随团游新辟之慕蠡洞（即我去年所见正在开挖之山洞，相传春秋时范蠡治吴以后，偕西施来宜兴隐居附近山中，故以是名）。我曾由表侄女朱海芳搀扶，畅游是洞。洞中钟乳千姿百态，其奇幻不减善卷，后洞亦有水路可通。

并遨游了玉女山庄。忆童年在湖汊上广善小学时，曾远足至庚桑（张公）洞及玉女潭。当时在荒芜中见一泓碧水，泉声滴滴可闻。并曾游附近之海会禅寺，听高僧讲法。现玉女已修缮成景点，我策杖遍游，殊勾起儿时回忆。闻海会寺只留废墟矣。游毕，在大门前餐厅饮茶谈天。

## 1987年 八十岁

1月，赴京参加民盟中央全会，我辞去中委职务，被选为中央参议会委员并被推为常委。是次会议在丰台京丰宾馆举行，休息期间，偕时霖孙游正在拓宽、修缮之卢沟桥参观，并在“卢沟晓月”之碑前，摄影留念。时鹅毛大雪日夜不停，四下房屋树木，如罩上一大块白布，茫茫苍苍。自1931年我离津赴汉工作后，五十多年未逢此大雪。一片缟素，象征怀念“七七”抗战初期为国捐躯之二十九军将士也。

3月，又赴京参加政协会。新闻组委员仍住远望楼宾馆，计在此居住已历四次矣。宾馆服务周到，服务人员咸笑脸相迎，有“宾至如归”之乐。

休息期间，中国社科院基建规划会开新闻小组会，石西民为组长，我及李庄、方汉奇诸同志为委员。开会审查基本工程项目有二。

罗承勋兄及三联书店范用兄等在交道口某饭店设宴为我祝寿。承勋兄并赋诗一律为寿：

金戈报海气纵横，六十年来一老兵。
早接瓣香张季子，晚传词赋庾兰成。
大文有力推时代，另册无端记姓名。
我幸及门惭堕马，京华众里祝长生。

桂岭何曾鬓有丝，巴山长夜史如诗。
江南风雨挥戈际，海角歌呼奋笔时。
万里神州欢五亿，廿年噩梦痛三思。
老来一事尤堪羡，依旧冰河铁马姿。

4月初返沪。

港友查良镛、卜少夫、陆铿、胡菊人诸兄发起，在港办筵为我祝寿兼纪念我新闻工作六十周年纪念，在台北之陈纪滢兄、在美之李秋生兄及梁厚甫兄等诸老友咸欣然将赶到香港参加。我亦已办好签证手续，订好5月3日机票，准备出发。由于在港之某先生处理不当，使得临时忽发生变化，不能成行，只能奉命去电婉辞。而香港方面已订好宾馆，闻曾敏之、易锡和两兄且准备至深圳迎候。闻之异常不安。

更令我抱愧、内疚者，陈纪滢兄已专程从台抵港，携来礼物，长途电话催问究竟，使我愧难作答。

6月24日，值我八十整寿。先一日，民盟上海市委会与《文汇报》在锦江饭店联合举行座谈会，为纪念我寿辰及从事新闻工作六十年举行庆祝，参加者有：中共上海市常委毛经权，他代表市委致祝词；苏步青、谈家桢等代表民盟致词祝贺；《文汇报》总编辑兼社长马达、市委宣传部副部长龚心瀚，亦先后致词；厦门大学党委书记未力工及福建人才开发学院主任潘潮玄，他们特由闽赶来参加。此外发言及参加者尚有柯灵、钟沛璋、陆诒、夏其言、钦本立、冯英子、陈念云、束纫秋、闵孝思、吕文等同志。贺越明则代表我的学生发了言。新华社记者的发言极使我感动，他说："不仅要文品好，尤贵在人品高。”民盟中央副主席冯之浚、秘书长吴修平特由京赶来参加。座谈会后，特举行寿宴，《文汇报》《解放日报》《新民晚报》及《联合时报》并送了礼。锦江饭店经理并送了祝寿蛋糕。

香港《文汇报》连日以显著地位，报道庆祝会盛况。李子诵、金尧如、曾敏之三兄并联名发来贺电，全文为：

> 德登耋寿，文播神州。以民主勇士之姿，挟风云舒卷之笔，六十年来，论政立言，可谓不负平生之志。两报坛建树，更征爱民爱国之诚。弟等忝列同行，追随有日。特电申贺，藉表敬意。

是日，香港《大公报》《明报》《信报》等亦刊载消息。陆铿兄等并专发贺电。

《宜兴报》亦发表新闻及贺词，尤见光宠。

27日，《文汇报》老友，并另设寿宴，庆祝我老夫妇。洪荒兄并为我画了一幅极为神似的漫画。

中国新闻社为此也向海外发了新闻。

综忆我过去八十年的生活，经历了前清王朝、北洋军阀统治、国民党执政、日寇军事入侵、新中国成立后这五个时代。简单划分，在旧时代生活四十二年，新时代已三十八年，差不多各占一半，可谓历尽沧桑矣！

童年记忆，还有些残留在脑海里。比如，辛亥革命前，犹记得曾随大人唱的山歌：“川鄂铁路人民造，卖给外国激起大风潮。……

呀、呀、呀得儿喂，倒运盛宫保（指盛宣怀）。”后来，我在书橱角落，还捡到许多本用红白洋纸印好的薄薄的小本子，印有这些山歌，还刊出“革命首领孙文”以及黄兴、黎元洪、程德全等的肖像，显然是从上海流入这个小城市的宣传品。于此，可见当时同盟会中部总部曾做了不少革命宣传的工作。辛亥革命后，我记得宜兴城内，有几天全城断市，我们家这个破墙门也紧闭了好多天。

以后，直到1924年江浙战争以前，一直过的是艰难而“太平”的日子。

1927年大革命浪潮席卷江南，接着是“四一二”反革命屠杀，不久引起宜兴暴动。我则已于早一年到北京上学去了。

1927年秋，我半工半读，跨入新闻界的大门。从此与新闻结了“不解之缘”。1929年调至天津《大公报》任编辑。记得那时最吸引我的是塔斯社的新闻，特别是《真理报》总编辑拉迪克的社论和联共书记布哈林的文章，文辞简练而富于说服力。想不到若干年后，他们都被揭露为一贯仇视布尔什维克的反党分子。在枪决以前，还刊出他们的“供词”，自己直认不讳，侃侃详谈他们的叛党经过。我当时很不解他们会是这种人，更不解他们怎么如此“坦白”。

直到几十年后，自己陷于“阳谋”，特别是经过十年浩劫，才深刻体会“认罪”“坦白”是个什么滋味！

我进入新闻界后的六十年，也可以分为几个阶段。

前三十年，有十年是当一般记者、编辑。以后的二十年则“挑大梁”当了报馆的总编辑（或总主笔），主持一家报的笔政。一直自勉、自信，“勤勤恳恳办报、老老实实做人”，以前辈为榜样，努力做一个称职的报人。

后三十年，则二十年白白浪掷，被迫“冰冻”，被调至出版界做一个反面教员。后十年，欣逢大地回春，拨乱反正，我才重新调回到新闻界。可惜年已衰迈，只能做力所能及的著述工作，写些通讯游记，做一名老记者。并努力在新闻教育工作上，尽其绵力。十年来，出版了十七本书，写了不少拙文，当了三四所大学的兼任教授。如此而已。

古人说：“是故择业不可不慎也。”这话，我想想颇有道理。比如说，美术家每多长寿，因为他们经常写字作画，可以陶冶性情，且可锻炼眼神筋骨，甚符合养生之道。音乐家则易动激情，难以自制，所以高寿者不多见。新闻工作者长期俾夜作昼，饮食无定时，作息无秩序，所以易损健康。翻阅我国近代新闻史，可以无愧称为报人的，寥寥可数。王韬存年最长，六十九岁，梁任公五十二岁，戈公振四十五岁，邹韬奋四十九岁，张季鸾五十四岁，胡政之五十七岁，类多不过“中寿”。而新闻记者必须明是非，辨黑白，敢于秉笔直书，我国又一向无新闻自由之习惯，因而被害者更屈指难数。如宋教仁存年仅三十一岁，黄远生三十二岁，史量才五十六岁；其余如邓拓、金仲华、范长江、浦熙修、杨刚、储安平等优秀新闻工作者，在“文革”中被迫害离开人间时，有的刚年近六十，有的还不到五十。正在才华焕发时，不幸已做了古人了！恽逸群长期受迫害，熬到天日重光，甫过七十，即不幸逝世！

我并不自悔以新闻为职业。从中学时代起，即立志以新闻为终身事业，即使后来历尽坎坷，亦从无悔意。

我走入新闻界时，正当中国新闻事业处于新旧交替之际。旧一代的报人，正努力于新闻规范化，使采访、编排、言论各方面改革趋于定型，以张季鸾、胡政之两先生苦心经营的《大公报》可为代表。其贡献在力求翔实，讲求新闻之效果。新的一代，则致力于思想之奋进，对读者，偏于注入式的灌输，不讲宣传实效。在此模式下，重视新闻的客观规律，往往被视为资产阶级的办报观点。

我能活过八十，而且能目击“四害”尽除，天日重光，殊非始料所及。又有机会能够在老年奋力写作，作育后人，比之前辈及同辈，应该说是难得的幸运者了。

司马温公曾自豪地说：“事无不可对人言。”我摭拾这一名言，凑成一绝句以自慰：

胸有是非堪自鉴，事无不可对人言。
清夜扪心无愧怍，会将谈笑赴黄泉。

昔人易箦时，每称“去见上帝”；近人则好称“去见马克思”；我平生既无宗教信仰，又自问不配有坚定的唯物主义世界观，只有鲁迅说的“地母”可为归宿了。

1987年12月22日写毕

# 附录

## "阳谋"亲历记

前几年，我曾拜读一本伟大的著作，其中，有一篇谈到"阳谋"，涉及我和当时的《文汇报》，当然，由此开始，还使数以万计的知识分子陷于罗网，成为"史无前例"的一场浩劫的前奏。

事隔三十年，现在，早已雨过天晴，风和日丽，一切从实事求是出发，我应该把三十年前亲历的过程，不加修饰地加以叙述，希望能引出教训，让后人评议。

为了使读者了解"阳谋"的前因后果，我想从1956年讲起，按时间的顺序，根据记忆，尽可能详细而扼要地将我亲身所受一一记录于下。

1956年5月，《文汇报》"自动"宣布停刊，职工除一部分肃反对象（其中有党员）留沪继续检查外，其余都迁往北京，参加《教师报》。我被任为总编辑。

《文汇报》所以停刊，原因有二：

一、当时上海的第一书记（有名的"一言堂"）认为上海报纸太多，不便于控制，主张《文汇报》停办。根据之一：刚调来的一位党员副总编曾对人说："我到《文汇报》的使命，是改造和消灭《文汇报》。"二、教育部正拟模仿苏联，创刊《教师报》，乃派人和我们商定，吸收我们全部人员。

《教师报》创刊后，我的心情是平静的，以为不论从事业的前途，还是从个人的前途看，这是“社会主义改造”必然的结果。加上当时教育部负责联系和帮助《教师报》的副部长柳湜（后也“扩大”成为“右派”）、叶圣陶遇事坦率好商量，和我相处得很好。举例言之，上面提到的原《文汇报》副总编某同志，曾把自写的一篇文章，送柳湜副部长审阅，立即被批驳回来：“《教师报》的稿件，应由徐总编辑审决，除非徐铸成同志认为应由部长审阅的稿件，并经他签过字的，我一律不看，特退还。”

那年夏天，举行全国人民代表大会，我曾去前门饭店看一位香港来的政协委员，在楼梯口巧遇《人民日报》的邓拓同志，他热情问我：“铸成同志，你是哪一天抵京的？”

我答：“我已搬到北京了。”

邓拓同志听了“哦”了一声说：“我是听到你在主持《教师报》了。”接着他说：“我认为《文汇报》停下来很可惜，它有特色，有别的报所不能代替的作用。”

当晚，我回家反复沉思，《文汇报》究竟有哪些特点，值得邓拓同志怀念呢？

人代会后不久，我被邀去中南海听了中央宣传部部长陆定一同志的报告，阐发中共中央关于“百花齐放、百家争鸣”的方针精神（以后简称“双百方针”），很令人鼓舞。他在报告中还提到俞平伯的“新红学”论，认为这是对他粗暴的批评，当场表示对俞先生道歉，我听了很受感动。

过了几天，又听到一位党员副总编辑传达关于刘少奇同志两次对新华社的讲话，讲话的大意是新闻工作以后不要生硬照搬苏联的经验，报纸应注重消息（新闻），创造中国特点。刘少奇还建议，新华社不妨自己办一张报纸，与《人民日报》比赛。

又过了若干天，邓拓同志果然把《人民日报》实行改版，贯彻中央“双百”方针。“副刊”上也刊载不少以前从未有的新题材，如杂文、喜剧等等。听钦本立同志说，邓拓同志已邀请萧乾同志为副刊顾问，帮助充实文艺作品，并组织作家来讨论如何贯彻“双百”方针。

当时，我家住在东四十条西口，和钦本立同志住的《人民日报》集体宿舍只隔二三家门面。他常于公余来我家谈天。原《文汇报》的北京办事处，在灯市口朝阳胡同三号，那时已改名《教师报》城内记者站（《教师报》报馆在北太平庄建有办公大楼、职工宿舍），仍由浦熙修同志（任编委兼新闻部主任）负责。

她有时也来我家，约钦本立（她参加《文汇报》，原由钦向我推荐）一起来交谈对《人民日报》之新改革以及“双百”方针提出后之新面貌，甚为鼓舞。但那时我心如止水，安心于《教师报》工作，绝没想到《文汇报》有朝一日会复刊的事。《教师报》每周出两期，发行五十万份以上，我也很高兴。重要社论，大多由叶圣陶先生执笔，他的文风清丽而晓畅，没有时行的教条气，深得读者的欢迎。我除每周主持两次编前会议外，公余的时间较多，除读书报外，可以在城内及四郊名胜游览，甚觉安适。

大约在6、7月间，忽然有一天，中宣部副部长姚溱同志前来报社访问（那时北太平庄尚属远郊区，《教师报》四周，还有大片大片的田畴或矮屋）。寒暄后，他向我问道：“你近来心情如何？”

我答道："我情绪甚好，安居乐业。"他哈哈笑道："你不要说表面的话，你这位老办报的人，在这一家一周出两张的专业性报里泡着，能安得下心吗？"接着他对我说："现在中央为贯彻长期共存的精神，决定把《光明日报》还给民盟，请章伯钧任社长，原总编辑常芝青同志为中共老同志，中央决定撤出来，想请你担任总编辑，让我来征求你的意见。"我连忙摇头说："你知道这一台戏是不好唱的，我有我的'班底'，现在都在《教师报》，单把我一人调去当主角，这台戏怎么能唱？"他听了想大概也有道理，不再谈下去了，谈了些别的，就告辞而去。后来怎么请出储安平的经过，我就不知道了。

又过了一些时候，有一天傍晚，我应邀去波兰大使馆参加国庆鸡尾酒会，我正和常芝青同志（那时他已调至《大公报》任党委书记）站在一起，我拿了一只冷盘，并随手接过了一杯酒，相互交谈。他不经意（大概以为我已知道了）地说："中央已决定《文汇报》复刊，想必你已接到通知了。"听我说"没有"，他就不谈下去了。

我听到这消息，喜出望外，回到家里，立即打电话把钦本立和浦熙修同志约了来，把这一尚待证实的消息告诉他们，大家都高兴。浦二姐在京人头最熟，立即掏出小电话本，打了几个电话，向几位有关方面的人打听，都说毫无所闻，时已深晚，他们两位就告别回去了。

第二天，恰好当时《教师报》管理部主任的严宝礼进城来看我，得知这一消息，自然也极兴奋。我们立即同车到办事处，和浦熙修同志商量的结果，主张向"老领导"夏衍同志去打听，打电话到文化部约他在灯市口的萃华楼饭庄便餐，夏衍同志很关心我们，欣然赴约了。

哪里知道，夏衍同志也不知确讯，只说："听到一些有关《文汇报》的消息，也未能证实，我昨天和小姚（姚溱同志）通电话，他也不清楚，看来中央还未完全决定，你们静静候着吧。"

第二天浦熙修忽然想起，说她有陆定一同志办公室的专用电话，不妨试试，直接问问他（她和陆定一同志在重庆时期即有工作联系）。

陆定一同志回答："这事中央已有决定，但我主要抓文化思想工作，关于新闻工作，主要由副部长张际春同志管，等时机成熟，他会打电话通知你们，你们安心等候着吧。"

这样，一块石头落了地。

没有几天，张际春同志的电话果然来了，约我和浦熙修二人翌晨9时在中南海中宣部办公室面谈。

翌晨，我们同到中南海，张际春副部长立即出来会见，在座的还有中宣部新闻局长王同志（这位同志以前曾屡次在新闻界聚谈中见过多次，曾在解放之初任山东《大众日报》总编，可惜，一时记不起他的尊姓大名了），没有别人。张际春同志对我们说："中央已决定《文汇报》复刊，所以请你们两位来，作为正式的通知。希望你们尽快写好两个方案：一、《文汇报》复刊后的编辑方针；二、《文汇报》复刊计划，包括房屋、机器设备和职员搬迁，以及复刊时要多少资金等，希望开列清楚。中央盼《文汇报》早日复刊，因此希望你们抓紧，送给我们，转呈中央审批。"他还问我们有什么具体要求。我说："《文汇报》解放前有不少得力的编辑干部，现分散在各机关，我希望中宣部能帮助我们争取一部分人回来；因为办报好像一个戏班，单靠主角是唱不好戏的。第二，《人民日报》经济部主任钦本立同志是和我合作有年的同志，是否请《人民日报》支持，让还给《文汇报》？”张际春同志说：“第一点，你们可开列一名单，我们将尽力向有关单位争取。第二点，钦本立的问题，必须《人民日报》邓拓同志肯放，我们决定告诉他，你们是朋友，不妨先和邓拓同志商量。”接着，他拿出一封信，对我说：“你说要过去班子的人归队，我想起前几天有人投书给中宣部，说他原在《文汇报》，现在进出口公司工作，用非所学，要求归队。我们正想办法安排，你们就把他带回去吧。”

回到办事处，严宝礼兄已在等着，我们简单谈了经过，请他准备写一份复刊计划草案，他认为这事好办，找几位管理部的科长谈谈，可以如期写出。

编辑方针怎么写，我很踌躇，当晚，把钦本立、浦熙修同志请来，一起商量。大家认为，中央如此英明地决定《文汇报》复刊，大概认为《文汇报》与知识分子一向有联系，应以宣传“双百”方针为重点。但如何宣传，我心中无底，钦、浦两位也提不出具体意见，所以陆续谈了两天，我还难以落笔。

正在我为难之际，钦本立来对我说：“邓拓同志对《文汇报》非常关心，如果你愿意，是否与邓拓同志约期谈谈？”自从1949年新政协会议以来，我对邓拓同志的品格、态度，就特别感到钦佩，加上前面提到的，他对《文汇报》评价相当高，所以极愿向他讨教，当即请钦本立同志约好日期、地点，我决定登门拜访。

第二天，本立就来说：“邓拓同志很高兴跟你和浦熙修同志畅谈，明天晚上他已决定不去上班，特地留出充分时间在王府井金鱼胡同《人民日报》他的住宅里，接待你们两位。”

我们准时找到邓拓家中，邓拓同志满面热情地接待我们。在客厅前落座后，我简单地谈及《文汇报》复刊的打算，谈起编辑方针，我说只有一点抽象的想法，主要是宣传中央的“双百”方针，至于如何具体地一条条写出来，我思想上还不成熟。

邓拓同志对我像极熟的老朋友一样，立即滔滔不绝地谈了几点他的看法：

> 我们《人民日报》已千方百计鼓励知识分子鸣放，但知识分子看来还有顾虑，不能畅所欲言。你们《文汇报》，历来就取得知识分子的信任，你们首先要说服知识分子，抛开顾虑，想到什么说什么。使广大知识分子思想上的障碍消除了，他们才能尽其所长，为社会主义建设尽其力量。我看，这应是《文汇报》复刊后主要的编辑方针。
>
> 其次，我们被帝国主义封锁，也自己封闭多年，你们应多介绍各国科技、文化发展的新情况，以扩大知识分子的眼界，以利于他们研究、提高水平。
>
> 也要关心知识分子的生活，他们有什么困难，你们可以反映，再如室内外环境应如何合理布置？业余生活知识分子喜欢种花养鸟等等，你们也不妨辟一个副刊，给知识分子介绍一些知识，谈谈这些问题。
>
> 应同时注意广大农村知识分子。毛主席讲过：三大改造完成后，不可避免地在广大农村会出现文化高潮，过去《大公

报》所载的旅行通讯，这形式很受读者欢迎。你们不妨派一部分记者，深入各地农村采访。我一向反对由各级党委介绍下去，到合作社找人说；这样，必然报喜不报忧，只说好的，不谈问题。你们不妨直接派记者到基层了解情况，写出旅行通讯，这会有利于得到真实新闻，有利于文化高潮的来到。

最后一点，我认为《文汇报》也应注意国际宣传。目前，新华社和《人民日报》的影响，还只能偏重于苏联及东欧国家；《文汇报》和《大公报》，因历史的关系，更可以影响日本、东南亚及西欧各国。在这方面，《文汇报》有不少有利条件，比如，通过香港《文汇报》，多进口些最新国际书刊，总之，对这方面多发言，多报道，可以弥补我们的不足。

以上是邓拓同志对我们谈的大意。使我感到十分亲切，切中我们的问题。他为我们设想，如此深入而周全，连我自己也没有想到，当时，我真有“听君一席话，胜读十年书”之感。

我回到家中后，第二天一个上午，即基本按邓拓同志的意见，写好了《文汇报》复刊后的编辑方针计划。下午，分头打电话给本立、熙修两同志，他们也完全表示同意。

正好，翌日中宣部新闻局长那位王同志来电催询，我说一切已准备就绪，只等张部长接见。

张际春同志第二天下午即予延见。我们把拟好的《文汇报》编辑方针及复刊计划面交给他。张际春同志特别详细地看了编辑方针，看毕即对我们说：“很好，很好，你们不必等待中央批示，先照计划着手筹备复刊工作。”后来，我们回沪后，党中央的批示下来了，除了“照准”二字外，还加了一句附文：“要让徐铸成同志有职有权。”我看了真是感激涕零，衷心感谢党对我的信任。

关于钦本立同志的调回问题，我们曾一再要求，邓拓同志答复“先由你们借调，以后再办正式调动的手续”。

中宣部将《文汇报》复刊的消息通知我和浦熙修同志，原《文汇报》副总编辑有刘火子、唐海两同志，柯灵同志在1938年即参加《文汇报》。郭根同志原在1946—1947年间任《文汇报》总编辑，那时他在山西任教，特函熙修同志表示希望“归队”，因此我上报的副总编辑有下列几位：钦本立、柯灵（负责副刊）、浦熙修（兼北京办事处主任）、刘火子、郭根、唐海。显然把钦本立列为“第一副总编”的地位。

复刊的方针、规划和主要负责人选，经中央核准确定后，地点曾有过一度反复：留在北京呢？还是仍迁回上海？既然复刊后《文汇报》的读者以高中级知识分子为主要对象，内容以文化教育为主，自然以留在首都直接受中央领导为宜，机器、器材及大部分职工已搬到北京，就地觅址复刊，也免于再搬迁的耗费。更重要的，我们对于那时上海领导的“一言堂”（指柯庆施）早有些戒心。曾向张际春同志请示，他说：“中宣部没有直接领导一家报纸的先例，我们曾向沈雁冰部长征询归文化部业务领导的意见，他表示十分同意，但兹事体大，他无权决定。”

正在这时，上海市委宣传部长石西民同志因公来京，姚溱同志特地做了一次安排，由他约西民同志、浦熙修同志及我四人，在浦的办事处客厅里进行坦率交谈。姚溱同志劝我们早日决定搬回上海出版，说上海是《文汇报》的发祥地，再说，在哪里出版，都归中央领导，中央一打电话，上海就立即知道了。石西民先自谦地说：“我调沪不久，很多老朋友未及一一访问。对《文汇报》，我们关心不够。今后，有事希望随时找我谈，我如不在，也可和分工管报刊的副部长白彦同志谈。总之，有什么问题，有什么困难，我们当尽力代你们解决。”姚溱同志还说：“为了与中央级报纸具有同等待遇，今后中央的宣传大纲，可以及时发给你们，你们也可以订阅新华社的‘大参考’。”那天，浦熙修同志特备了几样菜，我们四人边酌边谈，心情十分舒畅。在这一席“三国四方会谈”上，基本上打消了我们留京复刊的打算，而姚、石两位同志，后来也确实履行了各项“诺言”。

为了加强在首都的采访，决定扩大北京办事处的编制，商请夏衍、姚溱、罗列（人民大学新闻系主任）三位同志为北京社外编委，以便就近指导北办的工作。

另外，还举行过几次座谈会，分别请各方权威人士及《文汇报》老同事，那时在京任相当重要工作的同志（如张锡昌、秦柳方等）参加，发表他们对《文汇报》复刊后的意见和希望。很多位对《文汇报》有深厚感情的老同志如邵力子、张奚若、章乃器、陈劭先、翦伯赞、侯外庐等先生都欣然应邀参加，发表了极宝贵的意见。

教育部的柳湜副部长等，以《教师报》的名义设宴款待我们，庆贺《文汇报》的复刊，并对几个月的合作，表示感谢。

留京该办的事已告一段落，我乃于8月初飞上海，着手于复刊的准备工作。在我之前，严宝礼同志已回上海，接洽馆址及职工宿舍以及搬迁的各项具体工作。

我们的意见，复刊后的《文汇报》，应该有一定水平的质量，必须有好的内容，而我们本身的见识有限，应广泛要求各方面的专家共同来办好这张报。经多方恳请，决定聘傅雷、周煦良、周谷城、周予同、罗竹风、陈虞孙、李凯亭（体委负责人，《体育报》主编）等为社外编委，定期开会，为《文汇报》撰写专文并出主意，协助审定稿件，平时，我也向这些专家登门求教。

到8月底，筹备工作大体就绪，职工也已回到上海，经过一个月认真的试版（共先后四次），我认为“操练”已成熟，自己看看样版也有自信了，于是决定是年（1956年）10月1日（国庆节）开始正式复刊。

新复刊的《文汇报》，力求革新，企图打破苏联式老框框，内容主要以贯彻“双百”方针为主，多姿多彩，除刊载各方面专家“言之成理、持之有故”的文章之外，还连载了安娜·路易丝·斯特朗的回忆录（系长江同志介绍，经本报翻译）。老一辈革命家朱德同志及魏文伯、陈同生等同志的诗词，也特寄我报刊载。编排、标题也有所革新，使读者喜闻乐见，耳目一新。副刊中有《彩色版》，主要为落实邓拓同志的建议，关心知识分子的生活情绪，如书斋如何布置，如何绿化环境，如何提高情操等等，极受读者欢迎。编者黄嘉音同志，编辑《西风》月刊，富有经验且有丰富学识，经柯灵同志介绍，特请他兼任主编。

我们编辑分工，除我总览全局，着重抓一版——社论及要闻版外，钦本立同志协助我的工作，并全局掌握二、三版学术性论文，贯彻“双百”方针（钦已兼任本报党组书记）。他还经常联系北京办事处的工作，几乎每晚和浦熙修同志通话，有时还与《人民日报》联系，副刊各版，由柯灵同志负责领导。刘火子同志及郭根同志主持新闻版版面。各外勤新闻组，则由唐海同志负责。

我还接受邓拓同志的建议，派记者赴各地采访，撰写旅行通讯，如派黄裳同志赴滇，派宦邦显同志赴四川，全一毛同志赴浙江，都写出了极有内容、富有文采的报道，并就地组织作家撰写作品，深受广泛的欢迎。这就是后来被指为我“向各地放火”的罪证，这是后话。

邓拓同志曾先后写给我三封长信表示赞扬（这些信，都被报社运动办砸开我的抽屉，全搜去）。钦本立同志赴京把关系正式转来时，曾对我说，邓拓同志曾对《人民日报》同志说，应全力支持《文汇报》及俄文《友好报》。我当时除由衷地感激外，也体会到邓拓同志如此支持我们，是因为他目光远大，着眼于我国新闻事业的革新与不断前进，他真不愧为一位学识丰富、有胆有识的中国现代新闻界先进人物，《文汇报》当时取得的一点成就，都与他的指导和鼓励是分不开的。

我自己回顾，在我主持《文汇报》工作的三十余年中，认为有两个“黄金时期”令人难忘，一个是抗日战争后从1946年到翌年被封的这一段时期，另一段就是复刊后的《文汇报》，直至黑风匝地起为止。不论内容的充实、生气蓬勃，也不论是编辑部阵容的整齐，都是空前的，可惜都没有好结果，留下令人难忘的回忆。

1957年3月初的一个晚上，我接到市委宣传部一个通知，要我于翌晨去参加在锦江饭店举行的一个座谈会，内容没有说明，只说会议很重要，必须本人准时参加。

第二天我去参加，见到文化、教育、新闻、出版、电影界代表人士陈望道、徐平羽、傅雷、周煦良、孔罗荪、周信芳及金仲华、舒新城、吴永刚、石挥等，还有一个宣传部文艺处的干事姚文元（当时文艺处长为张春桥，《解放日报》总编辑由杨永直继任，这次会议，杨也参加）。由石西民部长做简短讲话，说中央即将召开全国宣传工作会议，并邀请党外人士一起参加，今天到会的，都是党中央邀请的对象，因时间匆促，我们昨天才得到中央电告。务望各位同志原谅。我们已订好车票，今晚7时火车出发，各位辛苦些，会毕即回去料理公私事务，整理好行装，以便准时登车。

上车时，我看到姚文元也去了，在车上打了个招呼，按他当时的地位（更不谈文名了），似乎和其他去参加者不相称。我想，他大概是作为部里的干部去开会的吧。

第三天上午到了北京，上海的代表全部安排在阜成门外百万庄招待所里，这一带，当时还很空旷，周围房子疏落，空气也很清新，严冬已过，春寒仍有余威。

当天下午，即赴政协礼堂，听毛主席最近在最高国务会议上的讲话录音，很清晰。最使人兴奋的是下面一段话：国内形势急风暴雨式的阶级斗争时代已经过去了，党内命令主义、官僚主义、关门主义等还很严重，中共中央决定早日开始整风，希望党外朋友帮助，但绝不强迫别的民主党派参加。毛主席讲话一向很风趣，如谈到整风时，说这不再是狂风大雨，也不是中雨，是小雨，是“毛毛雨”，下个不停的和风细雨。从录音里听到他在讲话时，不时引起哄堂大笑，并听到刘少奇、马寅初等同志插话，真是轻松愉快，谈笑风生，我们听了录音，也感到兴奋、舒畅。

听毕，我和傅雷同志即相约赴中山公园聊天，我们觉得“双百”方针实在正确，党真英明，都认为今后更应响应党的号召，为社会主义建设多尽力。正如《傅雷家书》所载，他当时给他儿子信中所写的，他衷心感到社会主义的可爱，感到社会主义国家很多，而“毛泽东全世界只有一个”（天下无双）。可见他那时正是最热爱共产党、热爱和由衷尊敬毛主席的。

讲到这里，我想插一段话：在解放战争时期，他看到一本介绍“苏联内幕”的书，其中有一段序言，以事实说明苏联在斯大林领导下，并不那么自由，他征得我的同意后，译登在《文汇报》。而按当时的逻辑，说苏联有一点点缺点，就是反苏，反苏就是反共，因此引起不少进步人士的围攻。大概因为这个原因，在1948年左右他即迁居昆明。当时，我在香港主持《文汇报》，他写信给我，希望将欧美新出版的书籍杂志，择要寄给他。上海解放后，我听说他已由昆明迁居香港，曾去函劝他早日回来。他回沪后，即租住在江苏路，离我住的愚园路很近。但他很少出门，闭户译书，而每出版一本，即托人带赠给我。1956年《文汇报》复刊前，我登门造访，我对文化、文艺方面知识浅薄，而深知傅雷同志是这方面的专家，见识博而广，我希望他多予指教和帮助。那时的傅先生，和几年前已判若两人，他参加了作协主席团，并在上海市政协学习小组任组长。对《文汇报》的复刊及所订方针，他极表赞同，除积极为我设想外，还推荐林风眠、沈知白先生及钱锺书、杨绛伉俪，力举这几位是我国文学、艺术界的真正行家，希望我多向他们组稿。我当时深有体会，觉得中国知识分子优良的传统，不是人云亦云，必待真正亲眼看到真、善、美，才服从真理，投身于这个事业。傅雷先生就是一位杰出的典型人物。谁知后来竟也中了“阳谋”，陷于罗网，到“史无前例”这一幕开始，竟被残酷迫害，并与夫人双双被迫自尽，我深感“我虽不杀伯仁，伯仁因我而死”，我终生负疚！这是后话，下面还有补充。

我们那天回到百万庄，第二天上海小组分组座谈，康生还特地作了启发报告，希望大家畅所欲言。以后，我们又与各地代表按不同系统分组座谈意见和体会。听说也有不少代表对“知无不言”“言者无罪”尚有疑虑，譬如，有人说：“要我发言，先要给我一张‘铁券’。”上海电影名演员石挥同志还以滑稽的口吻道：“这正如京戏《甘露寺》所说的，是贾化（假话）。”

我因为百万庄离市区较远，在市区开小组会时时间较多，也为了就便与北办同志联系工作，在招待所（记得与孔另境同志同住一室）住了两天后，即搬到北办居住。

有一天（3 月 10 日）下午，我饭后在灯市口一带散步，刚回到北京办事处，《解放日报》的杨永直同志已在焦急地等着，说“已接到通知，毛主席接见我们新闻界一部分代表，我到处找不着你，现在约定时间已到，我们赶快坐我的车去吧”。我没有坐定，即相随乘车赴中南海，到了一处院落（记得并非 1983 年的“毛主席故居”），院墙粉刷陈旧，一大间客厅，中间放着一张长桌，四周围着座椅，如此简单而已。（比之 1980 年以后看到的各地行宫，有天渊之别。）

我们被引入客厅，毛主席和康生已在门口等候，听到康生逐一介绍，老人家伸出大手，紧紧握着我的手说：“你就是徐铸成同志？”慈祥地看着我说：“你们的《文汇报》办得好，琴棋书画、梅兰竹菊、花鸟虫鱼，应有尽有，真是放得好！我下午起身，必先找你们的报纸看，然后看《人民日报》，有工夫再翻翻其他报纸。”对于主席的赞赏，我心中涌起感激的热泪，感到无比温暖、幸福。我们大概已是最后一批人了，看看在座的，有金仲华、邓拓、王芸生、舒新城，其余还有几位我不认识。刘少奇、周恩来等中央其他首长没有在座，也没有中宣部的陆定一和周扬同志，仅有康生陪同接见，这是我记得很清楚的。

我被安排坐在毛主席旁边，中间只隔着金仲华同志，邓拓同志则坐在我们对面。

康生先讲话，说：“今天，毛主席邀请新闻出版界一部分代表来谈谈，各位有什么问题请主席回答，请提出来。”会上沉寂了片刻，邓拓同志轻轻对我说：“铸成同志，你先开个头。”我就说：“关于在报纸中宣传‘双百’方针，我觉得心中无数，难以掌握，怕抓紧了，犯教条主义的错误，抓松了，会犯修正主义的错误，请教主席指示，该怎样掌握？”

毛主席含笑答道：“我们当年打仗的时候，一点打仗的经验都没有，就在战争中学习战争。你们诸位，都有二十多年的办报经验，应该好办得多了。如何掌握，这叫作从打仗中学习打仗嘛。”毛主席接着说下去：“不要怕片面性，片面性总是难免的嘛！多学一点马列主义，刚学会学不进去，会吐出来，这叫条件反射嘛，多学了会慢慢学进去，像瓶子装油，倒出来，总会漏一点，慢慢就学懂了。鲁迅学马列主义，是创造社、郭沫若逼出来的嘛，他原是相信进化论的嘛，早期的杂文，很多片面性，后来学习马列主义，片面性就很少了。我看，任何人都难免有片面性，年轻人也有，李希凡有片面性，王蒙也有片面性，在青年作家中，我看姚文元的片面性比较少。”主席这最后一句话，使我出乎意外，姚文元曾在上海写些文章，常常揪住人家一句话不放，怎么会受到他老人家的赏识，认为他的片面性较少呢？

接着我发问的，是金仲华同志，他认为政府对纸张控制太紧，自从各报开展“双百”方针的宣传后，报纸的读者大大增加，而政府所按定数配给，报纸困难越来越大，希望主席了解此情况，让有关方面设法减轻各报的困难。毛主席说：“这个问题好解决，有关部门当然也有他们的困难，我不具体了解。”正好在这时，文化部常务副部长钱俊瑞同志夹着一个皮包，匆匆赶到，进入会场。毛主席风趣地说：“钱武肃王的后人来了，这问题请他给你们解决。”钱俊瑞开始有些惶然，经主席扼要说明问题，钱俊瑞答应向各方面了解，适当增加各报社的纸张供应配额。

以下，还有几位提问，主席一一做了答复，内容已摘要载于前几年毛主席诞辰时补发的毛泽东同志与新闻出版界代表的谈话中，不须再赘述。

还记得出版界的舒新城同志说：从三大改造以来，各地有些无知的农民工商户，纷纷把一些书籍出售，甚至拆散当废纸卖，使珍贵文物散失，干部出面制止也无效，请主席注意这一严重问题。毛主席风趣地回答：“你倒很注意为共产党说话。”

后来，毛主席问道：“各位在宣传百花齐放、百家争鸣的方针时，究竟还有什么具体困难没有？”

我说：“我体会双百方针的提出，在政治意义上，是高价征求批评，让人民畅所欲言，慢慢再加以说清楚，不要一下子压下去，我认为这就是高价征求批评。”

毛主席说："你的意见很对，很好，说下去。"

我接着说："我们《文汇报》开展电影问题的讨论，收到来信很多，批评相当尖锐，也有一些不同意见，我们故意放一放，好让大家把意见说完，等以后再开展讨论。但在上海却遭到了围攻（指张春桥组织的围攻），请问主席，我们该怎么应付？"

毛主席说："我叫周扬同志给你们这场讨论写一篇小结，这样，批评、反批评、小结，这就叫正、反、合，这就是辩证法嘛，你同意不同意？"

我高兴地回答："主席想得很周到，我完全同意。"

接见约谈两个小时，我们辞出后，我立即赶到北办，向全体同志详细谈毛主席对《文汇报》的评价以及毛主席对新闻出版界的谈话，当时即由记者姚芳藻同志详细记录，当晚即密封寄一份给上海编辑部，并向北办人员传达，大家听了很受鼓舞。

那两天，毛主席还分别接见教育、文艺各界代表人物。

大概在12日晚上，石西民同志召集上海全体代表开会，由陈望道同志汇报毛主席接见教育界部分代表的谈话，徐平羽同志（当时的上海文化局局长）汇报毛主席接见文艺界代表的情况，我则汇报毛主席接见新闻出版界的情况。记得姚文元这个"小八拉子"正坐在我旁边，我汇报毕落座后，曾低声对他说："毛主席还表扬你的文章呢。"他脸红地点点头，掩饰不住其得意之色。

在此以前，新闻界曾举行小组讨论会，我曾去参加，赶到迟了十分钟，主持会议的邓拓同志忙招呼我坐在他的旁边，亲切地问道："铸成同志，请你多发表意见。"我说："我实在想不出什么意见可谈。"

所以，这次中央宣传工作会议，无论大会或小组会，我都没有发言。

在大会进行期间，邓拓同志即告诉我，中国新闻记者访苏代表团即将在本月内出发，“团员人选已决定，请你任副团长”。我很感惶恐，怎敢当此重任呢？后来想，有团长负责，我挂个空名，大概也负不了什么责任，就欣然答应了。

大会将闭幕时，邓拓同志去告诉我，访苏代表团一周内即将启程。我焦急地说：“报馆的事和我的家事应该让我先回去安排一下呀。”邓拓同志说：“那天会闭幕即回沪，三天内务必赶回北京。”

我在飞沪途中，看到青翠的泰山，高耸于群山之上，想起《论语》有“登泰山而小天下”一句话，我当时想，毛主席的英明和目光远大的确在世界“群峰”中，无与伦比。

留沪实际只有两天，匆促安排好公私事务，编辑工作自然由钦本立同志全权处理，经理部则我虽兼任社长（停刊前称管理委员会主任），一向不大管，由副社长兼经理部主任严宝礼同志全力主持。

第三天（3 月 24 日）上午离沪飞京。那时，民航还没有大型飞机，沪京班机，中途要在南京、合肥、徐州、济南停靠，全程要飞五六小时。第二天中午，去访晤邓拓同志，哪知短短三天中，“行市”变了，原定任访苏代表团长的林朗同志（俄文《友好报》总编辑）不去了，改派我为团长，由徐晃（原中南军政委员会公安部部长）、卢竞如（俄文《友好报》副总编）为副团长，团员共十二人，另有两名翻译。我听到这消息，真是“受宠若惊”，非常惶恐。苏联是社会主义国家，而且一向被称为“老大哥”，怎么可以让我担任团长呢？（全团十二名代表中，只有我和《光明日报》

的张同志两人非党员。）我坚决向邓拓同志表示，不敢担负此重任。邓拓同志说："这是中央决定的，你不必谦逊了，中央还决定徐晃同志为代表团党组书记。我已关照徐晃同志，党组开会时，除讨论纯党内问题外，其余都要请团长列席。"我听后真是感激涕零，衷心感激党如此信任。总之，我那一段时期的心情，也仿佛如傅雷同志在"家书"中所表达的，对党和毛主席的热爱、崇敬，达到了最高峰。

这次中国新闻工作访苏代表团是苏联外交部新闻司和苏联对外友好协会共同邀请的。当时，我国外交部新闻司司长是龚澎同志，也是熟朋友，博学多才，性格开朗。我去外交部拜访，她要我向苏联外交部部务委员兼新闻司司长伊利切夫问好，并托我带礼品赠送给他。

我向邓拓同志（当时兼任中国新闻协会会长，我是常务理事）问及代表团此行的主要任务。他说："关于苏联办报经验，我们前年已去《真理报》学习了一段时期（指第一届中国新闻工作者访苏代表团，邓拓同志任团长，参加的代表有《解放日报》总编张春桥，回沪大作报告，还出了一本书，大谈苏联报纸如何如何干预生活等等先进经验），已够多了，你们此去，不必再注意这一方面，而着重去了解各地情况，增进两国友谊。"

已订好三天以后的机票。在这三天内，天天召开全团会议，谈出发前的准备工作，特别请戈宝权同志来详细介绍苏联的生活习惯，以及交际场合应注意的事项，并传授了若干常用的俄语。

3月27日，代表团出发。那时苏联的"图一〇四"喷气巨型客机刚参加中苏民航，每周来回一次，我们没有赶上航班，坐的是螺旋桨的小飞机，只有二十四个座位。我们于清晨六时许登机，旋即起飞，乘客只有代表团十四人，等于是我们的专用机。沿途停乌兰巴托、伊尔库斯克、克拉斯诺亚尔斯克、新西伯利亚、斯维尔特洛夫斯克、喀山等站，都停机进机场休息，共走了二十五小时，28日上午八时许始抵莫斯科（苏联时间上午零时许），受到伊利切夫及文化部副部长和《消息报》《真理报》等报的盛大欢迎。《消息报》总编辑致欢迎词，我代表全团致答词。时当深夜，莫斯科春寒入骨。旋被招待赴苏维埃旅馆下榻，此为当时最高级宾馆，我住的房间有三室，两套卫生设备。招待人员告诉我，今年彭真率代表团来苏访问时，即住在这间房内。

这篇文章专门谈1957年那场“阳谋”的详细经历，我们访苏的见闻，我不想多谈（一部分曾登于当年5月底至6月上半月的《文汇报》，后来我被揪出批斗，才被夭折。写出的部分有十余篇，已收入福建人民出版社即将出版的我的《徐铸成通讯游记选》），只简单谈些我印象最深的几件事，和赴苏访问的日程安排。

第一件事，我们团到达的当天晚上，恰好匈牙利事变后新上台的首领卡达尔到苏访问，苏共中央特为他在克里姆林宫举行盛大的欢迎酒会，我们被邀请参加。当我们走近主席台时，看清楚几位苏联领导人如赫鲁晓夫、莫洛托夫、马林可夫、卡冈诺维奇、伏罗希洛夫、布尔加宁、米高扬等，全都神采奕奕，笑容满面。想不到我们回国后不久，苏联即发生所谓“五月会议”，其中大部分都被赫鲁晓夫指为反党分子，从此被赶下了台，或降职，或贬居。上月看报，知道莫洛托夫上月（1986年11月）年九十六岁才逝世，他晚年一直领养老金过着悠闲的生活，前两年还恢复了他的党籍。可见苏联在斯大林逝世后，肃杀的气氛毕竟不同，而且即在斯大林时期，党外的知识分子也并未遭到劫难，比之我们国家主席刘少奇同志以及许多开国元勋都一一受冤蒙难，被迫惨死，可见青出于蓝了。

在那晚的会上，还会见了不少苏联作家如西蒙诺夫、波列伏依等人。

在平息匈牙利事件中，周总理出了不少力，所以卡达尔对中国很感激。当苏联朋友把我们向卡达尔介绍时，他对我团代表一一热情握手，还和我拥抱。

第二件事是赫鲁晓夫的会见。在临走前几天，陪同我们的苏联外交部人员就告诉我们："赫鲁晓夫同志可能要接见你们。"直到预定动身的那天，还音讯杳然。大家几乎绝望了，副团长卢竟如上街去买些东西（她曾留苏多年，俄语讲得非常流畅，甚至各地的方言也能说，所以，我有些讲话，特别请她翻译），尚未回旅馆，伊利切夫同志于下午7时特来面告："赫鲁晓夫立刻要接见你们。"时间匆促，连卢竟如同志也没有能赶回来就匆匆赶到苏共中央办公大厦，好在前几天已和我驻苏大使馆文化参赞商量好，准备向赫鲁晓夫提出哪些问题。文化参赞特关照大家，不要你一句、我一句地提问，该问的问题，应由团长一人提出。到了赫鲁晓夫办公室（很大而陈设简单，会客桌上，只摆一架飞机模型），宾主坐下后，我把大家拟定的三个问题依次谈完了。在谈话中间，他还风趣地说："毛泽东同志上次来苏，只在莫斯科停留，这一回（即将召开的各国共产党会议），我们要'报复'一下（指伏罗希洛夫正在华访问，受到热烈的欢迎），请他到苏联多参观几个地方。"接着他说："你们大概很关心我们开垦生荒地的情况吧？”于是，他滔滔不绝地谈他的开垦计划和已获成就。他答复我提的三个问题，大约只花了半小时，而他主动谈及垦荒问题，却娓娓谈了一小时半，可见他对此很得意。

会谈后，就在他办公室里和我们全体合影留念。合影时，我靠他站着，他还挽了我的手。我们回到旅馆，急急吃了晚饭，急忙收拾行李，匆匆赶到机场，登上图一〇四飞机，在开机前五分钟，苏联外交部人员才赶来分送每人一张刚冲洗出来的照片。这张照片，“文革”中害我吃了不少苦头，被造反派抄家时抄去，指为我的反动“罪证”，迫使我多次尝到“喷气式”的味道。

苏联人民对我们确是十分友好的。我们所到之处，不仅官方热情接待，一般工人、群众，也非常亲切。举一个小例子来说，我们接触过不少顿巴斯工人，他们对我们都很热情，有一个曾对我说：“什么老大哥、小弟弟，中苏两大国好比是孪生的一对兄弟，如果中国同志需要，要我脱下最后一件衬衫我也心甘情愿。”多么朴实而美好的感情！安排我们的参观生活，接待人员也十分周到。我们在莫斯科十几天后，即分两路到各地参观，我和卢竞如带的一路，团员有邵燕祥（中央人民广播电台）、刘克林（《大公报》）等，另一路参观中亚细亚及苏联亚洲部分，由徐晃副团长带队，相约在列宁格勒会合。我们这一路共参观访问了俄罗斯欧洲部分，波罗的海、白俄罗斯、乌克兰及黑海、里海一些地区共十个加盟共和国，为了节约时间，全用飞机旅行，只有莫斯科到列宁格勒一程坐火车。中间曾安排我们到旅游胜地索切去休息了三天。我们回莫斯科参加“五一”盛典后，苏联外交部和对外友协还要安排我们去雅尔达旅游休息一段时间。那时国内整风运动已全面展开，鸣放已进入高潮。大家认为这是难得的机会（如延安整风一样），怕错过锻炼、改造的时机，因此婉言谢绝，决定于5月9日回国。

这次访问，共历时四十四天，加上回京后又清理团内事务，耽搁数天，那时，所谓“鸣放”高潮已接近尾声了。在莫斯科时，看到《文汇报》，认为有些标题太尖锐，火气太大，根据我多年从事新闻工作的经验，有些题材尖锐的新闻，标题应求平淡。反而内容一般，标题不妨“打扮”得突出些，这是老编辑的一般的常识。为什么这一段《文汇报》标题如此“火上加油”，我很不安。到京的当晚，即和本立同志通了“长途电话”，说了我的看法，问他为什么标题火气这么大？他对此含糊答复了。（直到“文革”以后，原《文汇报》参与编辑的同志告诉我，在那一段时期，编辑部负责人几乎天天接到市委一言堂的指示，要《文汇报》加温再加温。原来这也是引蛇出洞，“阳谋”的一个手法。）

回京的第二天晚上，我去访问邓拓同志，先向他汇报了访苏的经过，他说：“徐晃等同志已对我谈了，总之，你们这次出国很成功，完成了任务，加强了两国人民的友好，任务完成得很出色。我们还是谈谈报纸工作吧，你们出国后，《文汇报》在贯彻‘双百’方针及帮助我党整风方面，干得很好，所以很受读者欢迎，听说发行数已接近二十万了。”我说：“有些标题太火辣辣，我总不放心。”他说：“这些，是小毛病，不要紧。”接着，他对我说：“我们《人民日报》也有计划想提高一步，但是上面卡得很紧，比如，我准备写一组题目，共十篇社论，但报上去一直没有消息，写好的社论稿，大部分扣压了，其中只发了二篇，把我的计划全搞乱了。”接着，他悲愤地说："有时，我真想辞去《人民日报》的职务，另外去干一张报。"

留京的最后一个晚上，曾在办事处设便宴与全团同志欢叙话别，感谢他们的合作。那时，浦熙修同志正参加全国政协东北考察团，尚未回京。我向来每次进京必去访问的夏衍、姚溱两位"老领导"，这次因为时间实在仓促，未及拜访，至于章伯钧、罗隆基等民盟的首脑，连影子也没有见过。

飞回上海后，即以全部精力开始写《访苏见闻》，差不多隔一天交出一篇。白天有时去报馆看看，打算在《访苏见闻》写完后，再正式上班。

当时的市委宣传部副部长白彦同志曾到我家中，希望我去参加即将闭幕的上海宣传工作会议（也仿中央的惯例，吸收党外代表性人士参加，帮助党整风）。

我说，我正在赶写《访苏见闻》，而《文汇报》现在党员与非党同志融洽、合作得很好，我没有什么意见可谈，坚决回绝了。

第二天，白彦副部长又来，说："会开得很热闹，你一定去听听，因为会议快要结束了，我们不准备发给你出席证，你拿我的出席证，今天下午一定去参加吧。"说毕，即掏出他的出席证交给我。

盛意难却，我当天就去了。发言者确是争先恐后，发言的内容，差不多全集中在消除党群间的隔阂即拆墙问题（听说这一名词，最初还是中央某首长提出来的）。

记得那天会上给我印象最深的发言，是一位大专校长的发言，说他如何毫无实权，一切由党委书记说了算等，他还举了一个生动的例子，说有一次这个党委书记兼副校长因公赴京，还贴出堂堂布告，说他在离职期间，校务由校长代理云云。

我由此触发，要求在第二天大会上发言，大意说："墙"是很容易"拆"掉的，只要彼此尊重，有共同语言，党与党外人士就可以水乳交融，很好地进行工作。我举《文汇报》一例，说我和钦本立等同志，就合作得很好，遇事坦述相商，《文汇报》就不再存在"墙"的问题。可见，领导的党员，至少要懂一点本行业务，如果完全外行，那就"秀才遇到兵，有理说不清"了。

现在，领导应该懂行，已成为常识。可是我那天的一番发言，却闯了大祸，被指为大毒草，说是推广"反党经验"。而且，随后不久展开了反右斗争，"伟大领袖"还进一步指出：外行领导内行，是必然的规律。

当时，钦本立同志问我这个发言要不要见报？我说当然见报。我认为问心无愧，是一片热情，想介绍《文汇报》党内党外坦诚合作的事实，来平息大会上的争论。即用以后发明的动机、效果统一论来检验，也是站得住脚的。但一声令下，反右运动匝地而起，这就成为我的重要"罪证"之一了。

运动是从一位国民党员写的一篇文章开始的。接着，是6月初的《人民日报》社论《这是为什么？》作为正式序幕。我当时心里还很坦然。《文汇报》复刊的编辑方针，是经中央审批的。《人民日报》又发表另一篇社论（据说也是伟大领袖亲笔写的）《文汇报一个时期的资产阶级方向》。在中央宣传工作会议期间，毛主席亲口对我肯定并表扬了《文汇报》，可见这里指的一个时期，是指中央宣传工作会议以后，而这次会议刚闭幕，我就到苏联去访问了四十四天，回京在5月中旬，所谓大鸣大放的高潮已经过去，而且回沪已近5月下旬，到6月初这一“号角”吹起时，我赶写《访苏见闻》，尚未全面抓起工作。心想，我有什么责任呢？有什么可检查呢？

邓拓同志十分关心《文汇报》和我，在《人民日报》这篇社论发表前，就电告钦本立同志，希望我们争取主动，先自我检查。我怎么样也想不通，如何落笔？到深夜才勉强凑成一篇社论，大意说我们响应号召，展开“双百”方针的宣传，想不到引起读者这么大的反响。这就被伟大领袖指出：“《文汇报》写了检讨文章，又写了许多反映正面路线的新闻和文章。这当然是好的，但是还觉不足。好像唱戏一样，有些演员演反派人物很像，演正派人物老是不大像。”（见《文汇报的资产阶级方向应当批判》）在同一篇宏文中还明白指出：“让大家鸣放，有人说是阴谋，我们说，这是阳谋……牛鬼蛇神只有让它们出笼，才好歼灭他们，毒草只有让它们出土，才便于锄掉。”原来，这一切，都是圣明领袖的伟大战略部署早已定好了的。

上海的运动，从“抛”出陆诒等同志开始，市委宣传部还希望我“揭批”陆诒，“立功赎罪”，我断然拒绝。过了几天，才由一位复旦大学教授开始点了我的名，我知道风慢慢刮大，但还没有想到雨点，真会降到我身上来。

钦本立同志说：“我们不妨去看看石西民部长。”见面后，石西民同志对我说：我是了解你的，但我做不了主，必须请示柯老。

于是，我们又设法去面见那位“一言堂”（柯庆施）。他开头就说：“这事不能由你一人负责。我已对钦本立说过：‘你的一只脚早踹进右倾泥坑里了。’又对我说：‘你自己从思想上挖挖，我想办法搭一架梯子，好让你下楼。'" 接着，他说了一段话，使我惊心动魄。他说："中国的知识分子，有两个字可以概括。一是懒，平时不肯自我检查，还常常会翘尾巴。二是贱，三天不打屁股，就以为了不起了。"原来，他对知识分子是这样的看法，真对毛泽东思想深通三昧，不愧后来称为好学生了！

正在此时，全国人民代表大会举行第四次会议，我赴京出席。

初到京时，我曾与叶圣陶、郑振铎、宋云彬三位先生一起共酌（我们这四位"酒仙"，照例每入京必聚饮一次的）。宋云彬兄叹气说："我在杭州已被批过几次，恐怕此次在劫难逃了！"我还宽慰他说："可能有人真正想反党，你是人所共知的党的老朋友，如果我们也被打成右派，岂不令人寒心？万一有事，谁还敢挺身拥护党？"云彬只惨然一笑说："天下已定，以后不会有什么万一了。"叶、郑两位也说：时局真有些看不透，究竟要发展到什么地步？

过了一天，可能是康生之流授意的吧，在《光明日报》登了一条署名"新闻"，说我去年在民盟新闻小组谈过，《文汇报》复刊后，将一切听罗隆基的指挥。真是白昼见鬼。新闻界的朋友，都知道我这个人很倔强，从来不盲目接受什么人的指使，而且，任何人也不会这么笨，会当众说出心里的打算。

但这是一个信号，一场大风雨就要降临了！（事实证明，这也是一个预设的安排，不是那篇堂堂宏文中，就说章罗同盟中的罗隆基与《文汇报》编辑部是民盟系统的"两帅"，"两帅"之间还有一个能干的"女将"浦熙修么？编得多么巧妙！）

我翻阅 1957 年当时的日记，可以看出，运动完全是"有领导、有计划"进行的，而且早就做了精心的安排。纲领性文件自然是

《关于正确处理两类不同性质的矛盾》。这一宏文，比几年前我们听到的录音，已经过大改动、大补充，这是尽人皆知的。斗争的对象，也一步步有计划、按步骤推开。就民盟范围来说，先是制造一个“章罗同盟”，集中力量斗争章、罗两位，从而牵及浦熙修。在差不多时间，也以我为重点之一，然后一步步推开，到各省市的民盟负责人（名之曰“章罗联盟”代理人）。同时，揪开新闻界中的盟员（自然，从两篇宏文发表后，《文汇报》成为网鱼的重点）。最后牵到基层。

斗争的方法，也非常讲究“技巧”。当集中斗争章、罗的时候，除积极分子外，已点过名的，也用种种方法威胁鼓励他们参加批判、揭发，予他们以“立功赎罪”。这种一步步深入的方法，后来就成为“文革”时“揪出、火烧、油煎”直到“彻底打倒”的蓝本。所以，我和巴金同志回忆“文革”的遭遇时，在好友叶以群被迫害致死后，他也不得不随众举手，高喊“打倒反党反社会主义自绝于人民的叶以群！”到后来，他自己也被揪出来了。这个滋味，我在1957年反右派中已尝够并深有体会的，经常有一把刀架在脖子上，逼你说出“供词”，以便他们扩大斗争面。（滋味就是这样！）

7月初，上海统战部的刘述周同志到办事处来看我。说“毛主席十分关心你，毛主席昨天接见，我也在座。毛主席特别提到你，说徐铸成的包袱很重，但无论什么样的包袱，丢了就好了。所以，特别叫我来传达他的意见”。

我把是年7月5日的日记，照抄如下：

这几天的教育，对我特别深刻，从来京后，反右斗争步步深入，无论什么会场，都是反右斗争的战场。三星期来，我的体会一天比一天深刻，对自己的认识也一天比一天提高。我初来京时，还没有深刻认识自己的错误的严重性，后来，经过不断斗争、检查、分析，才开始认识了，搞得满身大汗。党对我还是采取帮助和保护的态度（注：当时正在《北京日报》大礼堂举行全国政协反右斗争大会，每天开一次会，主要是批斗我和浦熙修同志，提法是“批判浦熙修的反党罪行！”对我则为“批判徐铸成的错误言行”，显然有区别。大概我还是放在“火烧”阶段，浦熙修同志早已列入“打倒”对象了）。一方面帮助我真正认识错误，从这里汲取应有的教训，一方面尽量保留余地，给我交代改悔的机会。李维汉同志亲自启发我，柯庆施同志和石西民同志也经常关心我的问题。（注：刘述周同志说：他们经常有电话问起我的近况。）刘述周同志更一次一次帮助我分析问题，还自己到办事处找我，帮助我。党对我的爱护，真可说是无微不至了。毛主席说要我放下包袱，可是，我还是解不开包袱，不是没有决心，也不是有顾虑，而是不知从何解起。因此，迂回曲折了一个时期，多挨斗了几次，特别是昨天，受到的教育更深刻些（注：会场的火力更猛）。几天来，皮肤下面刻刻在发火，心往下沉，半月来几乎没有好好睡过（那时天天晚上要写检查，以备第二天交代，而冥思苦想，常常写不出一个字，每晚要抽两包烟，到深夜，只能自己胡乱上纲，凑写成篇，到睡在床上，翻覆难眠，每晚必出几身冷汗，汗衫湿透，入睡至多只有两小时）。嘴里发腻，吃不下东西，饭菜到喉头就卡住了。陶陶（指现在已病死的我的长媳，那时她和我的大儿子常来看望我）说我瘦多了……今天的检查，我是什么都抖出来了，相信我已认识自己的错误，同志们的意见不多，是否算是通过了，我不知道。

为什么在日记里我特别提到李维汉同志的启发呢？他是当时的中央统战部部长，就在刘述周同志亲自来转达毛主席如何对我关心谈话以后两天，他又来北办找我，说：李维汉同志对我也十分关怀，已约定即日见面。于是我们同车到中央统战部。见面后，李维汉部长问我检查得怎样了。我说：我苦苦思索，实在是什么都倒出来了，但还得不到同志们的谅解，说没有交代清楚和章罗同盟的关系。他说：我知道你和章罗没有特殊的交情，我也了解你是一贯对党有感情的，为什么把报引到这条道路上去？受了什么人的鼓励报才这么办的？你应该讲讲明白。我说："我这个人，脾气很顽固，向来没有什么人会诱导我走邪路。《文汇报》如果办的方针不对头，一切责任在我。"他说："你的思想不用太褊狭，想想你的上下左右，和什么人接触过？有意无意受到什么影响？"我心想：《文汇报》复刊方针、计划是党中央审批的，邓拓同志、夏衍同志、姚溱同志最关心《文汇报》，但这些，我能讲吗？万万不能讲。他又再三逼我，我只得说："我平素最钦佩的是傅雷、宋云彬两位，关于文艺学术问题我知识不够，有时向他们求教。主意还是我自己定的。"这间房子里，本来只有李维汉、刘述周和我三个人，讲到这里，我忽然看见旁边一间小屋里，有两个人在记笔记。而"一言既出，驷马难追"了。

宋云彬同志先我陷入罗网，而傅雷同志则因我这一句话，可能要受牵连了，自己追悔莫及。

当时我被斗的战场，主要有二，一是广州小组（我是广东省选出的代表），一是新协召集的会议。上午在人大小组，“火力”不大，很多代表只是“表个态”，记得有一次蔡廷锴将军发言说：“你以前一向和我们民革的同志常来往，为什么最近和章伯钧、罗隆基这些人搞到一起去了？”如此等等。主战场在新协，每天下午一场，而且每次批斗后，主持会议的人必说：“这次交代不老实，明天大会继续批斗，浦熙修、徐铸成要端正态度，老老实实彻底交代！”

这样持续了一个多月，到 7 月底才结束，作为新协主席的邓拓同志一次也没有参加。我于 7 月 31 日乘车回沪，邓拓同志关照唐海一路陪我，大概是怕我寻短见吧。

8 月 1 日傍晚回到上海。不久，又由上海新协出面，召开了会议，又展开了疲劳战术要我交代“罪行”，检查根源。大概共开了四次大会，三次都被主持者说是没有触及政治问题，态度不老实，到第四次交代时，我把他们所提的批判和暗示都写了上去，大概算是“老实”了，不再开会穷追猛打了。

“柯老”（柯庆施）自然不再“挽救”了。不久，他召开了一次会议，集中了那时已确定的所有的“大鱼”，一脸秋霜地训了一次话，说：“你们的出路只有一条，继续检查交代，争取重新做人。”右派的一顶帽子，已飞上我的头顶。

《文汇报》的社长和总编辑，早已换了人。对我的具体处罚，是降职降薪，工资级别从八级降为十四级。

从是年9月起，先在市政协集中学习，后来，又在上海颛桥办了一个专政学习班，半天劳动，半天检查。下半年，又转入新闻办的上海社会主义学院，边学习边劳动，后才被分配到上海出版局工作。

我沾了"头面人物"的光，处分算是宽大的。这次"阳谋"发动者定有指标，全国知识分子（当时说有五百万），其中有百分之五是反对社会主义的，加上各级层层加码，一笼子装的大鱼小鱼，总不下几十万尾吧。《文汇报》被列为"阳谋"的重点，比例当然更高，其中北办原有记者十余人，除了三人幸免牵及外，几乎一网打尽。

他们大多妻离子散，一部分还发配到北大荒及其他边远地区，受尽了种种折磨和人身污辱。大约为《文汇报》遭殃而自尽的，先后有十余位，其中，最使我终生负疚的是梅焕藻同志。他中英文流畅，长期任《大公报》驻印记者，胜利回国后，任当时《大公报》总经理胡政之先生的秘书，而倾心进步，当《文汇报》因经济困难招读者股时，他是《大公报》内少数积极应募者之一。后来，《大公报》北迁，他自愿留在上海。《文汇报》1956年复刊时，我再三登门邀请他任社长办公室秘书。平时，他工作十分负责、认真，但从不参与编辑部事务，他心直口快，有时对《大公报》的要员，也表示不满。罡风匝地时，有位原《大公报》要员调《文汇报》任总编辑，曾找梅焕藻同志谈话，问他对运动有何看法，他只说了一句："徐铸成成为右派，我思想有些不通。"一言既出，立即受到围攻，要他交代，他走出会场，立即跑上屋顶，跳下楼了！他是《文汇报》第一个壮烈牺牲者！

1959年，我和沈志远同志被列入第一批“改造好”的右派分子，摘去帽子。但“帽子”虽然摘了，痕迹依然被留着，被列入“另册”。到了史无前例的“文革”，我还被“两报一刊”公开点了名，说“大右派”徐铸成把持的《文汇报》是中国的赫鲁晓夫最赏识的报纸云云。同时又多次被批斗。

直到1980年，才得到平反。

我只记下身历“阳谋”的经过，未加分析、评议，一切留待历史来做结论吧。

有一点想法值得提一下，从那次“阳谋”后，知识分子从此闭口不言，真是万马齐喑了，这大概是“杀鸡儆猴”的战略部署吧。这次“阳谋”的如愿以偿，为以后的“史无前例”做了准备。

# 附录 死的解放*

金 戈

有人问我的“高龄”。我说：“粉碎‘四人帮’那一年，我八十三岁，现在，整八十了。”

虽说是越活越感年轻，坦白说，有时也不免想到死。死，毕竟是自然现象啊！

死后怎样？我的想法是：一不保存骨灰，二不开会追悼。

第一点，自然是向敬爱的周总理学习，也看到我国人口这么多，虽说骨灰匣比棺材小多了，长此以往，总是对土地的一个不必要的负担。

骨灰如何处理？我看可以各行其是：可以洒向江河，洒向田园，也可以听任火葬场处置。我自己则希望洒在随便什么一块泥土里，最好在上面种棵小树或花草；这样，既有利于环境绿化，也可让亲属朋友们偶然想起，睹物思人，略寄怀念。

---

* 这篇文稿是在近期整理作者遗稿时发现的。从纸张、字迹和文笔等判断可能写于上世纪20年代末或80年代初，“金戈”是当时作者为香港《新晚报》和《明报》写稿时用的笔名，但此文原稿未寄出，也未见刊于上述报章。——编者注

不开追悼会，可节省租花圈、定场所、构思悼词等等时间和金钱的浪费，也可以免于组织者为考虑安排该谁送花圈、哪些花圈安放在前面等等的麻烦。更重要的是，不要浪费朋友们保证得到的六分之五的业务时间，更不要让老年朋友触景生情，引起余悸。

而且，参加追悼会的，也未必会是死者愿意最后“告别”的人。总有那么一天，如果有那么一种明明抹了白鼻子却装出一贯正确，而且往往伺机投井下石的人，也混在朋友中间，满面悲伤地来对我追悼。我如死而有知，会很不高兴，甚至感到污辱的。

这些，全是我个人的想法和打算。当然，我是决不反对对伟大人物的隆重纪念和对被林彪、“四人帮”迫害致死的同志们的沉痛哀悼。但也应该避免形式主义。

总之，对于死人的处理问题，除火葬这一点外，我认为其余的，全可以实事求是，各择其宜，来个“百花齐放”。

有人要说：不是经典上说过，人死了要开个追悼会吗？同志，在这个无关原则的问题上，不也应该思想再解放一点么，何必定要拘泥一个刻板的形式呢？

# 后 记

徐复仑

我的父亲徐铸成先生，去世已有六年多了。人们把他称作“报人”，他自己是非常珍重这一称呼的，他在写《报人张季鸾先生传》时就说：“我国近代新闻史上，出现了不少名记者，有名的新闻工作者，也有不少办报有成就的新闻事业家，但未必都能称为报人。历史是昨天的新闻，新闻是明天的历史。对人民负责，也应对历史负责，富贵不淫，威武不屈；不颠倒是非，不哗众取宠，这是我国史家传统的特色。称为报人，也该具有这样的品德和特点罢。”他的一生，只有办报这一个理想，并为这一理想而付出了毕生的努力。“报人”的称谓是他一生追求的最高境界。

父亲生于 1907 年，不到二十岁就开始做记者，到去世时从事新闻工作有六十多年。这六十多年中，他从一个负笈求学的学子历经坎坷而成为“民主报人”。而这六十多年是中国历史上波澜壮阔、沧桑巨变的时代。在这样的时代里，任何一个有良心、负责任的新闻工作者，都不可能“躲进小楼成一统”。把一个报人的经历放到这样一个大的时代背景下去看待，或许有些意义。

父亲的一生，其实只做了两件事：一件是办《文汇报》和《大公报》，另一件是当右派。父亲的好友罗孚先生有诗云：“大文有力推时代，另册无端记姓名”，说的就是这两件事。1927年，父亲参加《大公报》，得益于张季鸾、胡政之等先生的指教，后来担任过桂林版、上海版总编辑等重要职务。1938年，他和几位朋友一起创办了《文汇报》，30年代到50年代的《文汇报》曾三次停刊三次复刊，始终走在时代的前列，把握时代的脉搏，在中国现代史上留下了痕迹，在自己的报史上也创下了辉煌。1957年，父亲和许许多多知识分子一样，怀着对新中国和共产党的深厚感情，响应“百花齐放、百家争鸣”的号召，真诚地发表了自己的意见。没有想到，《文汇报》的资产阶级方向应当批判，父亲乃至我们全家的悲剧从此开始。在以后的二十多年里，面对巨大的压力和无情的摧残，父亲也曾彷徨迷茫，作过违心的检讨，但他做人的信念没有动摇，对国家前途的信心没有丧失。他一直把这悲剧保持到最后，没有成为笑剧，我以为这是他一生中最值得称道的地方。谈到这一段经历，父亲曾对我说：“比起国家和共产党受的损失，比起那些年轻人的遭遇来，我这点事实不足道。”

党的十一届三中全会以后，父亲的问题得到了改正，他又全身心地投入到新的生活中去了。父亲为自己立下了“三不”，即“不计较过去、不服老、不自量力”，为国家的美好前途，为振兴中华，发挥一些余热。虽然后来又发生过一些令父亲伤心的事，但他都能顾全大局，泰然处之。以后的十多年里，父亲写了四百多万字，有十几本专著或文集出版。在这些文字里，他大量地回忆了过去几十年的“旧闻”，还指出这些“旧闻”对现在的意义或经验教训；他在歌颂大好形势的同时，更多地关注那些不如人意的地方；他无情地揭露和批判过去“左”的那一套做法，同时也透露出对实事求是、改革开放的真诚拥护。他始终贯彻了“说真话”这一宗旨，不仅大力倡导说真话，而且还身体力行地说真话。

作为一个爱国者，父亲一贯坚持宣传爱国主义，吁望祖国统一；作为执政党的诤友，他一直肝胆相照，坦陈己见；作为报人，他始终关注着国家的民主建设和新闻改革。80年代，他多次发表文章和谈话，呼吁加快新闻改革的步伐。1990年3月，他在出席全国政协会议时，在《光明日报》头版发表了题为《开门见山话民主》的文章，对新一代领导人表示支持和拥护，同时也表达了自己的希望，如果他能看到最近几年的变化，大概能多一些欣慰。

1984年10月，父亲在一篇文章中说：“估计再写两年，腹中的‘存货’也掏得差不多了。那时，我已过了八十整寿，而祖国更加繁荣昌盛，现代化的美丽前景更加清晰，我打算基本搁笔，欢度晚年了。”这“搁笔”之作，就是这部回忆录。父亲的这部回忆录，是从1985年3月开始动笔的。当时生活·读书·新知三联书店的范用先生、戴文葆先生建议他把一生的经历写下来，以飨读者。父亲断断续续地写了两年，于1987年5月完成。当时担任中共上海市委组织部部长的赵启正同志很感兴趣，特推荐在上海《人才开发》杂志上率先发表。后交某出版社出版，于1989年6月付梓。由于该出版社采取了过分小心谨慎的态度，几经周折，致使这部回忆录终于成了“遗作”。

父亲于1991年12月23日在家中猝然去世，无疾而终，也算是对他一生敬业的回报。遗憾的是，他没有看到自己回忆录的出版，更没有来得及进一步修订和补充对最后几年的回忆。父亲去世前几天还对我说，他准备在明年（1992年）用一年的时间来修改这部回忆录并补上后来五年的事情。

父亲曾说，他的这部回忆录称不上是对历史的判断和总结，只是“白头宫女在，闲坐话玄宗”罢了。今天，父亲的这部回忆录终于和读者见面了，但愿后来的人们能从父亲一生的经历中获得一星半点启示，不再走前人走过的弯路。

在此，我谨向三联书店的董秀玉先生、潘振平先生以及所有关心和帮助父亲回忆录出版的长辈、朋友们表示衷心的感谢！

1998 年 2 月 14 日